高职高专"十一五"规划教材
编审委员会

顾 问	姜大源
	教育部职业技术教育中心研究所研究员
	《中国职业技术教育》主编

委 员	
马必学	黄木生
刘青春	李友玉
刘民钢	蔡泽寰
李前程	彭汉庆
陈秋中	廖世平
张 玲	魏文芳
杨福林	顿祖义
陈年友	陈杰峰
赵儒铭	李家瑞
屠莲芳	张建军
杨世金	杨文堂
王展宏	刘友江
韩洪建	盛建龙
黎家龙	王进思
郑 港	高 勇

高职高专"十一五"规划教材·物流系列
GAOZHI GAOZHUAN "SHIYIWU" GUIHUA JIAOCAI

货 物 学

主 编 孙守成 陶红英
副主编 刘 伟 胡振威

武汉大学出版社
WUHAN UNIVERSITY PRESS

高职高专"十一五"规划教材·物流系列
编委会

主　任	周建亚　孙守成
副主任	（以下按姓氏笔画排序） 李　庆　陈克勤 席　波
委　员	孙守成　张红英 李　庆　李述容 汪照熙　苏志斌 陈先五　陈克勤 周建亚　柯子实 饶坤罗　席　波 龚　谨　鲁　艳

前 言

社会生产的不断发展，社会产品的不断丰富，促进了物流业的蓬勃发展。在物流各环节中对货物的识别、分类及其特性的了解，对科学地进行配积载、装卸搬运和保管，具有十分重要的意义。

本书在传承商品管理的成熟理论与教学实践的基础上，根据现代物流管理的最新发展的要求，囊括了大量的生活资料和生产资料的各种商品，克服以往理论分析过深或仅泛泛介绍等缺点，结合高职高专教育的特点，突出实用性和可操作性，力求培养学生实际操作的能力，体现高职高专的特色。

本书编写分工如下：陶红英编写第二章；刘伟编写第三、四、五章；江玉萍编写第六章；张明尧编写第七章；孙守成编写第一章、第八章。张天宝为本书的资料搜集做了大量的基础工作，胡振威参与了本书的研究工作。全书由孙守成负责总体策划、结构设计和最后统稿，周建亚教授主审。

在本书的编写过程中，参考了大量的文献，引用了许多资料，在此谨对其作者表示衷心的感谢。

由于物流行业发展变化较快，加之时间仓促和编者水平有限，书中难免有错误和不足之处，敬请读者批评指正。

高职高专"十一五"规划教材
《货物学》研制组
2008 年 1 月

目 录

第一章 总 论

第一节 货物及其分类的概念、意义和原则 ······ 1
一、货物（商品）的概念 ······ 1
二、货物学的研究对象 ······ 2
三、货物的分类 ······ 2
四、货物分类的重要意义 ······ 3
五、货物分类的基本原则 ······ 3

第二节 货物的分类 ······ 4
一、按货物装卸搬运方式分类 ······ 4
二、按货物自然特性分类 ······ 6
三、按货物储存场所分类 ······ 7
四、按货物的运输方式分类 ······ 7

第三节 货物目录和货物编码 ······ 8
一、货物目录 ······ 8
二、货物（商品）编码 ······ 13

第二章 货物包装

第一节 货物包装概述 ······ 20
一、货物包装的概念 ······ 20
二、商品包装在物流中的作用 ······ 21
三、货物包装的分类 ······ 22

第二节 货物包装标准化 ······ 22
一、货物包装的标准 ······ 22
二、货物包装的标准化 ······ 24

第三节 货物包装的技术方法 ······ 25
一、收缩包装 ······ 25
二、无菌包装 ······ 25

三、防锈包装 ·· 25
四、防霉包装 ·· 26
五、硅窗气调包装 ·· 26
六、防潮包装 ·· 26
七、缓冲包装 ·· 26
八、特种包装 ·· 27

第四节 货物运输包装 ·· 27
一、商品运输包装的作用 ······································ 27
二、商品运输包装的要求 ······································ 28
三、商品运输包装的材料选择 ·································· 29
四、集合包装 ·· 33
五、对进出口商品运输包装的一般规定 ·························· 34

第五节 货物运输包装标志 ·· 35
一、包装储运图示标志 ·· 35
二、运输包装收发货标志 ······································ 40
三、危险货物包装标志 ·· 44
四、货物原产国标志 ·· 48

第六节 货件丈量与货物积载因素 ·································· 51
一、货件丈量 ·· 51
二、货物积载因数 ·· 52

第三章 食品类商品 57

第一节 食品类商品的分类 ·· 57
一、食品的分类 ·· 57
二、食品的营养成分及食品卫生 ································ 58

第二节 食品类商品的性能 ·· 63
一、糖类商品品质特征 ·· 63
二、酒类商品的分类品种及质量鉴别 ···························· 64
三、茶叶类商品品质特征 ······································ 70
四、水果的品质特征 ·· 74

第三节 食品类商品的物流要求 ···································· 76
一、食品类商品储运特性 ······································ 76
二、食品储运方法 ·· 82

第四章 衣着类商品 — 95

第一节 衣着类商品的组成 — 95
一、服装面料的组成与性能 — 95
二、服装辅料 — 101

第二节 衣着类商品的品质特征 — 102
一、服装的分类品种及性能特点 — 102
二、服装号型 — 103
三、服装的质量检验 — 104

第三节 衣着类商品的物流要求 — 105
一、衣着类商品储运特性 — 105
二、衣着类商品储运方法 — 107

第五章 日用工业商品 — 113

第一节 日用工业商品的分类 — 113

第二节 日用工业商品的性能 — 113
一、日化类 — 113
二、皮革类 — 120
三、家用电器 — 127

第三节 日用工业商品的物流要求 — 134
一、日用工业商品储运特性 — 134
二、日用工业商品储运方法 — 136

第六章 金属材料 — 142

第一节 金属材料的性能 — 142
一、金属材料的物理性能 — 142
二、金属材料的化学性能 — 144
三、金属材料的力学性能 — 146

第二节 金属材料的分类 — 148
一、黑色金属 — 148
二、有色金属 — 151

第三节 金属材料的牌号表示方法 — 153
一、钢号表示方法的一般规定 — 153

二、金属材料的牌号表示方法……………………………………155
三、有色金属及合金产品的牌号表示方法……………………………157
第四节 金属材料的物流要求………………………………………161
一、金属材料的包装要求……………………………………………161
二、金属材料的提货要求……………………………………………162
三、金属材料的运输要求……………………………………………163
四、金属材料的验收要求……………………………………………165
五、金属材料的储存要求……………………………………………171

第七章 非金属材料 183

第一节 木材…………………………………………………………183
一、木材的组成………………………………………………………183
二、木材的分类………………………………………………………183
三、木材的缺陷及特性………………………………………………185
四、木材材积的计算方法……………………………………………187
五、木材的物流要求…………………………………………………192
第二节 水泥…………………………………………………………193
一、水泥的分类………………………………………………………194
二、水泥命名的一般原则……………………………………………194
三、水泥的主要质量指标……………………………………………195
四、主要水泥品种的性能及用途……………………………………195
五、水泥的物流要求…………………………………………………200
第三节 橡胶制品……………………………………………………202
一、橡胶制品的质量指标……………………………………………202
二、橡胶制品的各种类型……………………………………………204
第四节 塑料制品……………………………………………………213
一、常用塑料制品及性能……………………………………………213
二、塑料制品的物流要求……………………………………………215

第八章 危险商品 219

第一节 爆炸品………………………………………………………219
一、爆炸品的分类……………………………………………………220
二、爆炸品的特性……………………………………………………220

三、爆炸品的物流要求 ……………………………… 221
第二节　氧化剂 ……………………………………………… 223
　　一、氧化剂的分类 ………………………………… 223
　　二、氧化剂的特性 ………………………………… 223
　　三、氧化剂的物流要求 …………………………… 224
第三节　易燃性商品 ………………………………………… 225
　　一、易燃液体 ……………………………………… 225
　　二、易燃固体 ……………………………………… 227
　　三、自燃物品 ……………………………………… 228
　　四、遇水燃烧物品 ………………………………… 229
第四节　压缩气体和液化气体 ……………………………… 231
　　一、压缩气体和液化气体的分类 ………………… 231
　　二、压缩气体和液化气体的特性 ………………… 231
　　三、压缩气体和液化气体的物流要求 …………… 232
第五节　腐蚀品、毒害品与放射性物品 …………………… 232
　　一、腐蚀品 ………………………………………… 232
　　二、毒害品 ………………………………………… 234
　　三、放射性物品 …………………………………… 236
第六节　危险商品的积载与隔离 …………………………… 238
　　一、积载 …………………………………………… 238
　　二、隔离 …………………………………………… 239

参考文献 ……………………………………………………… 243

第一章 总 论

背景知识：用于交换的产品叫商品。商品由生产地向消费地转移的过程是物流活动的过程，当商品进入物流系统，通常我们将它们称为货物。

无论是哪种类型的物流企业，一切物流活动均是围绕"物"进行的。如物流业务受理，货物采购合同的签订，货物包装，货物流通加工，货物的装卸、搬运与运输，仓储的收、发、存、盘点、退货，货损货差的赔偿等一系列工作均是围绕货物进行的。可见，掌握一定的货物学知识对一个物流从业人员来说，是多么必要和重要。

学习目标：通过学习，掌握货物的概念、货物分类的概念、货物分类的意义和原则；掌握货物分类的内容；了解货物目录的概念及主要货物目录；了解货物标准分类代码、常用编码方法。

第一节 货物及其分类的概念、意义和原则

一、货物（商品）的概念

现代物流以物的动态流转过程为主要研究对象，要学习物流，我们首先要明确"物"的概念。

物流之"物"，在我国国家标准《物流术语》中称为物品。物品在不同的领域，有着不同的称呼。在商业领域，我们称它为商品；在工厂制造企业，我们称它为物资、物料或产品；在军事领域，我们称它为军事物资或军火；在邮政和快递行业，我们称它为邮件、包裹等。当物品进入物流系统，通常我们将它们称为货物。

货物（cargo 或 goods）通常是指物流运输、仓储部门承运、保管的各种原料、材料、工农业产品和商品，以及其他产品或物品的总称。

应当强调：物流中的"物"通常是指一切可以进行物理性位置移动并由物流企业转移的物质资料，如物品、物资、物料等，不能发生物理性移动的物质资料（如道路、桥梁、车站、码头、厂房等）不是物流中的"物"，也不是物流的研究对象。

二、货物学的研究对象

货物学的研究对象是货物,具体地说是研究物流过程中各种货物的种类、包装、标志,及其物理、化学、机械和生物性质,同时结合运输、仓储、装卸等条件,揭示货物的质量变化规律,制定货物运输、保管的安全防护措施,以保证货物在物流过程中完整无损,完成物流服务。此外,通过对货物的学习与探索,我们可以全面掌握科学的物流管理方法,提高物流生产效率,降低物流成本,为从事物流管理、货物运输和仓储保管的各专业人员打下比较全面和系统的有关货物的理论基础,提高我国的物流管理水平。货物学主要介绍货物的分类、成分、结构,及其物理、化学、生物和机械性质;货物的包装、标志、计量及积载因数;货物的运输条件;普通件杂货、特殊货物与运输有关的性质以及运输、装卸、保管要求;危险货物的分类、特性、包装、标志、积载、隔离,及其运输、装卸、保管的注意事项等内容。

三、货物的分类

物流运输过程中涉及成千上万种不同的货物,它们的形态和性质各不相同;对运输、装卸、保管也各有不同的要求。为了尽可能使货运条件适应货物,以保证货运安全和提高运输效率,必须对货物进行科学的分类。货物可以从不同的角度加以分类,划分货物类别时应适应有关部门工作和研究的需要,有利于对货物的管理和提高工作效率。科学的分类方法应适应社会和科学技术的不断发展并具有一定的稳定性。

货物的质量分析,使用性能的检验、鉴定等重要问题的研究,都是在对货物科学分类的基础上进行的。而这些问题的研究成果,又给货物分类提供了科学的依据。

(一)分类的概念和基本要求

货物、材料、物质、现象乃至抽象概念等都是概括一定范围的集合总体。任何集合总体都可根据一定特征逐次归纳成若干个概括范围更小,特征更趋一致的局部集合体,直到划分成最小的单元。这种将集合总体科学的、系统的划分称为分类。

货物分类,首先必须明确分类对象所包括的范围;其次,必须提出分类的明确目的;此外,还必须选择适当的分类标志。在进行分类的过程中,分类标志的选择是十分重要的工作,它必须是既能达到分类的目的要求,又能明显地区别开分类对象的类别。

(二)货物分类的概念

为了一定目的,满足某种需要选择恰当的分类标志,将货物划分为不同的大类、类别、组别、品目，乃至品种、规格、花色。这种科学地、系统地将货物逐次划分为不同类、组，称为货物分类。不同国家不同的历史阶段，货物所概括的范围并不完全相同，因此货物分类的对象也不尽相同。由于各部门对货物进行分类的目的不同，因此货物的分类方法也是多种多样的。在流通领域中，可根据经营管理的需要，对货物进行这样或那样的贸易分类；在货物学的教学和科学研究工作中，又可根据教学和科学研究的特点及各种目的要求，将货物进行不同的教学或科学研究分类。

四、货物分类的重要意义

按照货物的性质或其他特性将货物划分为不同的类别，这种有系统的划分称为货物分类。货物分类，一般是将货物分成大类、品目、小类、品种、纲目等。

对货物进行科学的分类，是十分重要的工作。因为货物的品种繁杂，特征各异，价值悬殊，其性能、用途以及储运要求也各不相同，只有将货物进行统一的分类后，生产、计划、统计等工作才能正常进行，统计数据才有实用价值。也只有将货物进行科学分类后，才有可能将研究的对象从个别货物特征归结为每类货物特征。特别是现代科学技术的飞速发展，电子计算技术已被运用到货物管理和商品研究中来，从而对货物分类工作也相应提出了新的更高的要求。

在货物学中，全面系统地研究货物的分类方法，也是非常重要的。货物的质量分析、鉴定、分级、保管等重要问题的研究，无一不是在货物科学分类的基础上进行的。由于货物学对货物本身的使用价值进行了科学、深入的研究，从而又为货物分类提供了科学的依据。货物的科学分类，有助于合理组织货物流通和有效地改善企业管理，同时也有利于会计核算和计划、统计工作的进行。

货物的科学分类是编制货物目录的基础。按货物的科学分类编制的货物目录主次分明，眉目清楚，便于货物管理工作的进行。

五、货物分类的基本原则

货物本身形状的多样性和复杂性，决定了货物特征的多种表现，在实际分类时无论采用哪种特征，都会出现难以区分个别货物的困难。因而，在货物分类时要科学地、合理地围绕货物分类的目的和要求处理问题。

（一）货物分类的基本要求

（1）明确货物的分类对象所包括的范围。

（2）提出货物分类的目的和要求。

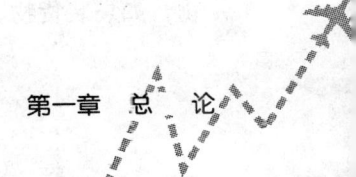

(3) 选择适当的货物分类特征。货物特征的选择必须满足分类的目的和要求，同时使不同类别货物具有本质的区别。

（二）选择货物分类特征的一般原则

(1) 必须满足分类的目的和要求。

(2) 各类货物能有显著的本质区别。

(3) 能概括规定范围内的所有货物，并有不断补充新货物的余地。

(4) 每个货物只能限定在一个类别之内。

(5) 货物分类采用独有的特征，不能同时采用相互矛盾的两种或多种特征进行分类。

(6) 必须有能说明货物特征的基础标志，并能从本质上划分出各类货物之间的明显区别。

(7) 在同一类货物中，不准同时采用两种或多种标志，也不能随便更换标志。

第二节 货物的分类

随着我国工农业生产和对外贸易的迅速发展，货物运输的货物种类、包装形式日益增多，货物性质也更为复杂，为了保护货物，便于运输、装卸和保管，按货物某方面的共同特征进行分类是十分必要的。按照运输、装卸和保管的要求，货物一般有以下分类方法。

一、按货物装卸搬运方式分类

（一）散装货物

散装货物简称散货，以重量承运，是无标志、无包装、不易计算件数的货物，以散装方式进行运输。一般批量较大，种类较少。散货按其形态可分为：

(1) 散装固体货，如矿石、化肥、煤等。

(2) 散装液体货，如原油、动植物油等。

（二）件装货物

件装货物简称件货，以件数和重量承运，一般批量较小、票数较多，称为件杂货或杂货，其标志、包装形式不一，性质各异，按不同标准可做如下分类。

1. 按包装特点分类

件货按包装特点可分为：

(1) 包装货物。包装货物是指装入各种材料制成的容器中的或捆扎的货物，如袋装货物、桶装货物、捆装货物等。

（2）裸装货物。裸装货物是指在运输中不加包装（或简易捆束），而在形态上却自成件数的货物，如汽车、铝锭、电线杆等。

2. 按清洁程度分类

件货按清洁程度可分为：

（1）清洁货物。清洁货物是指在运输中本身不易变质，外观清洁干燥，对其他货物无污染，且本身不能被沾污的货物，如棉毛织品、纸浆、茶叶等。

（2）污秽货物，又称污染货、脏货。污秽货物是指在装卸运输中因本身无包装或包装不良，受损时对其他货物容易造成污染损害的货物。包括：

①易扬尘货物，如水泥、炭黑、矿粉等。

②易潮解货物，如糖、盐、化肥等。

③易融化货物，如松香、石蜡、肥皂等。

④易渗油货物，如煤油、豆饼、小五金等。

⑤易渗漏货物，如酒、蜂蜜、盐渍肠衣等。

⑥散发强烈异味货物，如鱼粉、氨水、油漆等。

⑦带虫害病毒货物，如未经消毒的生牛羊皮、破布、废纸等。

3. 按装运要求分类

件货按装运的要求可分为：

（1）特殊货物。特殊货物也称特种货物，是指货物的性质、体积、重量和价值等方面具有特别之处，在积载和装卸保管中需要使用特殊设备和采取特殊措施的各类货物。包括：

①危险货物，是指具有燃烧、爆炸、腐蚀、毒害和放射线等性质，在运输过程中能引起人身伤亡、财产毁损的货物，如黄磷、硝酸、氰化钠等。

②贵重货物，是指本身价值很高的货物，如金银、玉器首饰、历史文物、名贵药材、高级仪器和电器等。

③笨重长大货物，是指单件重量、长度超过一定限量的货物，如机车头、成套设备、钢轨等。

④易腐货物，又称鲜货，是指在常温条件下，容易腐败变质的货物，如新鲜的肉、鱼、蛋、乳、果、菜等。

⑤冷藏货物，是指使用冷藏船、舱、箱在指定的低温条件下运输的货物，主要是易腐货物。

⑥有生动植物货物，又称活货，是指在运输过程中，仍需不断照料，维持其生命和生长机能，不使其发生枯萎、患病或死亡的动植物货物，如蜜蜂、禽畜、鱼苗以及树苗、盆景、花卉等。

⑦涉外货物，是指外交用品，如外国驻华使领馆、团体和个人的物品，以及国际礼品、展览品等物资的统称。

⑧拖带运输货物，是指不便于装载在船舶上运输，较适宜于经编扎在水上拖带运输的货物，如竹、木排、浮物、船坞等。

（2）普通货物，是指除危险货物、鲜活货物以及其他因本身性质，而在装卸和积载方面有特殊要求的特殊货物外的一般货物的统称。

（三）成组装货物类

成组装货物类指用托盘、网络、集装袋和集装箱等将件杂货或散货组成一个大单元进行运输的货物。主要包括：

（1）托盘货物，是指货物集合放在一个货盘上，用塑料薄膜等材料连同货盘一起形成一个装运单元进行运输的货物。托盘货物种类广泛，凡件货都是。

（2）网络货物，是指使用棕绳或尼龙绳、钢丝绳等编制的网络所承装的货物，以一网络为运输单元。货类有散装货，件装货等，如生铁、大米等。

（3）集装袋货物，是指装入可折叠的涂胶布、树脂加工布等软材料所制成的大型袋子的货物。集装袋货物种类广泛，尤其适用于粉粒体货物，如矿砂、水泥、纯碱等。

（4）集装箱货物，是指装入集装箱内进行运输的货物。集装箱货物种类有散装货、件装货。按货物性质和形态，可选用通用集装箱或特种集装箱装运。按装运方式可采用整箱货和拼箱货装运。

二、按货物自然特性分类

（1）吸湿性货物，是指能吸收空气中水蒸气或水分的货物，如茶叶、香烟、糖等。

（2）热变性货物，是指环境超过一定温度时，会引起形态变化的货物，如石蜡、松香、橡胶等。

（3）自热性货物，是指在不受外来热源影响下会自行发热的货物，如油纸、棉花、煤炭等。

（4）锈蚀性货物，是指在环境中易于生锈而毁损的金属类货物，如金属罐头食品、铁桶货、钢材等。

（5）染尘性货物，是指容易吸收周围环境中的灰尘的货物，如纤维货物、液体货物、食品等。

（6）扬尘性货物，是指极易飞扬尘埃的货物，如矿粉、炭黑、染料等。

（7）易碎性货物，是指机械强度低，质脆易破的货物，如玻璃及其制品、陶瓷器、精密仪器等。

（8）吸味性货物，是指容易吸附外界异味的货物，如茶叶、香烟、大米等。有些吸味性货物本身还具有散味性，如烟叶、糖、咖啡等。

（9）危险性货物，即危险货物。

（10）冻结性货物，是指在低温条件下，含有水分，易于冻结成为整块或产生沉淀的货物。如墨汁、液体西药受冻后会沉淀影响质量，煤炭、散盐、矿石低温时易冻结成大块，造成装卸货物困难。

三、按货物储存场所分类

（1）舱内货物，是指装入船舱内进行运输的货物，如茶叶、食糖、棉布等。

（2）舱底货物，又称压载货物，是指装在船舱底进行运输的货物。一般是比重较大或有污染性且不怕压的货物，如钢材、桐油、矿石等。

（3）衬垫货物，是指耐压，可以用作衬垫的货物，如旧轮胎、板条、旧麻袋等。

（4）填空货物，是指体积小、不怕挤压，可用作填补舱内空档的货物，如藤、成捆木柴、耐火砖等。

（5）舱面货物，又称甲板货物，是指装载在船舶没有遮蔽的甲板上的货物。一般是具有不怕湿、不怕晒、不怕冻等特性，经货主同意或不适宜装在船舱内的货物，如原木、汽车、有生动植物等。

（6）深舱货物，是指装入船舶吃水最深的舱内进行运输的货物。一般为流质货物、扬尘货物，如散装货油、动植物油、水泥等。

（7）房间货物，是指装入保险房或其他小舱室内（邮件房、行李房等）进行运输的货物，如贵重货物、邮件、行李等。

（8）冷藏舱货物，是指装入冷藏舱（箱）内进行运输的货物，如冻肉、冻鱼、果菜等。

（9）非一般货舱货物，是指装入杂货船的油柜、水柜以及过道、穿堂等非舱室场所的货物以及用冷藏舱装运的非冷藏货物。

四、按货物的运输方式分类

（1）直达货物，是指从起运港直达某一目的港口的货物。

（2）国际过境货物，是指中途经第三国港口进行运输的货物。按过境方式包括：

①通过货物，中途经第三国港口并随原船在港口通过的货物。

②国际中转货物，中途经第三国港口以水运转铁路、铁路转水运方式在港口通过的货物。

③转船货物，中途经第三国港口以水运转水运的货物。

不同国家的港口和运河当局，对国际过境货物的申报查验等手续有不同的规定，对危险货物过境，控制尤为严格。

（3）选港货物，是指在装船时提供多个可供选择卸货港的货物。选择卸货港的货物必须是运输文件上列明的港口，且货物数量应是整票的。

（4）联运货物，是指按照统一的规章或协议，使用同一份运输票据，中途换装其他运输工具，继续运输至目的港的货物。

（5）集装箱货物，是指装入集装箱内进行运输的货物。

（6）零星货物，又称零担货物，是指批量较小的货物。一张货物运单的托运量不满30t。通常班轮运输的货物多属零星货物。

（7）大宗货物，又称整批货物，是指在运量构成中占有较大百分比的货物。一般一张货物运单的托运量较大，通常整船装运，如粮谷、木材、煤炭、矿石等。

第三节 货物目录和货物编码

一、货物目录

（一）货物目录的概念和意义

货物目录又称货物分类目录，是指国家或有关部门根据商品分类系统对所经营管理的货物编制的总明细分类集（商品总明细目录）。它是在货物逐级分类的基础上，用表格、符号、文字全面记录货物分类系统和排列顺序的书本式工具。

货物目录是货物分类的具体表现，是货物分类工作的有机组成部分。只有根据货物的科学分类编制的货物目录，才能使各类货物脉络清楚，有利于货物经营管理的科学化和现代化。

各类货物的生产、经营、管理单位都有自己的货物目录。货物目录也是企业间进行货物交换的重要手段。同时，为了充分发挥商品目录在商品流通中的作用，还应随着货物生产的发展和商品经营的变化适时地对货物目录进行修订。

（二）货物标准分类体系和方法

目前货物分类体系可概括为基本分类体系、国家标准分类体系、应用分类体系等三大体系。基本分类体系以货物用途作为分类标志，将货物分为生活资料商品和消费资料商品两大部类。国家标准分类体系是为适应我国市场经济的需要，以国家标准形式对商品进行科学、系统的分类编码所建立的商品分类体系，即《全国主要产品分类与代码》（GB/T7635.1—2002）。

1. 全国主要产品分类与代码

（0）大部类产品门类代码

01 种植业产品

02 活的动物和动物产品

03 森林产品和森林采伐产品

04 鱼和其他渔业产品

05 中药

(1) 大部类产品门类代码

11 无烟煤、烟煤和褐煤等煤；泥炭

12 原油和天然气等

13 铀和钍矿

14 金属矿

15 石、砂和粘土等非金属矿及其采选品

16 其他矿物

17 电力、城市燃气、蒸汽和热水

18 水

(2) 大部类产品门类代码

21 肉、水产品、水果、蔬菜、油脂等类加工品

22 乳产品

23 谷物碾磨加工品、淀粉和淀粉制品；豆制品；其他食品和食品添加剂；加工饲料和饲料添加剂

24 饮料

25 烟草制品

26 沙、线和丝；机织物和簇绒织物等

27 服装以外的机织物、短纤维机织物

28 针织或钩编的织物（货品）；服装及衣着附件

29 天然皮革、再生革和皮革制品及非皮革材料的同类制品；鞋

(3) 大部类产品门类代码

31 木（材）和木制品、软木制品，稻草、麦秆和缏条材料制品

32 纸浆、纸和纸制品；印刷品和相关物品

33 炼焦产品；炼油产品；核燃料

34 基础化学品

35 其他化学品；化学纤维

36 橡胶和塑料制品

37 玻璃和玻璃制品及其他非金属制品

38 家具；其他不另分类的可运输产品

39 旧物、废弃物或残渣

(4) 大部类产品门类代码
41 主要金属材料
42 除机械设备外的金属制品
43 通用机械设备及其零部件
44 专用机械设备及其零部件
45 办公、会计和计算机械
46 电气机械和器材
47 广播、电视和通信设备等电子产品
48 医疗器械；精密和光学等仪器仪表及其元器件和器材；计量标准器具与标准物质；钟表
49 交通运输设备
(5) 大部类产品门类代码
51 无形资产
52 土地
53 建筑工程
54 建筑物服务
(6) 大部类产品门类代码
61 批发业服务
62 零售业服务
63 住宿服务；食品和饮料服务
64 陆路运输服务
65 水运服务
66 空运服务
67 支持性和辅助运输服务
68 邮政和速递服务
69 电力分配服务；通过主要管道的燃气和水分配服务
(7) 大部类产品门类代码
71 金融中介、保险和技术服务
72 不动产服务
73 不配备操作员的租赁或出租服务
(8) 大部类产品门类代码
81 研究和开发服务
82 专业、科学和技术服务
83 其他科学和技术服务
84 电信服务；信息检索和提供服务

85 支持性服务

86 在收费或合同基础上的生产服务

87 保养和修理服务

（9）大部类产品门类代码

91 公共管理和整个社区有关的其他服务；强制性社会保障服务

92 教育服务

93 卫生保健和社会福利

94 污水和垃圾处置、公共卫生及其他环境保护服务

95 成员组织的服务

96 娱乐、文化和体育服务

97 其他服务

98 家庭服务

99 国外组织和机构提供的服务

2. 商业行业商品分类与代码

我国商业部编制的《商业行业商品分类与代码》，将商业行业经营的商品划分为61个大类，约400个中类，还有若干小类和品种。按照我国国民经济分类中的商业行业的顺序（即吃、穿、用、燃料、农业原料、农业生产资料、废旧物资、物资等）进行大类排列。具体划分如下：

（1）粮食

（2）植物油脂、油料

（3）食用家畜、畜肉及其制品

（4）食用禽肉、蛋及其制品

（5）水产品

（6）糖及糖果

（7）糕点、罐头

（8）烟

（9）饮料

（10）干鲜果品

（11）干鲜菜及调味品

（12）纺织品

（13）针织品

（14）服装

（15）鞋帽

（16）日用化工品

（17）保温瓶、杯及日用玻璃制品

(18) 日用搪瓷制品及金属制品
(19) 钟表及眼镜
(20) 日用塑料及人造革制品
(21) 儿童玩具
(22) 日用百货
(23) 日用杂品
(24) 家具
(25) 机制纸及纸制品
(26) 文教办公用品
(27) 照相器材
(28) 体育及文娱用品
(29) 印刷品
(30) 建筑用金属制品及卫生器材
(31) 五金工具
(32) 机械配件
(33) 五金杂品
(34) 交通器材
(35) 电工器材
(36) 电讯器材及电子元器件
(37) 电子音像器材及家用电器
(38) 化工原料
(39) 染料、涂料、颜料
(40) 煤炭及石油制品
(41) 西药
(42) 医疗器械
(43) 化学试剂
(44) 中药材
(45) 中成药
(46) 棉、麻、烟料
(47) 土产品
(48) 畜产品
(49) 化学肥料
(50) 化学农药
(51) 饲料
(52) 其他农业生产资料

（53）工艺美术及古玩珍藏品（一）

（54）工艺美术及古玩珍藏品（二）

（55）工艺美术及古玩珍藏品（三）

（56）工艺美术及古玩珍藏品（四）

（57）废旧物资

（58）机电产品

（59）原材料

（60）辅助材料

（61）其他商品

二、货物（商品）编码

（一）货物编码的概念和编码的意义

货物编码也称商品代码，是赋予某种商品的代表符号。这种对每类商品规定统一的符号系列也就称为"商品编码化"。其符号可以由数字、字母和特殊标记组成。

商品编码往往是商品目录的组成部分，也是商品分类的有机组成部分。因此，商品编码与商品分类密切相关，在实践中也被称为商品分类代码；商品分类和商品编码共同构成了商品目录的完整内容，所以商品目录也称商品分类与编码集。

由于商品编号是作为商品分类的代号，从一定意义上说，商品编码化是科学分类的一种手段。使用商品编码，可以使多种多样、品名繁多的货物便于记忆；可以简化手续，提高工作效率和可靠性；利于管理，促进销售；同时有利于统计、计划、管理等业务工作的进行，并能为信息化、电子技术运用做准备，有利于建立统一的商品分类代码系统。

（二）商品编号的种类和编制方法

商品分类编号，是商品贸易分类中的一个重要组成部分。特别是对商品管理现代化、信息化来说，所有商品将分别用指定的编码或译码来表示。商品编号所用的类型有：按数字顺序的数字编码；按字母顺序的字母编码；按字母和数字顺序的字母和数字编码。其中常用阿拉伯数字的顺序号，便于国际交往和商品编码系列化、电脑化。

1. 数字型代码

（1）数字型代码的概念。数字型代码是用一个或若干个阿拉伯数字表示分类对象的代码。其特点是结构简单，使用方便，易于推广，而且便于计算机处理，是国际上普遍采用的一种代码。

（2）数字型代码的编制方法。数字型代码通常采用层次编码、平行编码、混合编码三种编制方法。

①层次编码法。层次编码法是使代码的层次与分类层级相一致的编制方法。是按商品类目在分类体系中的层级顺序,依次赋予与各层级对应的数字代码。层次编码法主要用于线分类(层级分类)体系。

层次编码法的优点是代码较简单,信息容量大,逻辑性较强,能明确地反映出分类编码对象的属性或特征及其相互关系,便于计算机汇总数据;缺点是结构弹性较差,需要预留出相当数量的备用号而使代码延长。因此,层次编码法最适用于编码对象变化不大的情况。

《全国工农业产品(商品、物资)分类与代码》,即全国统一商品代码的编制方法如下:

整个代码结构共分四层(不包括门类),由八位阿拉伯数字组成,门类则用英文字母表示顺序。

每层均以01~99之间的两位数字表示。当第一、二、三层类目不再细分时,其代码后面用"0"满八位。各层都留有适当空码,以备将来增加或调整类目用。各层数字为"99"的代码,表示收容数目,层内分成若干区间时,每个区间的收容数目一般用末位数字为"9"的代码表示。

特殊需要时,可在第三层增设"开列区",其代码用01~09表示,如贸易粮的代码为 A 01 01 01 00。不设开列区时,第三层代码从"10"开始编码,如移动式空调器的代码为 T 78 03 10 05。《商业行业商品分类与代码》,即商业行业商品代码的编制原则与国家统一商品代码保持一致,具体方法如下:

根据商品流通和商业经营特点,商品代码全长14位数字,是由高位分类和低位分类流水码两部分组成的12位等长全数字码,最后还有两位校验码。

高位码结构分四层,每层以两位数表示,共八位数字。第一层为大类名称,反映本大类经营范围内所有商品的纲目,第四层为品名。

低位码为四位数字,标示商品的花色、规格、产地等。

②平行编码法。平行编码法是对每一个分类面确定一定数量的码位,代码标志的各组数列之间是并列平行关系的代码编制方法。平行编码法多用于面分类(平行分类)体系。平行编码法的优点是代码结构有较好的弹性,可以比较简单地增加分类面的数目,必要时还可更换个别的类面;缺点是代码过长,不便于计算机管理。

③混合编码法。混合编码法是层次编码法和平行编码法的合成。即把分类对象的各种属性或特征分列出来后,其中某些属性或特征用层次编码法表示,其余的属性或特征用平行编码法表示。它吸取了两者的优点,更容易使用。

2. 货物(商品)条码

(1)货物条码的概念。货物条码也称商品条码,条码又称条码符号,是由一组规则排列的条、空及其对应字符组成的标记，用以表达一定的信息。条码是利用光电子扫描阅读设备识读，并实现数据输入计算机的一种特殊代码。它作为一种可印刷的计算机语言，以其特有的快速、信息量大、成本低、可靠性高等优点，被广泛地应用于商业、仓储、邮电、交通运输、图书管理、生产过程的自动控制等领域，是迄今为止在自动识别技术中，应用最普遍、最经济的一种信息标志技术。商品条码是由一组宽窄不同、黑白（或彩色）相间的平行线条及其对应字符，依照一定的规则排列组合而成的条空数字图像。包含商品的生产国别、制造厂商、产地、名称、规格、特性、生产日期、数量、价格等一系列商品信息，是商品的身份证。

（2）应用商品条码的意义。商品条码是快速、准确地进行商品流向控制的现代化手段；普及商品条码，可以实现销售、仓储、运输、订货、结账等的自动化管理，提高商品生产和经营效率；采用商品条码，有助于提高商品信誉，使出口商品可以在国际市场上正常流通，进入超级市场，为国家创汇。在零售商业企业采用商品条码，可以改善零售作业，减少人为错误，提高结算效率；可以立即提供财务报告，加快簿记工作速度，随时了解盘存货量，避免商品脱销或积压；还可帮助消费者了解商品的生产国别和质量水平，方便挑选，促进销售。

（3）商品条码的种类和组成。常用条码在商品流通领域分为储运单元条码和消费单元条码。储运单元是指由若干消费单元组成的稳定和标准的商品集体，是装卸、仓储、收发货、运输等业务所必需的一种商品单元。储运单元条码有 DUN—14 条码、DUN—16 条码、ITF—14 条码、ITF—16 条码、EAN/UPC—128 条码等。消费单元是指通过超级市场、百货商店、专业商店等零售渠道直接售给消费者的商品单元。消费单元的条码有 UPC 条码和 EAN 条码。

商品条码最早产生于美国，20 世纪 70 年代初在北美推广应用，作为通用产品代码（简称 UPC 条码）。随后，欧共体 12 国成立了欧洲物品编码委员会（简称 EAN），并于 1981 年改名为国际物品编码协会（仍用 EAN），开发出与 UPC 条码兼容的欧洲物品编码系统（简称 EAN 条码），在欧洲乃至全世界推广应用。目前，国际物品编码协会的会员已超过 60 个国家和地区，EAN 条码已在世界各国普及，成为国际通用的商品条码。

我国条码技术的研究始于 20 世纪 70 年代末，为普及、推广、研究条码技术，国家质量技术监督局于 1988 年 12 月正式成立了中国物品编码中心，负责制定和发布全国条码标准，统一组织、协调和管理全国的条码工作，并在各地设立了物品编码分中心。1991 年 4 月，我国以中国物品编码中心为代表，正式加入国际物品编码协会成为会员，允许使用 EAN 条码，为中国大规模推广应用条码技术创造了有利条件。

（4）国际通用的商品条码。目前，国际通用的商品条码有国际物品条码（EAN 条码）和通用产品条码（UPC 条码）。

①EAN 条码是国际物品条码的简称，由国际物品编码协会制定，是一种国际通用商品代码。主要用于超级市场或自动销售系统的单件商品上。凡进入国际市场的商品其包装上必须印有 EAN 条码。我国规定从 1997 年 1 月 1 日起，凡在超级市场销售的商品必须使用商品条码，国家标准 GB/12904—2003《商品条码》对 GB/12904—1998《商品条码》进行了修订，将原标准全文强制改为部分条文强制，以便更大程度上发挥商品条码在实际应用中的作用，适应市场需求。GB/12904—2003《商品条码》中规定了商品条码的编码、结构、尺寸、颜色、技术要求及质量判定规则，在代码结构上采用了 2002 年版《EAN·LICC 通用规范》中的相关内容。

EAN 标准版又称 EAN—13 条码或 EAN—13 代码，中国称之为标准码，其标准尺寸为 37.20mm×26.266mm，由条、空及其下面对应的 13 位阿拉伯数字组成。这 13 位数字可分为四个码段，第一码段是前缀码（又称国别代码），为前二位或前三位数字；第二码段是厂商代码，为五位或四位数字；第三码段是商品标志代码，为五位数字；第四码段是校验码，为最后一位数字。其条码结构如图 1-1 所示。

条空
数字：　×××　　××××　　×××××　　×
　　　　前缀码　　厂商代码　　商品标志代码　校验码

图 1-1　EAN—13 条码结构示意图

前缀码用于标示商品来源的国家或地区，由国际物品编码协会分配和管理，各成员国（地区）获得的国别代码如表 1-1 所示。

表 1-1　　　　　国际物品编码协会成员国（地区）代码

国家（地区）代码	国家（地区）	国家（地区）代码	国家（地区）
0009	美国、加拿大	529	塞浦路斯
20~29	北美地区内部备用码	560	葡萄牙
30~37	法国	569	冰岛
40~43	前联邦德国	600~601	匈牙利
49	日本	690~692	南非

续表

国家（地区）代码	国家（地区）	国家（地区）代码	国家（地区）
50	英国、爱尔兰	729	中国
54	比利时、卢森堡	750	以色列
57	丹麦	759	墨西哥
64	芬兰	770	委内瑞拉
70	挪威	773	哥伦比亚
73	瑞典	775	乌拉圭
76	瑞士	779	秘鲁
80~83	意大利	780	阿根廷
84	西班牙	789	智利
87	荷兰	859	巴西
90~91	奥地利	860	前捷克斯洛伐克
93	澳大利亚	869	前南斯拉夫
94	新西兰	880	土耳其
440	前民主德国	885	韩国
460	前苏联	888	泰国
471	中国台湾地区	955	新加坡
489	中国香港特别行政区	959	马来西亚
520	希腊		

②UPC 条码，是通用产品条码的简称，是美国统一代码委员会于 1973 年推出的一种商品条码，广泛应用于美国和加拿大商品流通领域。各国和地区出口到美国、加拿大等北美国家的商品，其包装上必须印有 UPC 条码。UPC 标准版，又称 UPC—A 条码，由条、空及其下面对应的 12 位阿拉伯数字组成。这 12 位数字中，第 1 位数字是前缀号，最后 1 位数字是校验码，中间 10 位数字是编码数字，其中前 5 位数字是厂商代码，后 5 位数字是商品标志代码。其条码结构如图 1-2 所示。

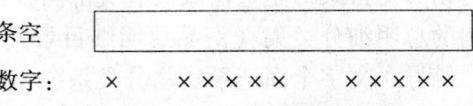

图 1-2　UPC—A 条码结构示意图

前缀号为编码系统字符，以 0~9 表示。其中，0 标示按规定数量包装的规则包装商品，2 标示不规则重量的商品，3 标示医药卫生商品，4 为零售商专用，5 标示用信用卡销售的商品，7 为中国申报的美国统一代码委员会会员专用，1、6、8、9 为备用码。编码系统字符由美国统一代码委员会分配给它的每个会员。厂商代码用于标示商品生产厂家，由美国统一代码委员会分配给每个会员。商品识别代码用于识别商品的特征或属性，由厂商根据美国统一代码委员会的规则自行编制和管理。校验码用于校验代码符号的正确性，按照一定规则计算确定。

UPC 标准版可缩写为 UPC—E 条码，由条、空及其下面对应的 8 位数字组成。这 8 位数字中，第 1 位数字是前缀号，最末位数字是校验码，中间 6 位数字是商品信息代码。其条码结构如图 1-3 所示。

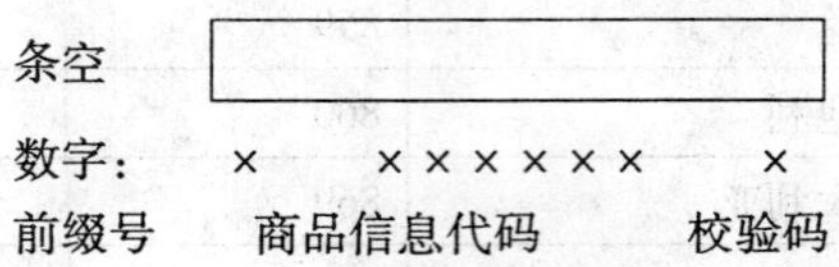

```
条空  ┌─────────────────┐
      └─────────────────┘
数字：  ×    ××××××    ×
      前缀号  商品信息代码  校验码
```

图 1-3 UPC—E 条码结构示意图

UPC—E 条码可视为按一定规则删除 UPC—A 的 4 个 0 后得到的。只有当商品小到无法印刷有 12 位数字的 UPC 标准版时，才允许使用 UPC—E 条码。而且，只有当美国统一代码委员会分配给企业的编码系统字符是"0"（前缀号只能取"0"）时，才可以使用 UPC—E 条码。

本章小结

当物品进入物流系统，通常我们将它们称为货物。货物通常是指物流运输、仓储部门承运、保管的各种原料、材料、工农业产品和商品，以及其他产品或物品的总称。为了一定目的，满足某种需要，选择恰当的分类标志，将货物划分为不同的大类、类别、组别、品目，乃至品种、规格、花色。这种科学地、系统地将货物逐次划分为不同类、组，称为货物分类。

货物目录又称货物分类目录，是指国家或有关部门根据商品分类系统对所经营管理的货物编制的总明细分类集（商品总明细目录）；是在货物逐级分类的基础上，用表格、符号、文字全面记录货物分类系统和排列顺序的书本式工具。

商品编码也称商品代码，是赋予某种商品的代表符号。这种对每类商品规定的统一的符号系列也称为"商品编码化"。其符号可以由数字、字母和特殊标记组成。商品编码是企业根据自身管理需要自创的商品标志体系。

条码（又称条形码）是由一组按一定编码规则排列的条、空符号，用以表示由一定的字符、数字及符号组成的信息。条码系统是由条码符号设计、制作及扫描阅读组成的自动识别系统。条码系统是当前商业企业流行的信息处理模式与共同语言。条码必须与相应的手持条码终端（扫描仪）配合才能识别条码本身蕴涵的意义。

练习题

一、名词解释

货物　外贸货物　保税货物　国际过境货物　非一般货舱货物　选港货物

二、单项选择题

1. 下列属于散装货物的是（　　）。
   A. 棉花　　　　B. 生铁块　　　C. 石蜡　　　　D. 盘圆
2. 下列属于污秽货物的是（　　）。
   A. 纸浆　　　　B. 茶叶　　　　C. 巴棉纱　　　D. 盐渍肠衣
3. 下列属于特殊货物的是（　　）。
   A. 瓷砖　　　　B. 烟叶　　　　C. 橡胶　　　　D. 世界名画

三、问答题

1. 在运输生产实践中，对货物进行分类有何重要意义？
2. 按货物装运方式对货物可分哪几类？
3. 按货物自然特性对货物可分哪几类？并举货种说明。
4. 按货物运输方式对货物可分哪几类？

第二章　货物包装

学习目标：通过本章学习，你应该能够了解商品包装的分类、功能与作用；理解商品包装标准化在物流中的重要意义；识别掌握商品包装的各种标志及货物积载因数的计算与应用。

第一节　货物包装概述

一、货物包装的概念

我国国家标准（GB/4122·1—1996）中确认：包装是为在流通中保护产品，方便储运，促进销售，按一定技术方法而采用的容器、材料及辅助物等的总名称。也指为了达到上述目的而在采用容器、材料和辅助物的过程中施加一定技术方法等的操作活动。

在这里，包装的含义：一是指盛装产品的容器及其他包装用品，即"包装物"；二是指盛装或包扎产品的活动。

世界各国对包装的涵义有不同的理解，说法也不尽相同，但基本意思是一致的。都以包装的功能作用为其核心内容。例如，美国把包装定义为："包装，是使用适当的材料、容器，而施于技术，使其能将产品安全送达目的地——即在产品输送过程中的每一阶段，不论遭到怎样的外来影响，皆能保护其内装物，而不影响产品价值。"而日本概括为"包装指在物品的运输、保管交易或使用当中，为了保护其价值与原状，用适当的材料、容器等加以保护的技术和状态"。加拿大认为"包装是将产品由供应者送到顾客或消费者手中，而能保持产品完好状态的工具"。英国认为"包装是为货物的运输和销售所做的艺术、科学和技术上的准备工作"。

总之，包装是使产品从生产企业到消费者手中保护其使用价值和价值的顺利实现而具有特定功能的系统。同时包装又是构成商品的重要组成部分，是实现商品价值和使用价值的手段，是商品生产与消费之间的桥梁，与人们的生活密切相关。

二、商品包装在物流中的作用

物流包装作为现代物流领域的一个必不可少的环节，它的地位和运输、仓储、配送是一样的，物流包装是流通的起点，物流包装的现代化、合理化直接影响流通业的现代化和合理程度。

1. 保护商品的作用

包装可以保证商品在复杂的运输、装卸、仓储条件中的安全，质量和数量不受到损失。具体体现在以下几个方面：

（1）防护货物以免发生破损变形

商品在流通过程中要承受各种冲击、震动、颠簸、摩擦、外力重压等作用，所以包装具备相应的强度能对商品起到一定的保护作用。

（2）防止货物发生化学变化

通过包装实施隔离水分、霉菌、溶液、潮气、光线及空气中有害气体等，达到防霉、防腐、防变质、防生锈、防老化等化学变化。

（3）防止有害生物对物品的影响

包装具有阻隔老鼠、虫子、细菌、白蚁等有害生物对物品的破坏及侵蚀的作用。

（4）防止异物混入，使货物受到污染，发生失撒。

2. 便于流通的作用

（1）包装有利于提高运输工具的装载能力，减少运输难度，提高运输效率。

（2）包装有利于采用机械化、自动化的装卸搬运作业，减少劳动强度和难度，加快装卸搬运速度。

（3）包装有利于在仓储作业中加快计数，方便交接验收，缩短接收、发放时间，提高速度和效率，同时有利于商品的码放。

3. 促进销售的作用

在商品贸易中促进销售的手段很多，其中包装的装潢设计是重要的手段，精美的包装是商品的良好宣传者，能够吸引人们的视线，唤起人们的购买欲。

4. 方便消费的作用

成功的商品包装，不仅依据商品的性质特征而设计形成，而且能以消费者为中心而设计形成。成功的商品包装，尤其是直接出售给消费者的销售包装，可通过充分研究消费者需求，以人为本，在包装造型的别致性、商品数量的适中性、使用方法的便利性以及完成包装使命之后的可持续使用性或绿色环保、易于处理性等方面做文章，最大限度地方便消费者。

三、货物包装的分类

在具体的流通活动中包装所起的作用不同,包装的类别也会不同。对物流包装进行合理科学的分类,有利于充分发挥包装的作用,有利于包装的标准化、规格化和系列化,有利于物流作业机械化、自动化,也有利于物流管理水平的提高。具体的分类标准不同,包装的分类方法也不同。

（一）按包装在流通中的作用分类

以其在商品流通中的作用为分类标志,商品包装可分为运输包装和销售包装。这也是比较常见的包装分类法。本章以后的两节中将分别作进一步介绍。

1. 运输包装

运输包装是用于安全运输、保护商品的较大单元的包装形式,又称外包装或大包装。例如,纸箱、木箱、桶,甚至包括集装箱、集装袋等。运输包装一般体积较大,外形尺寸标准化程度高,坚固耐用,表面印有明显识别标志,方便运输、装卸和储存,最主要的功能是保护商品。

2. 销售包装

销售包装是指以商品零售单元为包装个体的包装形式。既有单个商品式的,也有若干单个商品再组合式的。单个商品式的称为小包装；若干单个商品包装组合后再包装式的称为中包装。用来组合的商品,可以是同种类的,也可以是不同种类的,但在用途上是互补的。销售包装一般特点是包装件小、美观、新颖、卫生、安全,以及易于使用、便于携带。销售包装一般随商品售给消费者,除保护商品的基本功能外,宣传、美化、促销的功能也得到强化。

（二）按包装材料分类

以材料作为分类标志,商品包装一般可分为纸质、木材、金属、塑料、玻璃和陶瓷、纤维织品、复合材料等包装。

（三）按包装技术方法分类

以技术方法作为分类标志,商品包装一般可分为缓冲包装、防潮包装、防锈包装、收缩包装、充气包装、灭菌包装、贴体包装、组合包装和集合包装等。

第二节 货物包装标准化

一、货物包装的标准

包装是物流的起点,包装的合理化和现代化是物流的合理化、现代化的组成部分和基础。从现代化物流的观点来看,物流包装的合理化及现代化不是包装本身的事情,而是在整个物流系统实现合理化及现代化的前提下的包装合理化、现代化。这种合理化及现代化一般是用宏观的物流效益与微观的包装效益的统一来衡量的，当然也包括包装材料、包装技术、包装方法的合理化应用。

物流包装的标准化是物流管理现代化的重要组成部分，是实现物流管理高效、科学、规范、程序化的重要手段，保证了整个物流系统的高效统一、协调运作。

包装标准是对包装标志、包装所用的材料规格、质量、包装的技术要求、包装件的检验方法等的技术规定。

包装标准的范围大致分为三个层次。

1. 包装综合基础标准

这是所有包装共同遵守的，同时也是跨行业、跨部门、跨专业，凡是与包装有关的经济技术和科研活动都应该遵守的。它包括包装术语、包装层次、包装尺寸、包装标志、包装个件试验方法、包装技术方法、包装管理等标准。

2. 专业基础标准

专业基础标准是针对包装某个方面制定的，例如包装材料、包装容器、包装机械等标准。

包装材料标准的主要内容有：

（1）适应范围。
（2）种类。
（3）质量要求。
（4）形状尺寸。
（5）制造方法。
（6）检验方法。
（7）检验。
（8）包装标志。

包装容器标准的主要内容有：

（1）适应范围。
（2）种类。
（3）结构尺寸。
（4）材料。
（5）使用方法。
（6）检验。

3. 产品包装标准

这是针对产品包装的科学合理而制定的，是整个包装标准化的最终目标。

产品包装标准的主要内容有：

（1）产品包装标准适用范围。包括农业、建材、轻工、机械、兵器、医药、邮电等 24 大类。

(2) 产品包装分级。产品包装的分级可以按照下列情况确定：

①物流包装所经受的环境条件、运程、周转次数、储存时间及装卸搬运方式。

②产品的贵重、精密、危险程度。

③包装技术要求。一般是根据产品的包装等级和用户要求，对包装环境、包装产品、包装材料、包装容器提出要求。

④包装件运输。主要是根据物流环境和有关规定，对运输方式、运输条件、在途时间、装卸搬运等提出要求。

⑤包装件储存。对包装件的库存管理和养护，在必要的情况下做出规定和要求。

⑥试验方法。一般规定对包装件、包装材料、包装容器的试验方法。

⑦检验规则。包括检验分类、批组与抽样、判定规则等方面的规定。

二、货物包装的标准化

物流包装标准化是以物流包装为对象，对包装规格、类型、容量、使用材料、包装容器的结构造型、印刷标志、产品的盛放、衬垫、封装方法、名词术语、检验要求等给予统一的政策和技术措施。

物流包装标准化的作用：

（一）物流包装标准化是提高物流包装质量的技术保证

任何一个标准和规范都是从实践经验和科学研究中总结和制定出来的，代表着当时较为先进的水平，标准化的实施影响着物流包装的好坏。

（二）物流包装标准化是供应链管理中核心企业和节点企业之间无缝连接的基础

在供应链中，从供应商的供应商到顾客的顾客，只有将它们无缝连接，才能使这些企业之间实现快速反应，做到物品流转准时、适量、适地到达目的地。供应链上的各个企业要采用统一的标准，否则供应链的启动难以实现。

（三）物流包装标准化是企业之间横向联合的纽带

随着科学技术的发展，生产社会化的程度越来越高，生产协作越来越广泛，物流包装涉及储存、运输、装卸搬运、配送等物流环节，这就要求通过标准化将生产部门及生产环节有机联系起来，以保证物流过程中的高效运行。

（四）物流包装标准化是合理利用资源和原料的有效手段

标准化的主要特征是重复性，标准化的重要功能就是对重复发生的事物尽量减少和消除不必要的劳动消耗，并促使以往的劳动成果重复利用。物流包装标准化有利于合理利用包装材料和包装制品的回收利用。

(五) 物流包装标准化可以提高包装制品的生产效率

实现统一的物流包装标准，可以将零散的小批量生产集中为大批量、机械化、连续化的生产，从而提高包装制品的生产效率。

(六) 物流包装标准化有利于促进国际贸易的发展，增强市场竞争力

我国加入 WTO 后，物流包装标准化已经成为国际贸易的组成部分，只有实行与国际标准相一致的标准，才能提高产品在国际上的竞争能力。

第三节 货物包装的技术方法

商品包装技法是指包装操作时采用的技术和方法。只有通过包装技法，才能使包装与商品形成一个整体。包装技法与包装的各种功能密切相关，特别是与保护功能关系密切。采用各种包装技法的目的，是为了有针对性地合理保护不同特性商品的质量。有时为了取得更好的保护效果，也将两种或两种以上技法组合使用。随着科学技术的进步，商品包装技法正在不断发展完善。

一、收缩包装

收缩包装是以收缩薄膜为包装材料，包裹在商品外面，通过适当温度加热，使薄膜受热自动收缩紧包商品的一种包装方法。收缩薄膜是一种经过特殊拉伸和冷冻处理的塑料薄膜，内含有一定的收缩应力，这种应力重新受热后会自动消失，使薄膜在其长度和宽度方向急剧收缩，厚度加大，从而使内包装商品被紧裹，起到良好的包装效果。收缩包装具有透明、紧凑、均匀、稳固、美观的特点，同时由于密封性好，还具有防潮、防尘、防污染、防盗窃等保护作用。收缩包装适用于食品、日用工业品和纺织品的包装，特别适用于形态不规则商品的包装。

二、无菌包装

无菌包装适于液体食品包装，即在罐头包装基础上发展而成的一种新技术。无菌包装是先将食品和容器分别杀菌并冷却，然后在无菌室进行包装和密封。和罐头包装相比无菌包装的特点是：能较好地保存食品原有的营养素、色、香、味和组织状态；杀菌所需热能比罐头少 25% ~ 50%；因冷却后包装可以使用不耐热、不耐压的容器，如塑料瓶、纸板盒等，既降低成本，又便于消费者开启。

三、防锈包装

防锈包装是为了防止潮湿空气或雨水等浸入装件，使金属腐蚀的包装技

法。在金属表面采用涂覆防锈材料以破坏电化学腐蚀的条件,是防锈包装最常用的手段。如轴承包装就是对经表面清理后的轴承用黄油涂覆,然后用防水蜡纸进行裹包后放在内包装中;在采用容器包装时,还可采用在容器内或周围放入适量吸潮剂(如硅胶)的做法,以吸收包装内部残存的或由外部进入的水分,使其相对湿度下降,从而达到防锈的目的。

四、防霉包装

防霉包装是为了防止因霉菌侵袭内装物而长霉,影响产品质量,而采取一定防护措施的包装方法。经常采用的是耐低温包装、防潮包装和高密封容器包装。

耐低温包装一般是用耐冷耐潮的包装材料制成。经过包装的物品能在低温下较长时间存放,以低温抑制微生物的生理活动,达到内装物不霉腐的目的;防潮包装可以防止包装内水分的增加,也可达到抑制微生物生长和繁殖的作用,延长内装物品的储存期。采用陶瓷、金属、玻璃等高密封容器进行真空和其他防腐处理(如加适量防腐剂),对食品防腐是常用的防霉包装技法。

五、硅窗气调包装

硅窗气调包装是在塑料袋上烫接一块硅橡胶窗,通过硅橡胶窗上的微孔调节包装内气体成分组成的一种方法。这种方法适用于果蔬的包装。硅窗的透气性比聚乙烯或聚氯乙烯大几十倍到几百倍,从而使果蔬生理代谢所需要的氧气和排出的二氧化碳、乙烯等能通过硅窗与包装体外的大气进行交换。由于包装创造的小气候适宜于果蔬保藏的需要,所以硅窗气调包装使果蔬耐储性增加。

六、防潮包装

防潮包装是采用具有一定隔绝水蒸气能力的材料,制成密封容器,运用各种技法阻隔水蒸气对内装商品的影响。在防潮包装材料中金属和玻璃最佳;塑料次之;纸板、木板最差。常用的防潮技法有多层密封、容器抽真空或充气、加干燥剂等。

七、缓冲包装

缓冲包装是指为了减缓商品受到冲击和震动,确保其外形和功能完好而设计的具有缓冲减震作用的包装。一般的缓冲包装有三层结构,即内层商品、中层缓冲材料和外层包装箱。缓冲材料在外力作用时能有效地吸收能量,及时分散作用力而保护商品。缓冲包装依据商品性能特点和运输装卸条件,分为全面缓冲法、部分缓冲法和悬浮式缓冲法。全面缓冲法是在商品与包装之间填满缓冲材料，对商品所有部位进行全面缓冲保护。部分缓冲法是在商品或内包装件的局部或边角部位施用缓冲材料衬垫。这种方法对于某些整体性好或允许加速度较大的商品来说，既不减低缓冲效果，又能节约缓冲材料，降低包装成本。对于允许加速度小的易碎或贵重物品，为了确保安全，可以采用悬浮式缓冲法。这种方法采用坚固容器包装，将商品或内包装（商品与内包装之间的合理衬垫）用弹簧悬吊固着在外包装容器中心，通过弹簧缓冲作用保护商品，以求万无一失。

八、特种包装

（一）泡罩包装与贴体包装

泡罩包装是将商品封合在透明塑料薄片形成的泡罩与底板之间的一种包装方法。贴体包装是将商品放在能透气的、用纸板或塑料薄片制成的底板上，上面覆盖加热软化的塑料薄片，通过底板抽真空，使薄片紧密包贴商品，且四周封合在底板上的一种包装方法。泡罩包装和贴体包装多用于日用小商品的包装，其特点是透明直观，保护性好，便于展销。

（二）真空包装与充气包装

真空包装是将商品装入气密性包装容器，抽去容器内部的空气，使密封后的容器内达到预定真空度的一种包装方法。这种方法一般用于高脂肪低水分的食品包装，其作用主要是排除氧气，减少或避免脂肪氧化，而且可以抑制霉菌或其他好氧微生物的繁殖。真空包装如用于轻纺工业品包装，能缩小包装商品体积，减少流通费用，同时还能防止虫蛀、霉变。充气包装是在真空包装的基础上发展起来的，它是将商品装入气密性包装容器中，用氮、二氧化氮等惰性气体置换容器中原有空气的一种包装方法。充气包装主要用于食品包装，其作用是能减慢或避免食品的氧化变质，亦可防止金属包装容器由于罐内外压力不等而易发生的瘪罐问题。另外，充气包装技法还用于日用工业品的防锈和防霉。

第四节　货物运输包装

商品运输包装与销售包装应是有分工、有侧重的。充分保护商品、方便装卸搬运应是运输包装的首要功能。

一、商品运输包装的作用

（一）保护商品

运输和储存是商品在流通中受到外力破坏作用最多的两个环节。因此，包装应是一个坚固的防护体，以便在运输、装卸中有效地防止外力对商品的破坏，并能在堆码上承受上层商品的压力。

（二）实行单元化

将商品以某种单位集中起来，组成一个大的包装集体，包装单位的大小，视消费以及商品种类、特征、物流方式而定。包装单元化一方面方便物流，另一方面也方便商流。

（三）便于识别

用图形、文字、数字、指定记号和说明事项，以方便运输、装卸搬运、仓储、检验和交接等工作，保证货物安全迅速地交给收货人。

（四）实现包装标准化

商品在物流中，要经过运输、储存、装卸、搬运、配送等多个环节，不同的环节有不同的运输工具和储存条件，包装形式的不同，要求有一个环节联系系统衔接，这就是尺寸的标准化问题。包装尺寸统一标准，能使容器的装配最佳、交通工具的利用率最大；使物流高效、经济、迅速、安全地运行。

二、商品运输包装的要求

为了保证货物运输的质量，货物运输包装必须遵守"坚固、经济、适用、可行"的原则，具体要求为：

（1）根据货物的物理、化学性质，以及货物的结构形态，选择合适的包装材料和包装尺寸，确保包装和被包装物品没有性质上的互抵，以及大小合适。

（2）包装要有足够的强度，能够经受震动、冲击、长途颠簸，保护被包装物的安全无损。

（3）包装内要有适当的衬垫，以缓冲外力的冲击，而且根据物品的化学性质、物理性质，选择能够起到防潮、防震的衬垫物，同时衬垫物和货品不会发生化学作用。

（4）包装在经济上要合理，不要盲目追求高技术、高级材料，即所谓的过强包装；也不能为了节约使包装起不到保护商品的功能，即所谓的过弱包装，而是在保护商品和方便流通的前提下，尽量用经济的材料代替高成本的材料，同时减少包装的重量。

（5）包装应该符合当地的流通条件，例如集装箱是一种先进的包装形式，但是集装箱的使用需要相应的集装箱码头和集装箱站场，如果某地区没有这种流通条件，集装箱就没有办法在当地适用。

（6）物流包装的标志应该清楚、正确、完整、不容易褪色，符合国际上的规定。

三、商品运输包装的材料选择

（一）纸质材料

纸质材料是支柱性的传统包装材料，分纸和纸板两种，用于运输包装的主要是纸板，如表2-1所示。

表2-1　　　　　　　　　　包装用纸和纸板种类

包装用纸类				包装用纸板类	
1	2	3	4	5	6
普通纸	特种纸	装潢纸	深加工纸	普通纸板	深加工纸板
牛皮纸	保光泽纸	表面浮沉纸	真空镀铝纸	白纸	瓦楞原纸
玻璃纸	湿强纸	压花纸	防锈纸	黄板纸	瓦楞纸板
中性包装纸	防油脂纸	铜版纸	石蜡纸	箱板纸	……
纸袋纸	袋泡茶纸	胶版纸	沥青纸	……	
羊皮纸	高级伸缩纸	……	……		
……	……				

纸质包装材料的优点是具有适宜的强度、耐冲击性和耐摩擦性；密封性好，容易做到清洁卫生；具有优良的成型性和折叠性，便于采用各种加工方法，适用于机械化、自动化的包装生产；与其他材料相比，具有最好的可印刷性，便于介绍商品；价格较低，重量轻，可降低包装和运输成本；用后易于处理，对环境无害。

纸质包装材料的弱点是气密性、防潮性、透明性差，不耐水，难封口等。目前多通过制作纸塑复合材料等来弥补其不足，扩大其应用范围。

用纸质材料制成的运输包装容器常见的有纸箱、纸盒、纸桶和纸袋。用量最多的是瓦楞纸箱。目前在运输包装中，瓦楞纸箱正在取代传统木箱，广泛用于包装日用百货、家用电器、服装鞋帽、水果蔬菜等。瓦楞纸箱正在向规格标准化、功能专业化、减轻重量、提高抗压强度等方向发展。除瓦楞纸箱外，纸浆模制包装物、牛皮纸包装袋也是商品运输包装中用量大的容器。

（二）金属材料

金属材料种类很多，包装用金属材料主要是钢材、铝材及其合金材料，如表2-2所示。包装用钢材包括薄钢板、镀锌低碳薄铁板、镀锡低碳薄钢板（马口铁）；包装用铝材料有纯铝板、合金铝板和铝箔。金属包装材料的优点是具有良好的机械强度、牢固结实、耐冲撞、不破碎，能有效地保护内装商品；密封性能优良，阻隔性好，不透气、防潮、耐光；具有良好的延展性，易于加工成型；表面易于涂饰装饰；易于回收再利用，不污染环境。

作为包装材料，金属材料的不足之处是化学稳定性差，易锈蚀、腐蚀等。金属运输包装容器有铁桶、铝桶、铁塑桶、铁罐、钢瓶、集装箱等。主要用于运装各种防泄漏、遮光、防潮、防水、密封性要求高的各类液态、气态或粉末状商品。

表 2-2　　　　　　　　　　包装用主要金属材料

类　别	规　格	特　点	用　途
薄钢板（黑铁皮）	900mm×1 800mm 或 1 000mm×2 000mm 厚度有 0.5mm、1mm、1.25mm、1.5mm 等	具有较强的塑性与韧性、光滑而柔软、延伸率均匀、要求无裂缝、无皱纹等。	用于制作桶状容器。
镀锌薄钢板（白铁皮）	900mm×1 800mm 厚度为 0.44mm～1mm	强度高、密封性好	制作桶状容器，盛装粉状、浆状和液状的商品。
镀锌薄钢板（马口铁）			用于食品包装，如罐头等。
镀铬薄钢板		接缝采用熔接法和粘合法接合	用于腐蚀较小的啤酒罐、饮料罐及食品罐的底盖等。
铝合金薄板		轻便、不生锈	用于鱼类和肉类罐头
铝　箔	厚度为 0.2mm 以下	防潮、保香强、有漂亮的金属光泽等	用于食品包装（巧克力、口香糖）、冰淇淋、果酱、人造奶油、香烟、药品包装。也用于照相、X 射线等感光胶片及机械零件、工具等包装。

（三）塑料

塑料是 20 世纪蓬勃发展起来的新兴包装材料，它可以以各种形式、各种品种，不同程度地替代迄今为止发现及常规使用的任何一种包装材料及容器。

各种各样的塑料包装材料综合的优点是物理机械性能优良，具有一定的强度和弹性，耐折叠、耐摩擦、耐冲击、抗震动、抗压、防潮、防水、气密性好；化学稳定性好，耐酸碱、耐油脂、耐化学药剂、耐腐蚀、耐光照等；比重小，是玻璃的1/2，钢铁的1/5，属于轻质包装材料；加工成型工艺简单；适合采用各种包装新技术，如真空、充气、拉伸、收缩、贴体等；具有优良的透明性、表面光泽好、印刷性能好；可与纸、金属等传统包装材料制成复合材料拓展应用范围。

塑料也有目前难以克服或不易克服的弱点，比如，机械强度比不过钢铁，化学稳定性比不过玻璃，易老化，不少塑料有异味，有毒副作用，包装废弃物不易甚至不能自然降解等。但塑料发展前景广阔，在短短几十年的历史中，现代科学技术既然已赋予了塑料许许多多的优点，也一定会把妨碍塑料在更广阔范围使用的弱点逐渐克服。常见塑料薄膜的特性如表2-3 所示：

表2-3　　　　　　　　常用塑料薄膜的特性

主要性能 薄膜种类	强度	透明性	热封性	耐热性	耐寒性	耐油性	气密性	防潮性	印刷性	保香性
低密度聚乙烯	差	良	优	差	良	差	差	良	良	差
中密度聚乙烯	良	良	优	良	良	差	差	良	良	差
高密度聚乙烯	良	差	优	优	良	差	差	优	良	差
聚氯乙烯	良	优	良	差	差	优	良	良	优	优
聚　酯	优	优	差	优	优	优	良	良	优	良
未拉伸聚丙烯	良	良	良	优	差	良	良	良	良	差
拉伸聚丙烯	优	优	差	良	差	良	良	优	良	良
聚偏二氯乙烯	良	良	优	差	良	优	优	优	良	优
聚碳酸酯	优	优	差	优	优	差	差	差	良	差
未拉伸聚酰胺	优	良	良	优	优	优	优	差	良	差
拉伸聚酰胺	优	优	差	良	优	优	优	差	优	良
聚乙烯醇	良	优	良	良	差	优	优	差	优	良
拉伸聚苯乙烯	良	优	良	优	差	差	差	差	良	差

（四）玻璃、陶瓷材料

玻璃与陶瓷属于硅酸盐类材料。玻璃与陶瓷包装是指以普通或特种玻璃与陶瓷制成的包装容器。

1. 玻璃包装材料

玻璃作为传统的包装材料沿用至今,仍是现代包装的主要材料之一。玻璃以其本身的优良特性以及玻璃制造技术的不断改进,仍能适应现代包装的需要。

(1) 玻璃包装材料的性能特点

①玻璃的保护性能优良,不透气,不透湿,有紫外线屏蔽性,化学稳定性高,无毒无异味,有一定强度,能有效地保存内装物。

②玻璃的透明性好,易于造型,具有特殊的美化商品的效果。

③玻璃可制成的品种规格多样,对产品商品化的适应性强。

④玻璃的强化、轻量化技术以及复合技术已有一定发展,加强了对包装的适应性,尤其在一次性的包装材料中,玻璃材料有较强的竞争力。

⑤玻璃的原料资源丰富且便宜,价格较稳定。

⑥玻璃易于回收复用、再生,不会造成公害。

玻璃作为包装材料,存在着冲击强度低、碰撞时易破损、自身质量大、运输成本高、能耗大等缺点,限制了玻璃的应用。另外玻璃有一定耐热性,但不耐温度急剧变化。

(2) 玻璃材料的种类

玻璃包装材料有普通瓶罐玻璃(主要是钙、镁、硅酸盐玻璃)和特种玻璃(如中性玻璃、石英玻璃、微晶玻璃、钠化玻璃等)之分。

(3) 玻璃材料的应用

玻璃用于运输包装,主要是指盛装化工产品如强酸类的大型容器。其次是指玻璃纤维复合袋在盛装化工产品和矿物粉料上的应用。

2. 陶瓷包装材料

(1) 陶瓷的性能

陶瓷的化学稳定性与热稳定性均好,能耐各种化学药品的侵蚀,热稳定性比玻璃好,在250~300℃时也不开裂,并耐温度剧变。不同商品包装对陶瓷的性能要求也不同,如高级饮用酒(如茅台酒),要求陶瓷不仅机械强度高,密封性好,而且要求白度好,具有光泽。包装用陶瓷材料,主要从化学稳定性和机械强度考虑。

(2) 包装陶瓷的种类及应用

包装陶瓷主要有粗陶瓷、精陶瓷、瓷器和炻器四大类。

①粗陶瓷。粗陶瓷多孔,表面较为粗糙,带有颜色,不透明,并有较高的吸水率和透气性,主要用作缸器。

②精陶瓷。精陶瓷又分硬度精陶(长石精陶)和普通精陶(石灰质、镁、熟料质等)。精陶瓷较粗陶瓷精细,坯白色,气孔率和吸水率均小于粗陶瓷。它们常用作缸、罐和陶瓶。

③瓷器。它比陶瓷结构紧密均匀，坯均为白色，表面光滑，吸水率低，极薄瓷器还具有半透明的特性。主要用作瓷瓶，也有极少数用作瓷罐。

④炻器。炻器是介于瓷器与陶器之间的一种陶瓷制品，也有粗炻器和细炻器两种，主要用作缸、坛、沙锅等容器。

（五）其他包装材料

木材。木材具有特殊的耐压、耐冲击和耐气候能力，并有良好的加工性能，是商品运输包装的重要材料，常用来制成木箱或木桶。木箱按结构和用途不同，分为适宜于装笨重机械设备的框架型、装易碎商品的花格型和装轻质品、易碎品的胶合板箱。木桶形状有圆桶形和腰鼓形，多用于盛装一些专用性商品。木材虽适于做多种商品的包装材料，但因环境保护方面的原因，不宜多用，应以塑料等新型包装材料取而代之。

纺织品。纺织品有天然纤维类与化学纤维类及少量矿物纤维，金属纤维制成品。通常制成袋装运输容器。共同点是质轻透气，有一定牢度。各种纺织袋广泛用于盛装粉末状、颗粒状商品，像食糖、食盐、粮食、化肥等。就发展趋势来看，各种塑料纺织袋正在大范围取代天然纤维纺织袋。

草、竹、柳、藤等天然、野生包装材料。它们共同的特点是成本低廉，绿色安全，通风透气，耐用。一般用这些材料制成各种筐、篓、袋，用于运装蔬菜、水果、鲜蛋、鲜鱼及其他生鲜类商品。

四、集合包装

集合包装，是将一定数量的单件包装组合成一件大的包装或装入一个大的包装容器内。集合运输包装的种类包括集装箱、集装袋、托盘等。集合包装的出现，一方面提高了物流速度和物流服务水平，另一方面也是对传统储运的更大变革。

（一）集合包装的主要作用

(1) 有利于装卸搬运的机械化、自动化

将零散的小包装集合成大的包装单元，在装卸搬运时可以采用叉车等机械设备，提高作业效率，减少劳动强度，节省劳动力，为装卸搬运自动化创造了条件。

(2) 提高物流效率和服务效率

集合包装能够从发货单位直接运到收货单位，减少物流环节，提高物流效率，实现"门到门"服务，提高服务水平。

(3) 确保物品在物流过程中的安全

集合包装将物品包装在一个大的外包装里面，在储运、装卸搬运中不需要拆箱、拆包，有效保护商品，减少货损和丢失。

(4) 节约包装材料、降低物流成本

集装箱、托盘可以反复周转使用，原有的外包装可以降低用料标准，而且集合包装有利于联运、简化运输手续、提高运输工具运载效率，降低运输费用。

(5) 有利于包装规格标准化

集合包装要求单件包装的外包装尺寸必须适合于集装箱或托盘等包装容器的尺寸，否则集合包装内会出现空位，这就促进了包装的标准化、规格化、系列化。

(二) 集合包装的类别

1. 托盘

托盘在国内又叫集装板或垫板，可用木材、塑料、钢材及玻璃等材料制成。常见的有平托盘、箱式托盘、立柱式托盘等。无论何种材料或样式的托盘其底部都设有便于铲车的铲叉插入的装置。托盘的使用不仅大大提高商品运装效率，而且还可将托盘设计成货架的形式。货物分层陈列于内有隔层的箱式托盘内，外围用套桶屏蔽包装。托盘运至超市后，去掉套桶，就可展示和出售商品。托盘也可设计成折叠式或拼装式，即用即装，反复使用。

2. 集装箱

集装箱按材料可分为铝合金集装箱、钢制集装箱和玻璃制集装箱。按结构可分为柱式（箱体侧壁与四角设有加固、支撑之用的立柱）、折叠式和薄壳式。按使用目的，有干货类集装箱、保温类集装箱、框架类集装箱和散货类集装箱。其中框架类不设侧壁，便于装汽车、大牲畜等不便也不需密闭的商品；散货类集装箱可分为箱式和罐式以及软罐式。

随着科学技术的不断进步，集装箱的功能日趋先进、复杂。能进行气调的、温调的、适于航空运输的已纷纷问世。大型、多功能的集装箱，可以作移动的仓库，也可以作流动的商店。

3. 集装袋

集装袋主要有圆桶形和方形两种，以圆桶形居多。集装袋的四周有提吊带，有抽口式活口。这种袋子能把小型包装件和包装箱放在里面，由一定的运输工具运装，其载装量在 1~5 吨不等。最早的集装袋用棉、麻等天然纤维织造的帆布制成。随着新型合成材料的问世，现在多以更轻便、结实耐用的合成纤维织物制成。各种集装袋还以不同材料的涂层处理，使之具备防水性。所以集装袋不仅能装一般包装件，颗粒状、粉状、液态货物都可以盛袋。集装袋既有可多次重复使用型的，也有一次应用型的。

五、对进出口商品运输包装的一般规定

商品运输包装最终离不开人力搬运，所以木箱包装一般以 50 千克左右为宜，纸箱包装最好不超过 30 千克。单件包装如重量过重，应使用托盘，或装有滑材，便于机械装卸，避免商品破损。但是，各国在这方面还有些特殊的规定和要求。如新加坡和马来西亚对货物装卸是按件收费的，故对单件包装要求越重越好；沙特阿拉伯规定，袋装货物每袋重量不得超过 50 千克，除非装有托盘或其他吊装设备，否则当局不提供码头仓储便利，如因此影响卸货，将按照当地海港搬运费率按每班组时间征收 200 沙特里亚尔延误费。各国禁止使用的包装材料有：美国禁止使用稻草作包装，以防止植物病虫害的传播；新西兰规定，进口商品包装材料严禁采用稻草、干草、谷壳、糠或旧麻袋；菲律宾禁止使用麻袋、麻织品、草席及稻草包装；塞浦路斯规定对包装所用稻草，必须由输出国出具消毒证书，或来自无口蹄疫地区的证明；英国防虫包装法规定，对作衬垫的天然材料，如干草、稻草、麻类等，须经过杀菌剂、杀虫剂等处理。

第五节　货物运输包装标志

商品运输包装标志是指在运输包装外部制作的特定记号或说明。包装好的货物只有依靠标志，才能进入现代物流而成为现代运输包装。物资要经过多环节、多层次的运动和中转，要完成各种交接，这就需要依靠标志来识别货物；货物通常是包装在密闭的容器里，经手人很难了解内装物是什么，更何况内装产品性质不同，形态不一，轻重有别，体积各异，保护要求就不一样。这就需要通过标志来了解内装产品，以便正确有效地进行交接、装卸、运输、储存等。

运输包装标志主要是赋予运输包装件以传达功能。目的是：识别货物，实现货物的收发管理；明示物流中应采用的防护措施；识别危险货物，暗示应采用的防护措施，以保证物流安全。

一、包装储运图示标志

包装储运图示标志是根据产品的某些特性而确定的，如怕湿、怕震、怕热、怕冻等。其目的是为了在货物运输、装卸和储存过程中，引起从业人员的注意，使他们按图示标志的要求进行操作。

我国颁布和施行了 GB1991-2000《包装储运图示标志》的国家标准图案（见表 2-4），其中"由此起吊"、"由此开启"和"重心点"应标示在货物外包装的实际位置上。在外贸进出口货物中，已形成了以普遍通用的图案作标记的指示标志。标志的尺寸见表 2-5。

表 2-4　　　　　　　　　　标志名称和图形

序号	标志名称	标志图形	含义	备注/示例
1	易碎物品	（高脚杯图形）	运输包装件内装易碎品，因此搬运时应小心轻放	使用图例：
2	禁用手钩	（手钩打叉图形）	搬运运输包装件时禁用手钩	
3	由此吊起	（链条图形）	起吊货物时挂链条的位置	使用示例： 本标志应标在实际的起吊位置上
4	温度极限	（温度计图形）	表明运输包装件应该保持的温度极限	…℃min …℃min a) …℃min …℃min b)

续表

序号	标志名称	标志图形	含 义	备注/示例
5	向上		表明运输包装件的正确位置是竖直向上	使用示例：a) b) c)
6	怕晒		表明运输包装件不能直接照晒	
7	怕辐射		包装物品一旦受辐射便会完全变质或损坏	
8	怕雨		包装件怕雨淋	
9	重心		表明一个单元货物的重心	使用示例：本标志应标在实际的重心位置上

续表

序号	标志名称	标志图形	含义	备注/示例
10	禁止翻滚		不能翻滚运输包装	
11	此面禁用手推车		搬运货物时此面禁放手推车	
12	禁用叉车		不能用升降叉车搬运的包装件	
13	由此夹起		表明装运货物时夹钳放置的位置	
14	此处不能卡夹		表明装卸货物时此处不能用夹钳夹持	

续表

序号	标志名称	标志图形	含义	备注/示例
15	堆码重量极限	$\cdots Kg_{max}$	表明该运输包装件所能承受的最大重量极限	
16	堆码层数极限	n	相同包装的最大堆码层数,n 表示层数极限	
17	禁止堆码		该包装件不能堆码并且其上也不能放置其他负载	

表 2-5　　　　　　　包装储运标志尺寸　　　　　　（单位：mm）

尺寸 序号	长	宽
1	70	50
2	140	100
3	210	150
4	280	200

注：如遇特大或特小的运输包装件，标志的尺寸可以比表 2-5 的规定适当扩大或缩小。

联合国海运协商组织对国际海运货物规定了"国际海运指示标志"和"国际海运危险品标志"两种，见图 2-1 和图 2-2 所示。我国出口商品同时使用这两套标志。

图 2-1 国际海运指示标志

图 2-2 国际海运危险品标志

二、运输包装收发货标志

收发货标志是外包装件上的商品分类图示标志及其他标志和文字说明排列格式的总称。

（一）运输包装收发货标志内容

运输包装收发货标志是为在物流过程中辨认货物而采用的。它对物流管理中收发货、入库以及装车配船等环节起着特别重要的作用。它也是在发货单据、运输保险文件以及贸易合同中有关标志事项的基本部分。具体内容详见表2-6。

表2-6中规定了14个项目，其中分类标志一定要有，其他各项则合理选用。外贸出口商品根据国外客户要求，以中外文对照，印制相应的标志和附加标志。国内销售的商品包装上不填英文项目。

表2-6　　　　　　　　运输包装收发货标志内容

序号	代号	项目 中文	项目 英文	含义
1	FL	商品分类图形标志	CLASSIFICATION MARKS	表明商品类别的特定符号
2	GH	供货号	CONTRACT NO	供应该批货物的供货清单号码（出口商品用合同号码）
3	HH	货号	ART NO	商品顺序编号，以便出入库、收发货登记和核定商品价格
4	PG	品名规格	SPECIFIC TIONS	商品名称或代号；标明单一商品的规格、型号、尺寸、花色等
5	SL	数量	QUANTITY	包装容器内含商品的数量
6	ZL	质量（毛重）（净重）	GBOSS WT NET WT	包装件的质量（kg），包括毛重和净重
7	CQ	生产日期	DATE OF PRODUCTION	产品生产的年、月、日
8	CC	生产工厂	MANUFACTURER	生产该产品的工厂名称
9	TJ	体积	VOLUME	包装件的外径尺寸 长(cm)×宽(cm)×高(cm)=体积(cm³)
10	XQ	有效期限	TERM OF VALIDITY	商品有效期至×年×月
11	SH	收货地点和单位	PLACE OF DESTINATION ANDCONSIGNEE	货物到达站、港和某单位（人）收（可用贴签和涂写）
12	FH	发货单位	CONSIGNOR	发货单位（人）
13	YH	运输号码	SHIPPING NO	运输单号码
14	IS	发运件数	SHIPPING PIECES	发运的件数

十二大类商品图示标志见图 2-3：

百货类标志
（白纸印红色）

文化用品类标志
（白纸印红色）

五金标志
（白纸印黑色）

交电类标志
（白纸印黑色）

化工类标志
（白纸印黑色）

针纺类标志
（白纸印绿色）

医药类标志
（白纸印红色）

食品类标志
（白纸印绿色）

农副产品类标志
（白纸印绿色）

农药类标志
（白纸印黑色）

化肥类标志
（白纸印黑色）

机械类标志
（白纸印黑色）

图 2-3　商品图示标志

商品分类图示标志尺寸规定见表2-7。

表2-7　　　　　　　　商品分类图示标志尺寸/mm

包装件高度 （袋按长度）	分类图案尺寸/mm²	图形的具体参数		备　注
		外框线宽	内框线宽	
500及以下	50×50	1	2	平视距离5m，包装标志清晰可见
500～1000	80×80	1	2	
1000以上	100×100	1	2	平视距离10m，包装标志清晰可见

（二）运输包装收发货标志的有关规定

运输包装收发货标志在字体、颜色、标志方式和标志位置的选用上应按标准来进行。

（1）收发货标志内容字体有如下规定：中文都用仿宋体字；代号用汉语拼音大写字母；数字用阿拉伯数字；外文用大写的拉丁文字母。

（2）收发货标志的颜色有如下的规定。

①纸箱、纸袋、塑料袋、钙塑箱，根据商品类别按表2-8规定的颜色用单色印刷。

表2-8　　　　　　收发货标志按商品类别的规定

商品类别	颜　色	商品类别	颜　色
百货类	红色	医药类	红色
文化用品类	红色	食品类	绿色
五金类	黑色	农副产品类	绿色
交电类	黑色	农药	黑色
化工类	黑色	化肥	黑色
针纺类	黑色	机械	黑色

②麻袋、布袋用绿色或黑色印刷；木箱、木桶不分类别，一律用黑色印刷；铁桶用黑、红、绿、蓝底印白字，灰底印黑字；表内未包括的其他商品按其属性归类。

（3）标志的位置规定如下：

①箱状包装：位于包装正面或侧面的明显处。
②袋、捆包装：位于包装明显处。
③桶形包装：位于桶身或桶盖。
④集装箱、成组货物：粘贴四个侧面。

（4）每种危险品包装件应按其类别粘贴相应的标志。但如果某种物资或物品还有属于其他类别的危险性质，包装上除了粘贴该类标志作为主标志以外，还应粘贴表明其他危险性的标志作为副标志，副标志图形的下角不应标有危险货物的类型号。

（5）储运的各种危险货物性质的区分及其应标钉的标志，应按GB6944、GB12268及有关国家运输主管部门规定的危险货物安全运输管理的具体办法执行，出口货物的标志应按我国执行的有关国际公约（规则）办理。

（6）标志应清晰，并保证在货物储运期内不脱落。

（7）标志应由生产单位在货物出厂前标钉，出厂后如改换包装，其标志由改换包装的单位标钉。标志的标钉，可采用粘贴、钉附及喷涂等方法。

三、危险货物包装标志

危险货物包装标志是对易燃、易爆、易腐、有毒、放射性等危险性商品，为起警示作用在运输包装上加印的特殊标记，也是由文字与图形构成。国家标准FB190-85《危险货物包装标志》对危险货物包装标志的图形、适用范围、颜色、尺寸、使用方法均有明确规定。危险货物标志的图形共21种，19个名称，其图形分别标示了9类危险货物的主要特性，如表2-9所示。

表2-9　　　　　　　　　　危险货物标志图示

标志号	标志名称	标志图形	危险货物类项号
标志1	爆炸品	1.5 爆炸品（符号：黑色，底色：橙红色）	1.1 1.2 1.3
标志2	爆炸品	1.4 爆炸品（符号：黑色，底色：橙红色）	1.4

续表

标志号	标志名称	标 志 图 形	危险货物类项号
标志3	爆炸品	（符号：黑色，底色：橙红色）	1.5
标志4	易燃气体	（符号：黑色或白色，底色：正红色）	2.1
标志5	不燃气体	（符号：黑色或白色，底色：绿色）	2.2
标志6	有毒气体	（符号：黑色，底色：白色）	2.3
标志7	易燃液体	（符号：黑色或白色，底色：正红色）	3
标志8	易燃固体	（符号：黑色，底色：白色红条）	4.1

续表

标志号	标志名称	标志图形	危险货物类项号
标志 9	自燃物品	(符号:黑色,底色:上白下红)	4.2
标志 10	遇湿易燃物品	(符号:黑色或白色,底色:蓝色)	4.3
标志 11	氧化剂	(符号:黑色,底色:柠檬黄色)	5.1
标志 12	有机过氧化物	(符号:黑色,底色:柠檬黄色)	5.2
标志 13	剧毒品	(符号:黑色,底色:白色)	6.1
标志 14	有毒品	(符号:黑色,底色:白色)	6.1

续表

标志号	标志名称	标志图形	危险货物类项号
标志15	有害品 （远离食品）	（符号：黑色，底色：白色）	6.1
标志16	感染性 物品	（符号：黑色，底色：白色）	6.2
标志17	一级 放射性物品	（符号：黑色，底色：白色， 附一条红竖条）	7
标志18	二级 放射性物品	（符号：黑色，底色：上黄下白， 附二条红竖条）	7
标志19	三级 放射性物品	（符号：黑色，底色：上黄下白， 附三条红竖条）	7
标志20	腐蚀品	（符号：上黑下白，底色：上白黑下）	8

续表

标志号	标志名称	标志图形	危险货物类项号
标志21	杂类	（符号：黑色，底色：白色）	9

注：表中对应的危险货物类项号及各标志角号是按 GB6944 的规定编写的。

危险货物包装标志尺寸一般分为 4 种，如表 2-10 所示。

表 2-10　　　　　　　　　　标志尺寸系列

号别	尺寸	长	宽
1		50	50
2		100	100
3		150	150
4		250	250

四、货物原产国标志

原产国标志是国际贸易上一种维护国家利益、促进贸易发展的普遍做法。原产国标志在一定程度上代表商品的质量和信誉，是产品来源的重要证据之一，也就是产品的国籍，有效地限制了某一国的货物进口以及仿冒，同时具有促销、识别、广告的功能。

原产国标志将制造国的名称标注在货物包装上，必要时还同时提供产地证明书。我国出口的商品一般在包装上注明"中华人民共和国制造"或"中国制造"，也有的加注企业名称，如"中国粮油进出口公司"或"中国五金矿产进出口公司"等。

对于出口商品的包装色彩要符合不同国家和地区对色彩的不同爱好和忌讳，如表 2-11 所示。

表 2-11　　　　　　　　　　不同国家和地区对色彩不同的选择

洲	国家与地区	爱好的颜色	禁忌的颜色
亚洲	中国内地	象征喜庆的红色、高贵的黄色、和谐的绿色	黑、白色
	中国港澳地区	红、绿、黄，鲜艳颜色	青、黄、白色
	韩国	红、绿、黄，鲜艳颜色	黑、灰色
	印度	红、橙、黄、绿、蓝，鲜艳颜色	黑、白、浅色
		红色表示生命、活力、朝气、热烈，蓝色表示真实，黄色表示光辉、壮丽，绿色表示和平、希望，紫色表示宁静、悲伤	
	日本	红、绿及柔和色调	黑、深灰、黑白相间色
		东北部喜爱樱红色，东南部喜爱鲜明色。黄色表示未成熟的意思，青色代表青年、青春，白色历来是天子服饰的颜色，黑色用作丧事，紫色是华丽的表示	
	马来西亚	红、橙、金、鲜明色。绿色象征宗教，也用于商业	黑、黄色皇室使用
	巴基斯坦	绿、银、金、橙，流行鲜明色	黑、黄色不受欢迎
	阿富汗	红、绿色	黑色
	缅甸	红、黄，鲜明色	
	泰国	大多喜欢鲜明色	黑色
		有按不同日期穿不同色彩服装的习惯，周一穿黄色，周二穿粉红色，周三穿绿色，周四穿橙色，周五穿淡青色，周六穿紫红色，周日穿红色。红、白、蓝为国家的颜色，黄色为王室的标志。过去白色用作丧事，现改为黑色	
	土耳其	鲜明色彩，绯红、白色比较流行，也爱好带有宗教意味的绿色	
	叙利亚	青蓝、绿、红、白色	黄色
	新加坡	红、红白相间、红金相间、茶色、青紫色	黄、黑色
	印度尼西亚	红、绿、黄、白、淡黄、粉红色	
	菲律宾	红、黄、白，鲜明色	
	斯里兰卡	红、绿色	
	伊朗、科威特、沙特阿拉伯、伊拉克、巴林、也门、阿曼	绿、深蓝与红相间、白色	粉红、紫、黄色

续表

洲	国家与地区		爱好的颜色	禁忌的颜色
非洲	埃及		红、橙、绿、青绿、浅蓝,明显色	深蓝、紫、暗淡色
	贝宁			红、黑色
	摩洛哥		红、绿、黑,鲜艳色	白色
	突尼斯		犹太人喜欢白色,信仰伊斯兰教的喜欢绿、白、红色	
	多哥		白、绿、紫色	红、黑、黄色
	乍得		白、粉红、黄色	黑、红色
	尼日利亚			红、黑色
	加纳		明亮色	黑色
	博茨瓦纳		浅蓝、黑、白、绿	
	埃塞俄比亚		鲜艳明亮色	黑色
	象牙海岸			暗淡色、黑白相间色
	塞拉利昂		红色	黑色
	利比里亚		鲜艳色	黑色
	马达加斯加		鲜艳色	黑色
	毛利塔尼亚		绿、黄、浅淡色	
	南非		红、白、蓝色	
	东非		白、粉红、水色、天蓝色	
	西非		红、绿蓝、藏蓝、黑色	
欧洲	比利时	南部	男孩爱粉红色、女孩爱蓝色,一般人爱高雅灰色	墨绿色
		北部	男孩爱粉红色、女孩爱蓝色	
	德国		鲜艳色、金黑相间的颜色	茶色、深蓝色
	爱尔兰		绿色,鲜艳色	红、白、蓝色
	法国		灰,女孩爱粉红色、男孩爱蓝色	墨绿色
	意大利		绿色、黄红砖色,鲜艳色	紫色
	瑞典		黑、绿、黄色	蓝色
	瑞士		红、黄、蓝、红白相间色相,浓淡相间色相	黑色
	保加利亚		较沉着的绿色和茶色	鲜明色,鲜明绿
	荷兰		橙、蓝、金黄色、色相对比色调	
	挪威		红、蓝、绿等鲜明色	
	丹麦		红、白、蓝色	
	葡萄牙		青色和白色相配象征君主,红、绿色	
	罗马尼亚		白、红、绿、黄色	黑色
	捷克斯洛伐克		红、白、蓝色	黑色
	英国		金色和黄色象征名誉和忠诚,银色和白色象征信仰和纯洁,红色象征勇敢和热情,青色象征虔诚和诚实,绿色象征青春和希望,紫色象征高贵,橙色象征力量和忍耐,紫红色象征献身精神,黑色象征悲哀和悔恨	

续表

洲	国家与地区	爱好的颜色	禁忌的颜色
北美洲	美 国	用黑、黄、青、灰色表示东、南、西、北4个方位。用颜色代表大学专业：橘红色是神学，青色为哲学，白色为文学，绿色为医学，紫色为法学，金黄色为理学，粉红色为音乐，黑色为美学、文学。用颜色表示月份：一月份为黑或灰，二月份为藏青，三月份为白或银，四月份为黄，五月份为淡黄，六月份为粉红或蔷薇色，七月份为天蓝，八月份为深绿，九月份为橙或金，十月份为茶色，十一月份为橙色，十二月份为红	
	加拿大	除宗教色彩外，无特殊喜爱	
拉丁美洲	巴 西		紫色、黄色、暗茶色
	委内瑞拉	黄是医疗卫生色，红、绿、茶、黑、白是五大党用色，平时忌用	
	厄瓜多尔	高原凉爽地区喜欢暗色，沿海炎热地区喜欢白色、明朗色，农民喜欢鲜明色	
	墨西哥	红、白、绿色	
	秘 鲁	红、紫红、黄、鲜明色	紫色平时禁用，只在十月份举行宗教仪式时用
	阿根廷	黄、绿、红色	黑、紫黑相间
	哥伦比亚	红、蓝、黄、明亮色	
	尼加拉瓜		蓝、蓝平行白条状色
	古 巴	鲜明色	

第六节　货件丈量与货物积载因素

一、货件丈量

货件丈量是指测量货物外形尺度和计算体积。正确测量货件的尺码，直接关系到运费计算和货物在船舱内积载时如何充分利用舱容，以及港口库场堆放货物时如何充分利用面积与空间等问题。某些尺码大的货物，还关系到船舱是否能予以积载和如何积载等问题。

根据运费计算的规定，货物分别按轻重程度计算运费。凡1吨重量的货物，体积大于40立方英尺（国际上较通用的）或1立方米（我国的规定）时，按其体积计算尺码吨，作为计费单位（我国规定1尺码计费吨）；凡1吨重量货物的体积小于40立方英尺或1立方米，则按重量计费。因此，正确丈量货物就显得非常重要。

运输合同规定:"托运人申报货物内容、数量、重量的同时,必须申报货物的尺码,重货与笨件必须标明其重量、体积及长度。"其中尺码是区分重量或体积计费的依据,承运人有权进行查对。此外,由于货物尺码、体积等数据还是货运业务工作中具体安排船舶货载的重要依据,因此,熟悉并积累各种货物的有关资料,甚至深入现场了解货件实际形状并实际丈量,对于充分利用船舶的载货能力有重大意义。

货件丈量的原则是,须按货件的最大方形进行丈量和计算。在特殊情况下可酌情予以适当的扣除。某些奇形货件可按实际体积酌情考虑其计费体积。

二、货物积载因数

货物积载因数是船舶配积载工作中重要的货物资料。货物积载因数是表示一吨(公吨或长吨)货物在正常堆装中实际所占的容积(包括货件之间的正常空隙及必需的衬隔、铺垫所占的空间),单位为 m^3/t 或 ft^3/t。

货物积载因数的大小说明货物的轻重程度。积载因数较大,说明货物较轻,反之则货物较重。这种数据反映一定重量的货物需要占据多少舱容(或库容),它是裁定具体的船舶宜装多少不同货物的重要依据,在船舶配积载工作中得到普遍应用。

1. 不包括亏舱的货物积载因素

$$S.F. = V/Q$$

式中:S.F.——货物的积载因素(m^3/t 或 ft^3/t);
V——货物的量尺体积(m^3 或 ft^3);
Q——货物的重量(t)。

2. 包括亏舱的货物积载因素

$$S.F. = W/Q$$

式中:S.F.——货物的积载因素(m^3/t 或 ft^3/t);
W——货物占用货舱的容积(m^3 或 ft^3);
Q——货物的重量(t)。

3. 亏舱和亏舱率

按货物的丈量体积和重量,经计算得出的货物积载因素为不包括亏舱的货物积载因素,如用这种资料计算货物所占用的舱容时,必须加上货舱容积的损失部分(即亏舱)才能得出该货物所需的实际舱容。所谓亏舱(broken stowage),是指船舶容积未被所装货物充分利用的那部分容积。产生亏舱的原因有:

(1)货物与货物之间的不正常空隙。
(2)货物须留出通风道或膨胀余位的空间。

(3) 货物衬隔材料所占用的空间。
(4) 货物与货舱舷侧和围壁间无法利用的空间等。

其中,前三种情况在装舱质量不好时会增大舱容损失,而最后一种情况可通过积载计划的周密处理得以减少损失。

亏舱的多少通常用亏舱率,又称亏舱系数来表示（rate of brokenstowage）。所谓亏舱率,是指货舱容积未被货物充分利用的空间占整个货舱容积的百分数。其计算公式为：

$$\beta = (W-V)/W \times 100\%$$

式中：β——亏舱率（百分数）；
　　　W——货物占用货舱的容积（m^3 或 ft^3）；
　　　V——货物的量尺体积（m^3 或 ft^3）。

亏舱率的大小一般取决于货物种类、包装形式,货舱部位以及货物的装舱质量、S.F. 配积载水平等因素。我国常见货种包装形式的亏舱率如表 2-12 所示。

表 2-12　　　　　　　　　不同货种亏舱率表

货物的包装	亏舱率
各种杂货混装（GENERAL CARGO）	10% ~ 20%
规格统一的箱装货物（CASE）	4% ~ 20%
规格统一的袋装货物（BAG）	0% ~ 20%
规格统一的袋装货物（SACK）	0% ~ 12%
规格统一的捆装货物（BALE）	5% ~ 20%
规格统一的桶装货物（BARREL）	15% ~ 30%
规格统一的铁桶装货物（DRUM）	8% ~ 25%
散装货：煤炭（COAL）	0% ~ 10%
谷类（GRAIN）	2% ~ 10%
盐（SALT）	0% ~ 10%
矿砂（ORE）	0% ~ 20%
大木桶（HOGSHEAD）	17% ~ 30%
木材（TIMBER）	5% ~ 50%

因此,包括亏舱的货物积载因素与不包括亏舱的货物积载因素之间可按以下公式换算：S.F.′ = S.F. / (1-β)。

[例2-1] 某船装运100t袋装大米,实际占用舱容163.25m³,袋装大米的理论积载因素为1.55/t,问该批袋装大米的亏舱率是多少?(保留两位小数)

解:因为,S.F. = V/Q

V = S.F. Q

所以,V = S.F. Q = 1.55m³/t × 100t = 155m³

β = ($W-V$)/W × 100% = (163.5 – 155)/163.25 × 100% = 5.05%

[例2-2] 某轮装运出口箱装压力机,每箱尺寸为115cm × 100cm × 280cm,重量为3 000kg,装舱时亏舱率为15%,问装舱后该货物积载因数是每吨多少立方米?(保留两位小数)

解:因为,V = 1.15 × 1.0 × 2.8m³ = 3.220m³,t = 3t

所以,S.F.′= S.F./(1 – β) = V/Q/(1 – β) = 3.22/3/(1 – 15%)
= 1.26 (m³/t)

亏舱(或亏载)实际上是对船舶货运能力的一种浪费和损失。为减少这种损失,水运管理人员在编排货物积载计划和指导货物装舱时,应做到合理、科学。如根据货件包装特点合理选舱,软包装货物配装首尾舱,硬包装货物配装中舱;依据货种选用合适的堆装方法,提高装舱质量,缩小货物之间的空隙;从货物中挑选出适合填补亏舱的货物或用作垫料的货物等,使亏舱减少到最低限度。

货物积载因数的实测方法如下:将1吨货物堆积成基本上的正方体,丈量其货堆最大外形尺度,由此计得体积(其中包括着货件间的空隙及必要的衬垫)。如货件较重,仅几件成堆无法反映出件与件之间的装载空隙,应采用9个货件打底,堆高3层(共27件)的办法成堆,丈量货堆最大外形尺度及27个货件的总重量,通过计算即可得到1吨货物正常堆装的实际体积数。散装货物的积载因数可用测量单位容量的办法求得。

本章小结

商品包装是使产品从生产企业到消费者手中,保护其使用价值和价值的顺利实现而具有特定功能的系统,同时包装又是构成商品的重要组成部分,是实现商品价值和使用价值的手段,是商品生产与消费之间的桥梁,与人们的生活密切相关。它具有保护商品、便于流通、方便储运等多方面的作用和功能。

商品包装可按其在流通中的作用不同分类,按其使用材料不同分类,按其采用的技术方法不同分类。

物流包装标准化是以物流包装为对象,对包装规格、类型、容量、使用材料、包装容量的结构造型、印刷标志、产品的盛放、衬垫、封装方法、名词术语、检验要求等施行统一的政策和技术措施。

商品运输包装标志是指在运输包装外部制作的特定记号或说明，主要是赋予运输包装件以传达功能。目的是：识别货物，实现货物的收发管理，明示物流中应采用的防护措施；识别危险货物，暗示应采用的防护措施，以保证物流安全。

包装技法与包装的各功能密切相关，只有通过包装技术方法，才能使包装与商品形成一个整体。

货物积载因数是配积载工作中一个十分重要的数据。它有利于正确制定配积载计划，使船舶积载达到满舱满载的理想经济效益。

练习题

一、名词解释：
包装　商品包装标准化　包装储运指示标志　销售包装　运输包装
亏舱　货物积载因素

二、填空题：
1. 包装的功能可总结为三点，即_____、_____、_____。
2. 一般包装主要分为_____、_____和_____。
3. 包装标准是对_____、_____、_____、_____等的技术规定。
4. 按照货物的运输集装化程度，物流运输包装可以分为_____、_____。
5. 亏舱率的大小因素一般取决于货物的_____、_____货舱的_____以及货物的_____等。

三、选择题：（单选或多选）
1. 对黄磷的包装，可以把它装入壁厚不少于1mm的铁桶内。桶内壁应涂耐酸保护层，桶内盛水，并使水面浸没商品，桶口严密封闭，这样的包装技术我们称为（　　）。
　　A. 防潮（水）包装技术　　　　B. 防震包装技术
　　C. 防锈包装技术　　　　　　D. 危险商品包装技术
2. 商品的包装具有保护、便利和促销三大功能，其中便利功能主要体现在以下几个方面（　　）。
　　A. 便于储存作业　　　　　　B. 便于顾客投诉
　　C. 便于装卸搬运作业　　　　D. 便于运输作业

E. 便于顾客消费

3. 集合包装，是将一定数量的单件包装组合成一件大的包装或装入一个大的包装容器内。集合包装种类包括：（   ）。

    A. 集装箱   B. 集装袋   C. 托盘

    D. 集装车   E. 集装篓

四、简答题：

1. 简述物流运输包装的基本功能。

2. 运输包装收发货标志和储运指示标志的区别在哪里？

3. 举例说明物流包装的意义。如果从事物流包装业务，应该如何降低包装作业中的成本，提高包装经济效益？

五、计算题：

1. 船舶装配一批杂货，积载因数 $1.4 m^3/t$，某舱计划装载 $1\,000t$，其占用的舱容应为多少 m^3？（亏舱率为 15%）

2. 某轮计划配装出口桶装蜂蜜和袋装蘑菇，已知蜂蜜积载因数 S.F. = $45ft^3/t$，蘑菇积载因数 S.F. = $160ft^3/t$，装货清单载明两货分别为 $150t$ 和 $18t$，如亏舱率分别为 30% 和 10%，问该两批货物共需占舱容多少立方英尺及多少立方米？（保留两位小数）

典型案例

    我国某公司出口某种化工原料，共 500 吨。合同规定以"单层新麻袋、每袋 50 公斤"包装。由于新麻袋数量不够，在包装时，450 吨货物是按合同中指定的麻袋进行包装的，而剩余 50 吨货物用一种更结实、价格也比麻袋贵的涂塑麻袋包装，货物运达目的地后，被对方索赔。

    分析：我国许多企业对货物包装的重视很不够，看似无关紧要的包装，却是引起贸易纠纷的导火索。其实，包装也是贸易合同中的要件之一。如所用的包装材料与合同规定不符，不管是好、是坏，也不管是贵、是贱，都是违约，买方有权拒收并提出索赔。特别是在国际市场价格波动较大时，风险更大。

第三章 食品类商品

学习目标： 通过本章的学习，你应该了解食品的概念及分类；认识食品商品的营养卫生；掌握有关食品的品质特征和感官品评；能运用所学知识和方法对日常经营的食品进行质量评价、保管和咨询服务。

第一节 食品类商品的分类

一、食品的分类

（一）食品概念

所谓食品就是供人食用，具有人体所需营养成分或能满足人们某种嗜好的天然产物及其加工制成品。像谷物、肉类、蛋类、乳及乳制品、果蔬等生活必需品，能给人提供各种营养成分；像茶、烟、酒等消费品能满足人们各种嗜好（茶、酒也具有丰富营养），它们都是最常见的食品。

（二）食品的分类

自然界的天然可食性的资源原本就非常丰富，再加上它们的再加工产品，使食品成为商品中种类非常丰富的大家族。对食品进行科学分类，有助于我们深入研究和认识各种食品的质量。以下依据一些常见的标志对食品进行分类。

1. 根据食物的来源进行分类

根据来源的不同，可把食物分为植物性、动物性、矿物性三类。

2. 根据食品在膳食中所占比重分类

民间根据食品在膳食构成中所占比重的大小，将其分为主食和辅食。在我国，主食主要指谷物类、豆类、薯类。辅食指果蔬类、肉奶禽蛋类、水产品以及它们的加工品，糖，酒，茶等。

3. 按原料来源及经营习惯分类

这是最常见的分类法。据此，把食品分为以下十二大类：粮食类、油脂类、蔬菜水果类、肉食禽蛋类、糖业糕点类、酒及饮料类、豆制品类、水产品类、乳及乳制品类、菌产品类、调味品类和其他类。

4. 按其他依据分类

随着食品工业的发展，新产品层出不穷，给食品分类带来很多新的课题。近年来，人们常常按消费对象、是否使用特殊加工方法、功能、生产方法及食品摄入体内后的代谢状况等依据对食品进行分类。

二、食品的营养成分及食品卫生

(一) 食品的营养成分

食品的化学成分十分复杂，其中能供应人体正常功能所必需的物质称为食品的营养成分，它们主要有水分、蛋白质、脂类、维生素、糖类、矿物质等。

1. 水分

水在食品中有两种状态：一种是游离态，与普通水性质相同，可被微生物利用，也称为游离水；另一种是结合态，它与食品成分中的亲水基因以氢键结合，也称为结合水。

游离水在食品中会因为蒸发而失去，也会因吸湿而增重，可以自由流动，也可以溶解各种可溶性的物质。结合水与食品中的亲水基因以氢键结合在蛋白质或者淀粉类胶体物质上，无水的三态变化，不能被微生物利用，在一般干燥和潮湿条件下不易发生变化。

实践证明：要延长食品储藏期，就要设法减少食品中的游离水，以防止微生物繁殖。但食品中游离水降低到何种程度，才能使微生物生长受到抑制，人们通常用水分活度（A_w）直接反映食品储存的安全条件。水分活度是指溶液中水的蒸气压与纯水蒸气压之比：A_w 等于 P/P_0（P：溶液中水的蒸气压，P_0：纯水蒸气压），对纯水来说 P 等于 P_0，故 A_w 等于 1；而食品中的游离水因其中溶有无机盐和有机物，P 总是小于 P_0，所以 A_w 小于 1。显然，A_w 值越大，食品中的游离水被微生物利用的可能性越大。各种食品都有一定的 A_w 值，各种微生物在 A_w 的一定范围内繁殖。经测定，某些食品适合某些微生物发育的最低 A_w 值，详见表 3-1。

表 3-1　　某些食品适合微生物发育的 A_w 值

食品名称	A_w 值	微生物名称
鲜鱼、水果	0.98	
灌肠	0.90	一般细菌
15%盐制品	0.88	酵母菌
含有15%~17%水的豆类、米等	0.80	霉菌、金黄色葡萄菌
果酱、某些点心	0.75	好盐细菌
面粉	0.65	耐干性霉菌
干果、蜜饯	0.60	耐浸透性酵母菌
饼干	0.33	

从表 3-1 中可见，一些鲜活食品 A_w 值均在 0.9 以上，即处于微生物繁殖的水分活动范围之内，故容易变质。因此，我们可以采用干燥或冷藏法以降低食品 A_w 值，抑制微生物繁殖，以延长食品储藏期。

2. 蛋白质

蛋白质是构成生命的基本物质，是人体组织中除水以外第二个主要成分，蛋白质含量占人体总固体量的 45%。人体中的蛋白质是由 20 种氨基酸以不同顺序构成的天然高分子化合物。通常人体所摄入的蛋白质必须在体内由蛋白酶消化为各种氨基酸，经血液输送到人体各组织，再重新合成人体所需要的各种蛋白质。食品中的蛋白质包含 20 多种氨基酸。人体所需的 8 种必需氨基酸（亮氨酸、异亮氨基酸、赖氨酸、蛋氨酸、苯丙氨酸、苏氨酸、色氨酸和颉氨酸）不能在人体内合成或转换，必须由食品中摄取。

人体在利用各种蛋白质时，不仅要求必需氨基酸种类齐全，而且要求各种必需氨基酸之间的相互比例也要符合人体需要，这种相互比例亦称为必需氨基酸模式。必需氨基酸模式越接近于人体蛋白质组成，并易为人体所消化吸收，就越能适应人体要求，其营养价值越高。研究表明，动物性蛋白质的必需氨基酸比较接近人体需要量模式，并以鸡蛋最为理想。植物性蛋白质的必需氨基酸比例与人体需要相差较大。通常将鸡蛋蛋白质中的氨基酸的相互比例作为评定蛋白质营养价值的参考标准。将评分结果列于表 3-2，若蛋白质的氨基酸评分越接近 100，表示其越接近人体需要。

表 3-2　　几种食品蛋白质氨基酸构成比例评分结果

全蛋	100		花生	65
人奶	100		小米	63
牛奶	95		稻米	67
大豆	74		玉米	49
棉籽	81		全麦	53
芝麻	50			

3. 糖类

糖类也称碳水化合物。根据其分子结构复杂程度的不同，可分为单糖（葡萄糖、果糖、半乳糖）、双糖（蔗糖、麦芽糖、乳糖）和多糖（淀粉、糖原、纤维素和半纤维素）三类。糖类是最经济的供能物质，发热量与蛋白质相近，普遍存在自然界中，很容易获取。摄入的双糖和多糖，在体内经过酶的催化，水解成单糖后再被吸收。只有多糖中的纤维素和半纤维素，不能被人体消化，但仍有特殊的保健作用。

糖类理化性质中有一些与食品工业关系密切。这些性质是水解、焦糖化、发酵性和水溶性。

水溶性。不同糖在水中的溶解度不同。糖的溶解度一般取决于分子量的大小，分子量越大，溶解度越低。温度对溶解过程和溶解速度具有决定性影响作用。

水解。糖在酸和酶的作用下可发生水解。蔗糖的水解称为转化，水解的产物称为转化糖。

焦糖化。将蔗糖进行干燥加热，蔗糖即开始熔融，并变成黄色乃至褐色，这种特性称为焦糖化，焦糖化的蔗糖与水混合即为焦糖色素，是很好的食品着色剂。

发酵。糖在不同微生物作用下可以进行不同的发酵。在酵母菌作用下进行酒精发酵；在乳酸菌作用下进行乳酸发酵。工业上还利用特殊的微生物用单糖生产氨基酸和柠檬酸等产品。

膳食中糖类物质主要是淀粉和少量双糖，它们存在于各种粮谷、薯类食品中。蔬菜和水果不含有大量纤维素和果胶，仅含少量的单糖。

4. 脂类

脂类包含脂肪和类脂两类物质。其中脂肪是高效的供能物质，同时也在人体内发挥着保护肌体和内部脏器、调节体温、参与代谢、抵御疾病等生理功能。

脂肪是发热量高的营养物质，高于糖类和蛋白质近一倍，是人体内最佳的储能物质。饮食中摄入的超出人体需求量的糖类和蛋白质会转化为脂肪类物质储备起来。脂肪是油和脂的总称，亦称油脂，一般不溶于水，微溶于热水，易溶于有机溶剂。油是指含不饱和脂肪酸、熔点低、室温下为液态的脂肪，如多数植物性脂肪；脂是指含饱和脂肪酸多、室温下为固态、溶点高的脂肪，如多数动物性脂肪。

脂肪是复杂的有机化合物，基本构成物质与糖类相似，即碳、氢、氧三类元素。脂肪需分解为脂肪酸后才能被人体吸收。在脂肪酸中，亚油酸、亚麻酸、花生四烯酸等是人体所必需的，且不能由人体合成，须直接取之于食物。

类脂是指性质类似于油脂的物质，主要有磷脂、糖脂、固醇和蜡质。类脂在生物学上具有重要意义，但在食品营养上，重要性不如脂肪。

5. 维生素

维生素是人和动物维持身体健康的低分子有机化合物，对人体内营养成分的消化吸收、能量的转换及其他正常的生理活动，都具有十分重要的功能。人体缺乏维生素，会引起各种维生素缺乏症。

目前，已知人体内所需的维生素约 30 种，除某些维生素 B 和维生素 K 能在体内合成外，大多数必须由食品中摄取。维生素一般分为脂溶性和水溶性两大类。脂溶性维生素可以在体内大量存在，主要包括维生素 A、维生素 A 原、维生素 D、维生素 E、维生素 K 等。水溶性维生素在体内不易储存，需要随时提供，主要包括维生素 B 族、维生素 C 族、维生素 H 族等。

6. 矿物质

食品中除去有机成分外，还有无机成分，即各种矿物元素，对人体有重要的营养功能。

食品中的矿物元素按其在人体内含量多少分为常量元素、微量元素和超微量元素。含量在 0.01% 以上的称常量元素，如钙、镁、钾、钠、磷、氯、硫等；含量低于 0.01% 的称为微量元素，如铁、碘、氟、铜、锌、锰、钼、钴、铬、镍、锡、硅等；含量在微克数量级的称为超微量元素，如铅、汞、镭等。

（二）食品卫生

食品类商品最起码的质量要求是对人体健康有利无害。但是工业污染和化肥农药的使用，使各种有毒有害物质通过空气、水、土壤等进入农产品中，经过食物链及食品加工直接、间接进入人体，侵害健康。

1. 食品的生物性污染及防治

食品的生物性污染是指食品在生产、运输、贮藏和烹调的各个环节中，受到致病微生物和寄生虫、卵的污染。各种生物致病源中，黄曲霉素是一种严重的致癌毒素，可以破坏肝脏功能，并可诱发肝癌、骨癌、直肠癌等。黄曲霉素耐热，一般的烹调加热处理是不可能破坏除去的。

防止食品生物性污染的主要措施是加强食品卫生监督，提高食品卫生的科学管理水平，改善食品加工、贮藏、运输、销售环节的卫生条件和环境条件等，比如防止黄曲霉素的污染，控制食品的贮藏环境是防止食品发生霉变的极为有效的措施。

2. 食品的化学性污染及防治

食品的化学性污染是指在生产、加工、贮藏、运输和烹调过程中被化学有害物质污染。主要包括以下几方面：

（1）化肥农药残留对食品的污染

由于农业上广泛使用、过量使用农药、化肥、杀虫剂、除草剂、动、植物生长促进剂，使一些有害物质对食品造成了污染。

（2）重金属对食品的污染

工业生产中的"三废"是造成重金属污染的主要途径。重金属对人体危害较大的是汞、镉、砷、铅等。重金属进入人体后，与蛋白质结合成不溶性盐而导致蛋白质变性，使人体出现中毒症状。

（3）添加剂对食品的污染

食品添加剂主要有防腐剂、抗氧化剂、发色剂、漂白剂、凝固剂、疏松剂、着色剂、香精等。食品添加剂有天然和人工合成两类，使用不当会对人体造成危害。如防腐剂苯甲酸可引起过敏性哮喘，某些香料也可引起呼吸系统过敏性反应，出现荨麻疹、关节痛等症状。另有一些添加剂会诱发癌症，如腌腊肉制品中所加的硝酸盐、亚硝酸盐。它们虽然能使食品增色，也能防腐、防霉，但亚硝酸盐可与蛋白质代谢的中间产物——仲胺生成亚硝胺，亚硝胺有很强的致癌性。

（4）食品的放射性污染

食品的放射性污染源于放射性物质的开采、冶炼以及国防、医疗、生产中的应用与排放。放射性物质可污染大气、水、土壤及食物，通过呼吸、皮肤和进食等途径危害人体健康。

（三）绿色食品

绿色食品是指无污染的安全、优质、营养类食品。在我国，有关部门确定了四个必备标准。即产品或产品的原料的产地必须符合绿色食品的生态环境标准；农作物的种植、畜禽饲养、水产养殖及食品加工必须符合绿色食品生产操作规程；产品必须符合农业部制定的绿色食品质量标准和卫生标准；产品外包装必须符合国家食品标签通用标准，符合绿色食品特定的包装、装潢和标签规定。

在世界上我国是第一个以国家行为发展绿色食品的。1990年农业部成立国家绿色食品开发办公室。1992年11月正式成立中国绿色食品发展中心。中心申请注册了我国第一例质量证明标志——绿色食品标志，如图3-1所示。1993年，中国绿色食品发展中心正式加入有机农业国际联盟。我国已有绿色食品出口海外。全国目前有正常生产的绿色食品2 000多个品种。国家从2001年10月1日开始执行新颁布的无公害农副产品国家标准8项，涉及食用农产品品种多。

图3-1　绿色食品标志

第二节 食品类商品的性能

一、糖类商品品质特征

（一）食糖的分类

食糖是甘蔗或甜菜的提取物，食糖除供人们直接消费外，还是食品工业的重要原料和辅料。食糖的种类较多，可作以下分类。

按制糖的原料分类。食糖按原料来源可分为甘蔗和甜菜糖。我国甘蔗糖产量占总产量的80%，余下的为甜菜糖。甘蔗糖与甜菜糖的主要成分都是蔗糖，两者在口味品质上并无多大差异。

按商业经营习惯分类。按商业经营习惯，一般将食糖分为白砂糖、赤砂糖、绵白糖、土红糖、冰糖和方糖等六种。

（二）食糖及常见种类的品质特征

1. 白砂糖

白砂糖是食糖中比较纯净的品种，它的特点是色泽洁白明亮，晶粒均匀整齐，糖质坚硬且松散干燥，滋味纯正。水分、杂质及还原糖含量都极少，是食糖中纯度最高的品种，也便于运输和贮藏。根据晶粒大小可分为粗砂、中砂和细砂。按国家标准又可分为优级、一级和二级。白砂糖主要供食品工业做原料，也有供消费者直接食用的。供食用的多为细砂糖。表3-3为白砂糖的理化指标。

表3-3　　　　　　白砂糖的理化指标

项目名称	规定		
	优级	一级	二级
糖分,%不少于	99.75	99.65	99.45
还原糖分,%不多于	0.08	0.15	0.17
电导灰分,%不多于	0.05	0.10	0.15
干燥失重,%不多于	0.06	0.07	0.12
色值（国际糖色值）不超过	80	180	300
混浊度,度不超过	5	7	11
不溶于水杂质 mg/kg 不超过	40	60	90

2. 绵白糖

简称绵糖，其色泽雪白，颗粒细小，质地绵软，潮润，入口、入水即化，基本不含杂质，是深受消费者喜爱的食糖品种。绵白糖在制作过程中除了控制晶粒大小外还要加入2%的转化糖浆，所以其成品不仅具有蔗糖的清甜，还具有转化糖的甘爽味。绵白糖比白砂糖含水多，还原糖含量也多，因此吸湿性大，易返潮结块，不如白砂糖耐贮。

3. 赤砂糖

赤砂糖也称红糖，是三号机制甘蔗糖。由于加工中未经洗蜜处理，含有较多糖蜜，色泽赤红，有浓甜和焦糊味。因含糖蜜和水分较多，雨季易潮解，但由于它保持了甘蔗的原汁原味，且含有较多铁质、胡萝卜素、核黄素和烟酸等，因此对产妇尤为适宜。

4. 土红糖

土红糖又称红糖或糖粉，含糖蜜，水分、杂质较多，结晶细而软粘，晶粒大小不匀，色泽深浅不一，有红、黄、紫、黑几种，易受潮溶化和风化结块，较难保管。土红糖以鲜艳、松燥无结块者最好。由于土红糖不仅带有甘蔗香气和糖蜜的甜味，而且带有诱人的焦香味，故很受部分消费者欢迎，也是制作一些风味食品、中成药的重要辅料。

5. 冰糖

冰糖是砂糖的再制品。砂糖先溶化成液体，再经过烧制，除去杂质、蒸发水分后在特制容器内进行重结晶，形成透明或半透明块状大晶粒。冰糖杂质低，味纯正，是高档糖类品种。越是透明的，杂质越低，味越纯正，也越易保存。冰糖可直接食用，也可烹制精美的风味或滋补食品，还能入药。

6. 方糖

方糖也是再加工糖，是将优质砂糖磨细后，经湿润、压制、干燥而成，形为正方体。方糖纯度高，颜色洁白，表面有晶莹的光泽，在水中溶解速度快，水溶液清澈透明，无杂质，口味清甜不带异味。主要用于饮料加糖。

二、酒类商品的分类品种及质量鉴别

（一）酒的分类

酒的种类很多，常见的分类方法有以下几种。

1. 按酒精含量分类

按酒精含量，可将酒分为高度酒、中度酒和低度酒。酒的度数，简称酒度，指的是在20℃时酒精与酒体的容积百分比，如100ml的酒，其中含酒精50ml，此酒的度数即为50度。

①高度酒。酒度在40度以上者。多为蒸馏酒，如各种白酒，白兰地。

②中度酒。酒度在 20~40 度之间。如各种露酒、药酒等配制酒。

③低度酒。酒度在 20 度以下。如黄酒、葡萄酒、啤酒、果酒等各种发酵原酒。

2. 按制作工艺分

按制作工艺，可将酒分为蒸馏酒、发酵原酒和配制酒。

①蒸馏酒，是指原料酒精发酵之后，以蒸馏方法使酒液与酒糟分离而制得的酒品。此类酒的酒度一般在 40 度以上，刺激性强，耐贮藏，如白酒、白兰地、威士忌等各种高度酒。

②发酵原酒，又称压榨酒或酿造酒，是指酒精发酵之后用压榨或者过滤的方法将酒液分离酒精而制得的酒。多数低度酒如啤酒、葡萄酒、果酒、黄酒等，都是发酵原酒。它们大多保持有原料本身固有的自然芳香味，营养丰富、酒体醇厚。这类酒不如蒸馏酒耐贮藏，除黄酒和部分酒度略高的葡萄酒之外，不宜久贮。

③配制酒，指用成品酒或食用酒精为酒基，以糖、香料、水果以及各种药材为配料按一定工艺配制而成的酒。其酒度因品种不同而有区别，一般中度为多。以芳香原料或者直接加水果配制、浸泡而成的酒称为露酒，如青梅酒、橘子酒、玫瑰酒等；以中草药配制、浸泡而成的酒一般称为药酒，如莲花白、竹叶青、五加皮等。也有不分药酒、露酒，均称为露酒的。

3. 按商业经营习惯分类

按商业经营习惯，酒可分为白酒、啤酒、黄酒、葡萄酒、果酒、露酒等。其中葡萄酒、果酒、露酒通称为色酒。

（二）各类酒的质量特点

1. 白酒

（1）白酒的成分

白酒的主要成分是乙醇和水，二者约占总量的98%以上。其余成分为高级醇、有机酸、酯类、多元醇、酚类及其他微量成分。这些成分含量虽少，却与白酒的品级质量关系密切。白酒中也含有一些有碍人体健康的成分。对这些成分，食品卫生标准中有限制性指标。

乙醇，即酒精，是白酒及其他各类酒中最基本的成分。白酒酒精含量虽都偏高，但也因酒类品种的不同而有区别。在我国，酒度最高的白酒为河北衡水老白干，有 67 度，其他普遍为 53 度到 60 度不等。随消费风气的变化，国内市场上酒度在 30~40 度之间的白酒品种逐渐多起来。

酸类，发酵过程中产生的有机酸是白酒中的主要呈味物质，它与其他香味物质共同构成白酒特有的芳香。但有机酸的含量要适中，低了，酒味单薄，后味短；高了则酒味粗糙，风味变劣。在白酒贮存过程中，有机酸还能与醇类发生酯化反应形成芳香的酯类物质,提高白酒香气。

醛类。微量的醛类能使白酒气味芬芳,但醛类具有很强的刺激性和辛辣味,饮后易引起头晕,有害于人体。白酒中的醛类主要是乙醛,新酒含醛较多,经过贮存后,乙醛会挥发减少,另外,乙醛与酒精发生缩合反应会生成芳香的乙缩醛。

酯类。酯类是白酒中芳香物质的主要成分,不同的酯具有各自特有的香气,优质白酒酯类物质含量较丰富,品种也较复杂。人们常以香型来对优质白酒分类。白酒贮存中由于酯化反应,酯的含量会提高,这也是凡优质酒就必定要经过陈酿的原因。

杂醇油。杂醇油产生于酿酒原料中的蛋白质成分,为无色油状物质,大多具有不良好的苦涩味,它使人头痛、头晕,在体内氧化慢、停留时间长,是恶醉之本,但在白酒贮存过程中,杂醇油也可与有机酸发生酯化反应,生成带水果芳香的酯类物质。

甲醇。甲醇能在人体内氧化成毒性很大的甲醛。过量饮用甲醇含量高的白酒,会头晕、耳鸣、视力模糊。严重中毒会导致失明、呼吸困难、昏迷,甚至危及生命。按我国食品卫生标准规定,粮食白酒每百毫升中甲醇含量不得超过0.04克,薯类代用原料酒,不能超过0.12克。

铅。白酒中的铅主要来自酿造设备、盛酒容器等的污染。根据国家食品卫生标准,白酒中含铅量不超过1ppm。

（2）白酒的香型

根据白酒中呈香物质的不同,我国习惯将各地所产优质白酒划分为以下五种类型。

酱香型。酱香型白酒的特点是酱香突出,幽雅细致,酒体醇厚,回味悠长。酱香型白酒略有焦香,但不过头,饮酒之后空杯的香气经久不散。酱香型白酒在我国品种并不多,但都很有名,如贵州茅台酒、四川古蔺县郎酒和湖南常德武陵酒。

浓香型。浓香型白酒种类很多,但其共性是窖香浓郁,清洌甘爽,绵柔醇厚,香味协调,尾净余长。民间称之为：香浓郁,入口绵,落口甜。其香气主体成分是乙酸乙酯和适量的丁酸乙酯,浓香型白酒名品很多。泸州老窖、五粮液、洋河大曲、古井贡酒、剑南春、山东曲阜孔府家酒、安徽淮北口子酒等均是浓香型。

清香型。清香型白酒的风味特点是：清香纯正,口味谐调,微甜绵长,余味爽净,该类酒的主要香气成分是乙酸乙酯和乳酸乙酯。典型代表有山西杏花村汾酒、河南宝丰酒等。

米香型。米香型酒的风味特点是：米香清雅、入口柔绵,满口甘洌,回味怡畅。小曲酒多属米香型。其主体香气成分是以乳酸乙酯为主，乙酸乙酯稍低。代表品种有广西桂林三花酒，广东五华县的长乐烧，湖南浏阳河小曲等。

兼香型。又称为复香型、混合型。这是一类兼有两种主体香型的白酒。著名品种有贵州遵义董酒、陕西凤翔西凤酒。

（3）白酒的质量鉴定

感官鉴定。对白酒进行感官鉴定，要求鉴定人员是训练有素的专业人员，白酒的感官质量指标包括：色泽、香气和滋味。

色泽：白酒一般应无色透明，清亮无悬浮物，无浑蚀和沉淀。发酵较长、贮藏期较长的优质白酒，如酒液略带微黄是允许的。

香气：优质白酒醇香、芳香扑鼻。白酒的香气可分为溢香、喷香和留香三类香气。品酒时当鼻腔靠近杯口，顿觉芳香物质就溢散于杯口附近，这叫溢香。酒液进入口腔，香气立即充满口腔就叫喷香。一般白酒都应有一定的溢香；名优白酒要兼有溢香、喷香和留香，而且香气典雅纯正，不带异味。

滋味：白酒滋味要纯正，无强烈的刺激性，白酒的滋味与其香气是协调一致的。香气较好的滋味也较好。优质、名牌酒要求滋味醇厚，味长，甘冽，有回甜，入口各味协调，有愉快舒适的感觉。

在给白酒评分时，除色、香、味外，还有风格一项。

理化、卫生指标。白酒的理化指标有酒精度、总酸、总酯、固形物等含量指标。卫生指标有甲醇、杂醇油、铅等限制性指标。

2. 啤酒

在我国，啤酒属新兴饮料酒，目前发展速度很快。

（1）啤酒的度数与啤酒的种类

啤酒的度数，是指糖化后原麦汁的浓度。如12度熟啤酒，是用含量12%的原麦芽汁发酵制成的，其酿成后的啤酒酒精度数大致在3.5度。

啤酒常按以下几种方法分类：

按原麦汁浓度分，有低浓度、中浓度、高浓度啤酒。

低浓度啤酒原麦汁浓度在8度，酒度为2度左右。该类啤酒用料少，成本低，稳定性差，适应夏天作清凉饮料。

中浓度啤酒，原麦汁浓度在10～12度，酒度在2.9～3.7度。这种啤酒稳定性好，杀菌后可贮存较长时间，是啤酒中的大宗产品。

高浓度啤酒原麦汁浓度在14～18度，酒度在4.1～4.5度。这类啤酒稳定性好，色浓固形物多，口味醇厚，耐贮。

按颜色分有淡色、浓色两种啤酒；按杀菌与否分，有生啤酒（鲜啤）和熟啤酒之分。

除上述方法分类外，也可以容器不同来分类。如今，随消费者口味的改变及人们对健康的追求,为满足新市场需求的啤酒品种——问世,如干啤、无醇啤酒、果味啤酒等。

(2)啤酒的感官鉴定和主要成分指标

①啤酒的感官鉴定

透明度。啤酒均要求酒液透明,无明显悬浮物和沉淀物。

色泽。啤酒的色泽决定于麦芽的颜色。不同种类的啤酒颜色有相应的要求,一般是颜色应鲜明、协调,色度应在标准规定范围之内。鉴定色泽的方法采用比色法。

泡沫。酒类中唯有啤酒将泡沫作为一项质量指标。要求啤酒倒入杯中,即时有泡沫升起,泡沫以洁白细腻为好。起初时要盖满酒面,并应缓慢消失,持久地挂杯。

香气和滋味。正常淡色啤酒应具有新鲜的酒花香气,饮后口味纯正、爽口、醇厚,浓色啤酒应具有明显的麦芽香,无不愉快气味,饮后口味纯正,浓厚爽口。

②啤酒的主要成分指标

啤酒中除了90%左右的水,还有少数其他成分。这些成分与啤酒的保存期及口味有密切关系。

酒精。啤酒含酒精成分低,大都在3%~5%。

二氧化碳。二氧化碳对于啤酒来说是重要成分。它使啤酒具有爽口的风味,通常要求其含量在3%略高一点。二氧化碳的含量可用气压计测定。

甘油。甘油是酒精发酵的副产物。适量甘油的存在,可使啤酒泡沫更持久,酒味更醇和。

浸出物。浸出物指糖分、酸类、含氮物、矿物质等,多数为营养性物质,低浓度啤酒浸出物含量在3%以下,浓色啤酒在5%~9%。

3. 黄酒

黄酒是我国最古老的一种饮料酒。黄酒酒度不高,营养价值高,是很具发展前途的"健康饮料"。黄酒的成分包括糖分、糊精、高级醇、甘油、有机酸、维生素等。黄酒除了饮用外,还可以制药酒。在烹调时,黄酒是烹制荤腥类食品的重要佐料。

(1)黄酒的种类。

我国黄酒有许多品种,在消费者中影响很大的可按产地及风格上的差异归为以下三类。

南方糯米、粳米黄酒。绍兴酒为此类酒中的佼佼者。绍兴酒酒色褐黄清亮,因久贮而香高味浓,故又称"老酒"。据口味、酿制技艺上的差别,绍兴酒又可细分为:元红酒、加饭酒、善酿酒、香雪酒。元红酒和加饭酒含糖分少，属干型黄酒；酒度两者有区别，前者为15度，后者为16.5度。善酿酒为半甜型，酒度为14度。香雪酒为浓甜型黄酒，酒度在20度左右。

南方红曲黄酒。名品有福建老酒和龙岩沉缸酒。它们在东南沿海地区很有名。福建老酒呈褐黄色，酒香浓郁，口味醇和，甜度爽适，余味绵长，是半甜型黄酒，酒度适中，在14~17度，为福建传统产品。沉缸酒酒度20度，糖分高达22%，酒色褐红，清亮透明，入口有稍稍的粘稠等，似蜂蜜。其甘味与酒的刺激辛辣，酸的爽口味与红曲特有的苦、香配合的非常和谐，使人饮之难忘。

北方黄酒。又可分为山东产的黍米黄酒和东北的吉林清酒两类。山东以黍米为原料酿制的黄酒著名品种有即墨老酒。即墨老酒酒液呈黑褐色，清亮透明，酒香浓郁，酒度在12度左右，含糖量8%左右，入口醇香，甘爽适口，回味悠长。

吉林清酒以大米为原料，以纯种培养的米曲霉和清酒酵母为糖化发酵剂制成。该酒酿造技艺系从日本流入，酒度在16~17度，酒色淡黄，清澈透明，香气清雅，滋味纯正。

（2）黄酒的贮藏。

一般来说，酒的乙醇含量越高，越耐贮，因为乙醇具杀菌作用。在低度酒中，黄酒是要求久贮熟化后才能上市的酒品，越陈，风味越好。这就要求创造适宜的贮存环境，来保证黄酒的质量。黄酒适宜的贮存温度一般在20度以下，相对湿度在60%~70%。传统的方法是将黄酒密封在陶制酒坛内置于地下窖藏。这样既创造了一个适宜的温度环境，又阻隔了强光照射和杂菌侵袭，很有利于黄酒品性的形成。

4．葡萄酒、果酒和露酒

葡萄酒在国内消费市场上如今风头十足，大有与白酒较劲之势。

（1）葡萄酒的种类。

葡萄酒种类很多，通常按以下标准分类：

按颜色分类可将葡萄酒分为红、白两类，红葡萄酒用红色或紫色葡萄为原料，采用皮肉混合发酵方法制成。因酒中溶有葡萄的色素，经氧化而呈红色或深红色。红葡萄酒口味甘美，酸度适中，香气芬芳，酒度一般在14~18度之间。

白葡萄酒是用黄绿色葡萄或用红皮白肉的葡萄为原料，采用皮肉分离发酵而成。发酵后，酒的色泽多为麦秆黄、淡黄或金黄酒液。酒液澄清透明，口味纯正，酸甜爽口，酒度一般为12度左右。

按含糖量分类，可将葡萄酒分为干型、半干型、半甜型和甜型四类。同样的分类名称也见之于黄酒。干葡萄酒每升含糖量为4克以下，在口中无甜味，只有酸味和清怡爽口的感觉,在西方,这种酒是销量很大的佐餐酒。半干葡萄酒每升含糖在 4~12 克,在口中微有甜感,或略感厚实的味道。半甜葡萄酒每升含糖在 12~50 克,口味略甜,醇厚爽顺。甜葡萄酒每升含糖在 50 克以上,酒有明显甜味,较符合我国消费者的饮酒习惯。

按酒中葡萄原汁含量高低分类,有全汁葡萄酒和半汁葡萄酒。全汁酒用 100% 的葡萄原汁酿造而成。高档葡萄酒一般均为全汁酒,酒的酿制工艺也相对复杂。半汁酒葡萄原汁含量在 50% 以下的为中档酒,在 30% 以下的为低档酒。这类酒在酿造过程中要加入砂糖、酒精等,故口味欠佳,营养偏低。

按酒中二氧化碳压力分类,葡萄酒可分为平静型、起泡型、加气起泡型几类。平静葡萄酒指在 20 度时,酒中二氧化碳的压力小于 0.05MPa 的酒。起泡葡萄酒是指以原酒经密闭二次发酵产生二氧化碳,使酒液在 20 度时瓶内二氧化碳的压力在 0.35~0.5MPa 的酒。加气起泡葡萄酒是指在 20 度时瓶内二氧化碳压力在 0.35~0.5MPa 的酒。这种葡萄酒因二氧化碳是全部或部分地由人工充填,故而得名"加气"葡萄酒。

在国际市场上久负盛名的香槟酒,即是一类特制的起泡或加气起泡葡萄酒。香槟酒因原产于法国香槟省而得名,按瓶内压力及内在品质的区别分为大香槟、中香槟和小香槟。其中大香槟以特制巨型耐压玻璃瓶盛装,瓶内压力高于 4 个大气压。

(2) 果酒和露酒

果酒是指以除葡萄酒之外的其他各类果实为原料酿制的酒。此类酒的命名,以果实名称而定。如在我国就有山楂酒、橘子酒、苹果酒、海棠酒、草莓酒、梨酒、杨梅酒、桑葚酒、猕猴桃酒、石榴酒等。

露酒中虽也有以果实命名的,但它的制作方法与果酒有根本区别。后者属发酵原酒,而露酒是以成品酒为酒基配制而成。用作酒基的成品酒可以是白酒、黄酒、葡萄酒,有时也用食用酒精调制。配制酒可以是成品酒与香料、糖、色素等配制而成,也可以直接浸泡水果、中药而制成。其酒度差异大,但中度者居多。色泽也不同,含糖量普遍高。因配制酒含糖高,口感好,营养价值较好且色泽诱人,颇受女士及老人的青睐。我国山西杏花村酒厂所产竹叶青酒是露酒中的佼佼者。

值得注意的是,白兰地原料虽是水果,但习惯上不把它归入葡萄酒和果酒。

三、茶叶类商品品质特征

茶叶与可可、咖啡同为风靡世界的三大饮料。茶叶是能满足消费者特殊的嗜好,并对人体健康十分有益的食品。

1. 茶叶的主要成分

茶叶中含有多种有益人体健康的营养物质。如维生素、矿物质、蛋白质、糖类等。对茶叶质量有影响的成分,主要是影响其色、香、味的多酚类、生物碱、芳香油和色素等。

(1) 茶多酚类物质。即茶单宁、茶鞣质,是以儿茶素为主体的多酚类化合物及花青素,是茶汤特别是红茶汤呈色的主要物质,也与茶叶的苦涩味有关。茶多酚类物质对人体有多种药理作用,如儿茶素具有杀菌、降压、强心作用,并对尼古丁和吗啡等对人体有害的生物碱有解毒作用。

(2) 生物碱类物质。茶中的生物碱主要为咖啡碱。咖啡碱能兴奋中枢神经,解除大脑疲劳,强心利尿,减轻酒精、烟碱等有害物质对人体的伤害。饮茶的愉悦、奇妙感觉,主要产生于咖啡碱。咖啡碱的有无可作为判断茶叶真伪的标志。咖啡碱在茶叶中的含量一般为2%~4%,弱光条件生长的茶叶较多,新梢鲜叶越幼嫩其含量越多。

(3) 芳香类物质。人们饮茶时首先感觉到的就是茶叶的香气,茶叶的香气可分为清香、甜香、嫩香、栗香以及各种花香。茶叶的香气是决定茶叶品质好坏的重要因素之一。茶叶的香气,来自于茶叶所含的芳香物质。茶叶中的芳香物质多达数百种,但其绝对量并不大,起重要作用的也就是青叶醇、苯甲醇、苯乙醇、香叶醇、苯甲醛等。鲜叶中芳香物质含量高低受茶树品种、茶叶老嫩、季节、气候等条件影响。一般红茶多于绿茶,高山茶多于平地茶,新茶优于陈茶,嫩叶高于老叶。

(4) 茶叶中含有多种维生素,其中维生素C最丰富。每500克绿茶约含维生素C 135毫克。其次是B族维生素。茶叶中也含有多种矿物质,特别是含氟高而在绿色植物中著称。

(5) 氨基酸。茶中氨基酸为主要呈味物质,也与茶叶香气关系很大。氨基酸的存在使绿茶汤更鲜爽、味道更丰满。有的氨基酸在热水冲泡后,会与糖类物质发生化合作用,发出诱人的香气,比如丙氨酸就有类似于玫瑰的香气味。

(6) 其他成分。茶叶中还有含量高达20%~30%的糖类物质,以及各种色素。

2. 茶叶的类别及品质特点

茶叶最常用的分类是根据商业经营习惯兼顾茶叶外观及品质特点,将茶叶分为红茶、绿茶、乌龙茶、花茶、紧压茶五大类。

(1) 绿茶

绿茶的产量和销售量在我国均占首位。绿茶是不发酵茶,它的特点是保持了茶叶的绿色即做到了干绿、汤绿、叶底绿"三绿"。因此在初制时要采用高温杀菌、制止酶对茶多酚的氧化。绿茶按初制干燥方法不同，分为炒青、烘青和晒青三类。

①炒青。初制干燥用铁锅炒制的茶，称炒青绿茶。其品质特点是条索紧洁光润。汤色叶底碧绿，香气清高，滋味浓，收敛性强，耐冲泡。炒青的主要品种又可分为扁炒青、长炒青和圆炒青。

长炒青中的名品有碧螺春、庐山云雾、珍眉等。碧螺春产自江苏吴县太湖的洞庭山。并以洞庭山主峰碧螺峰所产品质最好。此茶条索纤细，卷曲似螺，白毫显露，色泽翠绿油润；汤色碧绿，清香持久，滋味清鲜回甜；叶底嫩缘匀整，完整成朵。该茶选用的茶树芽叶极细、极嫩，每公斤干茶的芽叶多达十万个以上。因其细嫩，冲泡时必先往杯注水，后放茶叶。

扁炒青有龙井、旗枪和大方等名品。龙井茶因产自杭州龙井一带而得名，是闻名国内外的名贵绿茶。高级龙井是清明前两三天茶树刚吐出幼嫩芽叶时采按一芽一、二叶制成，是龙井中的极品。中级龙井是按一芽二、三叶标准制成。龙井外形扁平，挺直光滑，大小匀齐。芽毫隐藏稀见，色泽嫩绿，色调均匀而油润；汤色清澈明亮，香气清鲜而持久，滋味甘美醇厚，有鲜橄榄的回味；叶底匀嫩成朵。所以龙井以色绿、香郁、味甘、形美而闻名中外。因产区的自然条件和炒制技术上的差异，以狮峰龙井的香气和滋味最有特色，梅家坞龙井的外形和色泽最令人喜爱，西湖龙井则是叶质肥嫩，芽峰显露，悦目动人。

圆炒青名品有珠茶。珠茶外形浑圆，紧结似珠。珠越精细，质越佳。干看色泽灰绿，有乌亮的光泽；汤色清澈稍黄，香气纯正，滋味醇厚，叶底卷曲，叶片较大。珠茶中的佼佼者有浙江平水珠茶和安徽泾县涌溪火青。

②烘青。烘青茶干燥方式是采用烘笼或烘干机烘干，而非直接接触铁锅。烘青茶既是受消费者欢迎的成品茶，也是供窨制花茶的原料茶。烘青茶外形较为舒展，色泽翠绿油润，汤色黄绿明亮，香气清纯，味鲜醇，叶底嫩绿匀齐。著名品种有黄山毛峰、太平猴魁、六安瓜片、信阳毛尖、君山银针等，主产地是安徽、湖南、河南等。

黄山毛峰闻名遐迩。其茶树生长在海拔 900～1 000 米，终年云雾缭绕、雨量充沛的高山上，芽叶肥厚，浓郁清香。黄山毛峰外形纤细精巧，白毫显露，色泽油润光滑，嫩绿微黄；汤色清澈带杏黄，香气持久，清鲜似白兰香，滋味醇厚回味甘；叶底嫩黄，匀亮成朵，叶芽肥壮，一芽带一叶，为全国著名绿茶之一，为名茶中的名茶。

③晒青

晒青是利用日光干燥的一类绿茶，其品质不及炒青和烘青，一般香气低，汤色和叶底黄色，带有日晒味，这类茶除在产地销售外，多作紧压茶原料。主产于云南、湖北、湖南、贵州、广西等地。

（2）红茶

红茶是国际市场上的畅销品，我国所产红茶以外销为主。红茶品质特征与绿茶不同，红茶以红艳而名贵。制作中采用细嫩芽叶为原料，经完全发酵使绿叶变为红叶——发酵是红茶品质形成的关键。发酵使茶多酚加速了酶促氧化，形成红叶红汤、香甜味醇的品质特征。红茶根据制法与品质的差异分为功夫红茶、小种红茶、红碎茶三类。

①工夫红茶

工夫红茶是我国特有的传统产品，以做工精细而得名。工夫红茶在制作过程中很讲究茶的形状和色、香、味，特别要求紧卷、完整、匀称、洁净。其成品特点是条索紧细、色泽乌润、汤色红艳明亮、香气浓郁纯正、滋味甘醇、叶底匀嫩鲜红。我国工夫茶以祁红、滇红、川红、宜红的质量最佳。

②小种红茶

小种红茶也是我国的物产，产于福建省。因烘干时用松木熏制，故戎品茶有独特的松木香味，这是小种红茶与工夫红茶的最明显区别。小种红茶的品质特点是茶条粗实、叶质肥厚、色泽乌黑、汤色红浓、滋味爽口。

③红碎茶

红碎茶在国际市场上很受欢迎。红碎茶在初制时经过充分揉捻和切碎、发酵、干燥而成。其特点是外形整齐一致、色泽乌黑、香气很高、滋味浓厚、汤色浓红，适于添加牛奶、柠檬、糖等饮用。因红碎茶制作时经揉、撕、切已使茶叶组织破坏，故饮用时一次冲泡就能将大部分有效成分浸出，这很符合西方人的饮茶习惯。

（3）乌龙茶

乌龙茶即青茶，是一种半发酵茶。其制作方法兼有红茶和绿茶的发酵和杀青，其成品既有绿茶的鲜爽也有红茶的甘醇，而且叶底具有绿叶红镶边的特点。制作时有"摇青"工序，将鲜叶置于特制容器内不断摇动，使茶叶相互碰撞至叶缘细胞破裂，茶汁流出，氧化发酵，发酵到适当程度后立即杀青，使发酵过程中止。这样，片片茶叶边缘经发酵，中心部分不发酵，故而形成叶底绿叶红镶边的特殊风格。

乌龙茶也是我国特产，主产于福建、广东、台湾三省，以福建的产量最大，品种最多，质量最突出。主要品种有安溪铁观音、武夷岩茶。经临床医学研究证明，乌龙茶对高血压、高血脂病有显著疗效。

（4）花茶

花茶属再加工茶，是由成品茶拌和鲜花窨制成。多以所用鲜花命名，如茉莉花茶、柚子花茶、玳玳花茶、玫瑰花茶、桂花茶等。用于窨制花茶的茶坯通常是烘青绿茶,也用少量的炒青、乌龙茶和红茶。

花茶的质量特点除了外形、叶底、色泽等方面与所用茶坯相同外,主要不同之处是香气,其次是滋味。高级花茶均要求香气鲜灵,浓郁清高,滋味浓厚鲜爽,汤色清澈、淡黄、明亮,叶底细嫩、匀净、明亮。我国著名的花茶产地有苏州、福州、金华以及广西横县、安徽歙县、六安等地。花茶中茉莉花的窨制技术性最强,要求最高,茉莉花茶也是产量最大的茶。

(5) 紧压茶

紧压茶即各种块状茶,其形状以砖形最多,其他有碗形、饼形等,是一种销往边疆少数民族地区的再加工茶,故又称边销茶。突出的特点是便于运输,便于储藏。紧压茶用晒青和红茶的毛茶或副脚茶作原料经蒸茶、装模或装篓压制而成。一般以较次的茶做芯,较好的茶叶做面,成品硬度高,需要用刀砍下经捣碎煮制后饮用。

除上述传统茶品种外,新一代的产品也已经推出,如袋泡茶、速溶茶等。

四、水果的品质特征

水果类商品已经成为生活必需品,也成为国际市场上前景看好的商品。

(一) 水果的主要化学成分

水果的色、香、味与其特殊的化学成分有关。色彩鲜艳是水果的一大质量特点,各种果品的色泽由多种色素混合组成。果品中广泛存在的色素有叶绿素、类胡萝卜素、花青素和黄酮类色素,它们的种类和特性,关系到水果的新鲜度、成熟度。有的色素除呈色作用外,还具有营养价值,如胡萝卜素被人体吸收后可转化为维生素A。

不同的水果具有不同香气。各种芳香油是水果香气的源泉。由于芳香油的含量及主体成分不同,因而使不同果品香气有别。芳香油只有当果品成熟时才大量产生,所以没有成熟的果品缺乏香气。

水果中的呈味物质主要为糖类和有机酸。糖酸比值的高低直接反映水果口味是否甜酸适中。使水果具有甜味的主要是葡萄糖、果糖和蔗糖。果品中的有机酸主要有苹果酸、柠檬酸和酒石酸,它们统称为果酸,对人体无害。

矿物质和维生素含量高是水果具有较高食用价值的根本原因。矿物质和维生素可称为水果类标志性的营养物质。

(二) 水果主要品种的品质特征

(1) 苹果

苹果按收获季节可分为伏苹果、秋苹果两大类。伏果多为7~8月采摘,果实肉质松脆,口味淡薄,略有香气,易腐,不耐贮,品质不如秋果。但它上市早,因此有一定的市场价值。市销伏果主要品种有黄魁、红魁、祝光、白粉皮、伏花皮、彩苹等。青岛、烟台产的白粉皮，辽宁产的甜黄魁，7月上、中旬成熟，上市早；祝光和黄魁品质较好。

秋果多在8～11月采摘，肉质紧密，甜酸适口，香气浓，品质佳，耐贮藏，是日常消费中的当家品种。市销秋果主要有红香蕉、黄香蕉、红富士、国光、红星、红玉，其中以富士、青香蕉品质最佳，其果肉致密，质脆多汁，甜酸适度，香气浓郁，风味甚佳。秋果耐贮，在零下1度到1度，相对湿度在85%～95%的条件下，3～5个月保持质量不变。

苹果在选购时，其品种的识别主要根据果梗、果形、果萼、果面和果肉风味等五个方面进行辨别；其质量鉴别主要看其果肉成熟度、有无机械损伤及病虫害程度等。在同一品种中以果品光洁无虫害、色泽鲜艳、成熟度适中、肉质紧密、味正质脆、细嫩多汁、甜酸适中为上品，带有浓郁香气者为佳品。

（2）梨

梨按果实形态可分为白梨、砂梨、秋子梨、西洋梨等四大类。白梨果实大，倒卵形或长圆形，成熟后皮为黄色或黄白色，果肉脆、石细胞少，味香甜，肉质细嫩无渣、水分多，耐贮。我国优良品种的梨都属于白梨类。市销白梨品种有鸭梨、酥梨、山东莱阳梨等。其中鸭梨以皮薄、肉细嫩、香甜多汁、石细胞极少、无渣且耐贮的特点而享誉国内外市场。

砂梨果实多为圆形，果皮褐色或绿色，味甜多汁，但耐贮性差。市销砂梨名品有雪梨、三花梨等。其著名产地分别是安徽徽州、浙江义乌、四川苍溪。砂梨著名品种还有二宫白等。它们都是从日本引进的品种，现在我国中、南亚热带有较多栽培。

秋子梨果实呈扁圆形，果皮黄绿或黄色，有的品种石细胞多，品质较差。秋子梨极耐贮。常见品种为南果梨、京白梨、大香水梨等。其中产自北京的京白梨以皮薄核小，肉厚汁多，味酸甜而带清香、石细胞少而闻名南北。

西洋梨果实多为瓢形，成熟后的果肉柔软多汁，香气很浓，但易腐不耐贮。西洋梨市销量大的品种有巴梨、伏茄梨、三季梨等。

梨有特殊食用价值，除有一般水果的功效外，梨能生津止渴、润肺消炎、清凉解毒、通便醒酒。

梨的品质优劣，品种是重要因素，选购时要注意品种的识别，必须从色、香、味、形四大方面进行品质鉴别。不同品种的梨以皮薄细嫩、有光泽、果肉脆嫩、汁多味甜、石细胞少、果心小、香味浓郁者为佳。同品种的梨以果个大小适中、果形完整、无病虫害、果皮光滑、无疤斑、无机械伤者为最好。

（3）香蕉

香蕉可分为香蕉、大蕉、龙芽蕉、粉蕉四大类。香蕉果实狭长而弯曲，未成熟时有棱角，皮色青绿，成熟后皮色变黄并带有梅花点，俗称芝麻蕉。果肉黄白,味香甜,肉软糯滑、品质好。著名品种有福建天宝蕉、台湾北蕉、广东和广西的香牙蕉。

大蕉果形较直,呈五棱形,皮青色绿。成熟后果皮薄呈深黄色,果肉淡黄,肉厚有酸味。缺乏香气,品质中等。常见品种有半角蕉、月蕉、板蕉等。

龙牙蕉,俗称金蕉,外形较香蕉弯曲,蕉身圆满,熟后皮金黄,皮薄光洁,果肉白色,水分少,含淀粉多,有特殊香气,品质中上。

粉蕉又称糯米蕉,果实长椭圆形,有棱角,形似大蕉但果个小,成熟后皮色黄白,皮比大蕉薄,味甜,香气一般,品质中上。大蕉、粉蕉上市者少。

香蕉产地偏于一隅,成熟后不宜长途运输,故一般在其七八成熟时采摘,在运达销售点经人工催熟后销售食用。

(4) 柑橘

柑橘是主产于亚热带的大宗水果,市场上销售的常见种类有柑、橘、橙、柚四大种类,其中又以柑、橘、橙最普遍。

柑类果实大多趋于球形,果皮略厚,皮较紧,不易剥离,种子呈卵圆形。常见品种有芦柑、邵柑、新会柑、蜜柑等。

橙类果实近于球形或卵球形,果汁多,酸甜适中,品质佳,耐贮。常见品种有新会橙、柳橙、樟州橙、冰糖橙、锦橙、胶橙等。

柑橘中含有极丰富的维生素 C,柑橘的皮、核、络、叶都是良好的中药材,也是提取香料的重要原料。

(5) 猕猴桃、山楂

这两种水果都是由野生改良而成的果品,以富含维生素 C 而著称。猕猴桃每 100 克中含维生素 C 100~420 毫克,是苹果的 20~80 倍,其他营养成分也很丰富,被誉为水果之王。山楂每 100 克中含有维生素 C 89 毫克,是苹果的 9 倍。

猕猴桃以果实大,手捏有弹性,气味清香为好,如带有酒气,则已经发酵,不宜食用。山楂以果实大而均匀,色泽深红鲜艳,无虫蛀、硬伤、僵果为好。

第三节 食品类商品的物流要求

一、食品类商品储运特性

(一) 茶叶的储运特性

(1) 吸湿性。茶叶是多孔性的组织结构,茶叶中又存在着很多亲水性的成分(如糖分、蛋白质、茶多酚、果胶质等),决定了茶叶具有显著的吸湿性。正常含水量红茶为8%、绿茶为9%，保持这个含水量，茶叶质量变化很小，如含水量超过12%，就容易发霉变质。

（2）吸收异味性。茶叶的多孔性组织和存在胶体性的物质，使茶叶具有较强的吸收异味的性能。茶叶吸收异味后，就不易使异味消除，会降低茶叶的质量乃至不能饮用。

（3）怕热性。茶叶在温度过高的环境中会散失水分和气味，使茶叶干燥易碎、香味减少，绿茶色泽泛黄，有损于茶叶的质量。含水量过多的茶叶在温度过高时，会加速细菌繁殖、发霉变质。

（4）陈化性。茶叶的质量是以色、香、味、形决定的，一般均以新茶质量上乘。随着保管时间的延长，尤其在不适宜的环境条件下，茶叶质量会不断降低。如色泽灰暗、香气消失、汤色暗浑、茶味淡薄等，这种变化称为茶叶的陈化。茶叶陈化的主要原因是芳香物质逐渐散失及某些成分发生了氧化。如类脂成分水解后能自动氧化，茶黄素、芳香物等也能自动氧化，茶叶经氧化后，就会变色变味。促进茶叶陈化的因素很多，如茶叶含水量的增加、环境温度过高、包装密封差、与空气接触多和日晒等，都会显著地加速茶叶的陈化。

（二）食糖的储运特性

（1）易溶于水。食糖遇水即可溶化，在室温条件下，一份水能溶解三份多的蔗糖。糖的溶解度与温度成正比。

（2）易潮解。食糖有吸湿性，含还原糖较多的食糖，尤其是带糖蜜的粗糖以及晶粒较细的食糖（如绵白糖）比较容易吸湿潮解，相对湿度大且高温时，食糖吸湿性增大。相同的温度条件下，糖含水量越多，吸湿越快。当糖的含水量超过6%以上时，就会逐渐溶化。食糖潮解后容易渗出糖蜜，严重的会发生淌浆（糖液流出），这是食糖运输中主要的货损原因。含水量大的食糖，在相对湿度小的环境中也会散失水分而变干。

（3）结块性。食糖容易结块，尤其是含还原糖较多、晶粒较细、水分较多的食糖。其原因：一是干燥结块。当食糖存放环境转为干燥时，晶粒表面的糖液因水分逐渐散失，达到较高的过饱和程度，蔗糖在糖浆中又重新结晶，使糖粒与糖粒粘在一起，形成糖块。结块时间越长，形成的糖块越坚实，有时使整包糖形成一整个大糖块。二是压实结块。在保管中食糖堆码高，较长时间不翻垛，会造成压实结块。三是受热或受冻结块。因环境温度高，食糖会因热融后结块；环境温度低又会受冻结块。食糖结块不仅造成减重、降质，而且给运输、装卸带来困难。

（4）吸味与散味性。食糖极易吸收外来异味，吸味后的食糖糖味不正，质量降低。用甘蔗制成的粗糖由于生产时处理方法较简单，或多或少还留有甘蔗的清香味,不宜与其他吸味货物一同存放,以免串味。

(5) 易燃性。食糖一般不易燃烧。用麻袋包装的食糖,由于麻绒是易燃物,一遇明火或火星,就会立即引起燃烧,而且蔓延快,不易扑灭,往往酿成重大火灾。另外,在闷热潮湿条件下,蔗糖经过化学分解,发酵后生成还原糖,倘若温度、湿度不变,继续发酵,便会产生酒精蒸气。酒精蒸气在空气不流通的情况下,大都悬浮在糖包表面 3~4cm 处,遇火星即可引起燃烧。实际工作中曾多次发生食糖燃烧事故。

此外,食糖的熔点较低(160℃),受热易熔化;块糖有脆弱性,受外力作用易碎裂。

(三) 粮谷的储运特性

(1) 吸湿性。粮谷具有吸湿性,是由于粮谷是多孔性胶体物质,从内到外分布着许多毛细管,联结粮粒内的细胞及组织。另外,成分中的糖类和蛋白质等亲水物质与水有很强的亲和力。粮谷吸湿增加其含水量后,在一定温度、湿度条件下,会增强呼吸强度,利于霉菌、害虫的繁殖,引起发热、发芽、霉变、虫害。粮谷在外界湿度小时,会散发水分。

(2) 呼吸作用。粮谷是处于休眠状态的活的有机体,靠呼吸作用获得能量以维持生命。呼吸强度受粮谷的水分、温度、空气成分、籽粒状态等因素影响,其中水分是最重要的因素。在一定范围内,粮谷水分增大,能促进呼吸加强。干燥谷物呼吸作用极为微弱,当水分超过安全水分时,呼吸强度骤然增强。在温度 0~50℃ 范围内,呼吸强度随温度上升而增强,适宜温度为 20~40℃。空气中氧含量充足则呼吸强度大。适当增加二氧化碳(或氮气)的比例,则可减弱呼吸作用。新粮、瘪粒、破碎粒、虫蚀粒及生过芽、受过冻伤、表面粗糙、带菌量高的籽粒呼吸作用较强。粮谷呼吸作用愈强,营养物质的消耗愈多,会使质量降低、粮温增高,不利于保持粮谷的种用和食用品质。

(3) 吸附性。粮谷有呼吸与解吸各种气体的性能,能感染异味和有害气体。当粮谷吸附了异味时,气体散失很慢,甚至不能散失。如受香料、煤油、咸鱼和某些农药、熏舱药物等异味感染后,都不易散失,会影响食用或不能食用。

(4) 易霉变。粮谷是微生物良好的营养基质,粮谷本身及杂质、害虫都带有大量的微生物,微生物大量活动的结果,导致粮谷出现变色、变味、发热、生霉以及霉烂等霉变现象。微生物一般以粮谷超过安全水分,温度为 25~35℃ 时生长最快,低温、干燥环境对微生物有抑制作用。

(5) 易受虫害作用。粮谷很容易感染害虫。害虫不仅蛀食粮谷,引起重量损失和品质降低,而且害虫在取食、呼吸、排泄和变态等生命活动中,散发热量和水分,促使结露、生芽、霉变,所产生的分泌物、粪便、尸体、皮屑等还会污染粮谷。粮谷的主要害虫是米象、谷象等,还常遭鼠咬鸟食。

（6）发热性。粮谷在储运中,粮堆温度不正常上升的现象,称为粮谷的发热。粮谷发热的主要原因是粮谷内生物体（包括粮谷、微生物、害虫）进行呼吸作用产生热量积聚的结果。如果粮堆内热量产生比散失快时,粮温就会增高。同时,粮温的增高又为生物体旺盛呼吸创造了条件。这样就会产生粮堆自身促进发热的现象。粮谷发热主要分为两类：一是干燥粮谷发热,由粮谷及昆虫引起。粮谷因本身呼吸引起的发热一般在30℃左右,发热明显的是由混入粮谷的昆虫所引起的,粮温一般可升至42℃左右。二是潮湿粮谷发热,由微生物促成。粮温可达50～55℃,最高可达65℃,粮谷的发热常以这类为多。

（7）陈化性。粮谷随着储存期的延长,由于酶的活性减弱,呼吸降低,原生质胶体结构松弛,物理化学性状改变,种用和食用品质变劣,这种由新到陈、由旺盛到衰老的现象,称为粮谷的陈化。粮谷陈化,既是粮谷本身生理变化,又是其本身生化变化的自然现象。粮谷陈化的深度和保管时间成正比。高温高湿、杂质多、虫、霉滋生,易加速粮谷陈化。

（8）散落性和下沉性。粮谷是一种散粒体,相互间的内聚力很小,由高处下落时很容易向四面流散,这种特性称为散落性。粮谷散落性的大小与谷粒的大小、形状、表面的状态、含水率、杂质以及外力等因素有关。粮谷散落大小通常以静止角表示。静止角是货物由高处自然散落到平面上所形成的锥体斜面与水平面的夹角。装在船舱内的散粮,由于船舶摇摆,其静止角显著减少,约为原静止角的一半。粮谷的散落性有利于散粮装卸作用,但对船舶的稳性也会产生极为不利的影响,当船舶受外力作用发生颠簸时,舱内的散粮也会随之发生移动,与自由液面的性质相似,使船舶的稳性变差,严重时会产生翻船。

粮谷间因有空隙,受外力作用会产生表面下沉,这种特性称为下沉性。粮谷的下沉性与孔隙度直接有关。谷物的下沉性不但影响舱内谷物的实际重心位置,而且使已经装满的舱室出现空档,使谷物出现自由流动的表面,在散落性的作用下,直接影响船舶稳性和航行安全。

（四）食盐的储运特性

（1）易潮解溶化。纯净的氯化钠不大吸湿,由于原盐中含有氯化镁和氯化钙等吸湿性极强的成分,所以盐易吸湿。含有氯化镁和氯化钙的干燥盐在空气的相对湿度超过6%时就能迅速地开始变湿。在正常情况下,盐的含水量约为3%。盐在潮湿空气中,根据其化学成分、颗粒大小、保管时间、保管条件、新盐、陈盐等因素的不同,吸湿程度也不同。有的能吸收达本身重量12%的水分。如吸收的水分过多,会引起盐潮解,甚至溶化为卤水而流失,造成损失。微粒盐、含杂质高的盐和新盐易吸湿。在干燥空气中,特别是在有风时,盐容易造成干缩,盐散湿减重可达4%左右。

(2) 易溶于水。食盐在水中的溶解度一般达 36%，即 100 克的水能溶解 36 克的盐。盐不论在凉水中或在温水中都是同样地易于溶解，小粒和盐质较松散的粒盐比盐质坚硬的粒盐溶解得快。原盐遇海水更容易溶化。

(3) 结块性。潮湿的盐由于干燥会引起表面卤水再结晶，以致颗粒间相互结块而形成硬块，当较长时间受冷或受压时也会出现结块现象，严重时会变成整块石状的大块或形成致密而结实的硬壳，微粒盐比大粒盐的结块要快。结块性会给装卸作业带来困难。

(4) 易感染异味。盐是易感染各种异味的物质。盐本身无气味，当盐靠近任何一种发异味的货物或装在有特殊气味的船舱里时，就容易感染上异味。

(5) 化学性能较活泼。易与其他物质起反应，盐同金属及其制品接触，对金属及其制品能起腐蚀作用。接触酸、碱、其他盐类等会发生化学反应，并且对人的皮肤、纺织品、鲜果菜等也有不良影响。

此外，盐的比重较大，是水的 2 倍，并有传热特点。

(五) 鲜活易腐食品的储运特性

1. 呼吸作用

呼吸作用是指生物体中的能源物质（主要是糖类），在氧化还原酶作用下，逐步降解为简单物质和放出能量的过程。呼吸作用是生物有机体最普遍的生理现象，也是鲜活食品最基本的生理活动。

呼吸作用有两种类型：一种有氧呼吸，是指鲜活食品在储运中，为了维持生命需要，在体内氧化还原酶作用下，其体内葡萄糖和其他简单有机物与吸入的氧发生氧化反应；另一种缺氧呼吸，是指在无氧或缺氧情况下的呼吸。

从上述两种呼吸类型可看出，它们的呼吸机制是一样的，最终都消耗了有机体内的营养成分并产生热量。有氧呼吸产生的热量，部分提供鲜活食品生理活动所需要的能量，部分释放到外界环境中，可使储存环境的温度升高，加速鲜活食品的腐烂变质，同时还会促使霉腐微生物生长繁衍，这对维护储运的鲜活食品，如粮食、水果、蔬菜等的质量是十分不利的。缺氧呼吸实质上是酒精发酵，最终产生的酒精和中间产物乙醛等，会破坏鲜活食品的组织，使其腐烂，如积累过多，还会引起鲜活食品中毒，其后果比有氧呼吸更为严重。但正常的有氧呼吸，不仅可使鲜活食品获得必要的能量，维持生命活动，而且也是一种自卫手段，有利于抵抗微生物的侵害，防止生理病害的发生。呼吸过于旺盛，也会很快消耗食品的营养成分。因此，储存鲜活食品时，要防止缺氧呼吸，保持最低程度的有氧呼吸。

鲜活食品的呼吸强度与其种类、品种、成熟度、不同器官和组织以及不同的发育时期等生物学特性有关，如蔬菜的呼吸强度以叶菜最高，果菜次之，块根菜和块茎菜最低。果实呼吸强度以浆果最大，仁果次之，核果再次之，柑橘类较小。影响鲜活食品呼吸强度的外界因素,主要有温度和空气中的气体。一般而言,环境温度升高时呼吸强度也随之加强,当环境温度低于0℃时,因酶的活性受到抑制,呼吸强度急剧下降。鲜活食品进行呼吸作用的最适宜的温度为25~35℃,因此,降低环境温度是储存鲜活食品的重要措施。空气中的氧含量降低和二氧化碳含量升高,也会明显抑制呼吸作用。目前采用的气调储存法,就是利用改变空气成分,达到抑制鲜活食品呼吸强度的一种较适宜的储存方法。

2. 后熟作用

后熟是植物性鲜活食品采收以后其成熟过程的继续。主要发生在果品、瓜类及果菜类商品的储运。因上述这些食品成熟后再采摘,储运时容易腐败变质,所以必须在成熟前采摘。它们脱离母体后,物质的积累被迫停止,但食品中的有机成分的合成——水解平衡更趋向于水解作用方向,呼吸作用更趋于缺氧呼吸类型,使商品质量和生理特性发生一系列性变化,而后逐渐达到使用成熟度。后熟对这类食品在色泽、香气、口味及品感等方面有明显提高,食用质量也得以改进。例如,香蕉、柿子、西瓜和甜瓜等,只有达到后熟时,才具有良好的食用价值。

促进食品后熟的因素主要是高温、氧气和某些刺激性气体的成分,如乙烯、酒精等。如苹果组织中产生的乙烯,虽然数量极微,却能大大加快苹果的后熟和衰老的进程,所以苹果在储运中,为延长或推迟后熟和衰老过程,除采用适宜的低温和适量的通风条件外,还可采取放置活性炭、焦炭分子等吸收剂排除苹果库房中的乙烯成分。有时为了及早上市,对某些水果如番茄、香蕉、柿子、猕猴桃等,可利用人工催熟的方法加速其后熟过程,以适应市场消费需要。

3. 微生物的生长繁殖作用

动植物性食品由于本身含有较多的水分及蛋白质、糖类、脂肪等丰富的营养物质,这些营养物质也是微生物生长繁殖的必需物质。在外界适合的温度、湿度条件下,微生物就会在食品上进行生长繁殖活动,使食品中蛋白质、糖类、脂肪等物质发生分解,同时,还释放出吲哚、粪臭素、酚类和尸碱等物质,使食品产生恶臭的气味。有些微生物还会产生色素,使食品上出现红色、蓝色、棕黄色以及棕黑色等色斑,致使食品完全丧失食用价值。

(六)食品易受虫蛀、鼠咬

仓库害虫和鼠类对于食品商品的储存具有很大危害性,它不仅是某些商品损耗的直接原因,而且还可能污染商品,甚至传播病菌。

仓虫大部分属于昆虫,也包括螨类微小动物。由于仓虫种类很多,食性杂,传播途径广,所以在一般仓库中都可能有仓虫存在。对商品危害较大的仓虫主要有甲虫类、蛾类、蟑螂类和螨类。仓虫与其他动物不同，一般都具有较强的适应性，在恶劣环境下仍能生存，并且食性杂，繁殖性强，繁殖期长，对温度、光线、化学药剂等外界环境的刺激有一定的趋向性，正是由于仓虫的这些习性，对商品储存造成了极大危害。

鼠类属于啮齿动物，在库房中常见的是小家鼠、黄胸鼠和褐家鼠三种。鼠类繁殖强，一年可生5~6次，每次产8~9只，一般寿命1~3年。鼠类食性杂且具有咬啮特性，记忆力强，视觉、嗅觉和听觉都很灵敏，一般在夜间活动。

二、食品储运方法

（一）食糖的保管养护方法

1. 食糖的运输包装要求

食糖的运输包装可以采用的容器有：麻袋、布袋、蒲包、席包、草包、缸、竹篓以及木箱、纸箱等。有些从国外进口的原糖也有散装的。

2. 食糖的运输

（1）船舱要求：清洁、干燥、无异味。因为食糖本身具有吸湿性、吸味性等特性，所以要求存放环境干燥以免受潮溶化甚至发生淌浆的情况，或发生串味的情况。

（2）不能积载在机舱、厨房附近的热源部位或潮湿地方。机舱、厨房等场所由于机器及工作原因一般环境温度较高、相对潮湿，所以为了避免食糖受潮应尽量远离该处。

（3）食糖不能与扬尘货、散湿货、散味货、流质货和有害有毒货同舱装运，以免食糖受到污染和不利影响。特别是粗糖不能与吸味货、吸湿货、清洁货同舱装运。如果粗糖、精糖同舱存放时，精糖应放在粗糖上面。

（4）装卸时严防各种火源，注意食品卫生。

（5）保管食糖的仓库应清洁干燥。

（6）食糖起火，最好采用封舱（库）以二氧化碳灭火的方法，非不得已不宜用水灭救。因为在闷热潮湿条件下，蔗糖经过化学分解，持续发酵后会产生酒精蒸气。

3. 食糖的保管

仓库周围无污水与洼泥塘。仓库空气相对湿度保持在70%以下，温度不超过38℃。绵白糖、赤砂糖、白砂糖分开堆放，其他能影响食糖的物品不能同仓库堆放。糖包放在距离墙壁、暖气管或水泥柱1米以外，离地面0.1米以上的木制垫板或地板上。用50公斤、100公斤装麻袋内衬以食品塑料袋或50公斤装布袋；塑料编织袋内衬以食品塑料包装时，堆码高度不得超过25包。

糖堆上需要用干净的帆布或塑料薄膜盖好。入库应尽量避免骤冷骤热。根据先入库先出库原则，依次调拨运出。

（二）黄酒的储存方法

一般来说，酒的乙醇含量越高，越耐贮，因为乙醇具有杀菌作用。在低度酒中，黄酒是要求久贮熟化后才能上市的酒品，越陈，风味越好。这就要求创造适宜的贮存环境，来保证黄酒的质量。黄酒适宜的贮存温度一般在20℃以下，相对湿度在60%～70%。传统的方法是将黄酒密封在陶制酒坛内置于地下窖藏。这样既创造了一个适宜的温度环境，又阻隔了强光照射和杂菌侵袭，很利于黄酒品性的形成。

（三）茶叶的运输和保管

（1）茶叶应在舱内积载，货舱应清洁、干燥、无异味。

（2）舱壁四周护货板要齐全，并衬垫洁净的麻袋片，以防汗水浸湿。

（3）茶叶不宜积载在机炉舱、厨房等热源附近的舱内，以防温度过高引起茶叶质量下降。

（4）茶叶积载须远离有气味的或潮湿的货物以及一切有碍食用卫生的货物。

如椰干、糖、姜黄、桂皮、各种油（尤其是香料油）、化肥、皮张等货物，不能与茶叶在同一货舱积载。异味货、散湿货还不能在与茶叶舱有通风筒相连的货舱积载。茶叶串味是常见的货损事故，应引起注意。

（5）茶叶属轻泡货，不可重压。

（6）茶叶不宜露天堆存，库内茶叶的堆码应按票分别码垛，切忌混堆。

（四）易腐货物保藏方法

1．冷藏货物的保藏条件

采用冷藏方法保藏易腐货物时，温度是主要条件，但绝不等于只要控制好温度就行了。除温度外，保管环境湿度的高低，通风情况和卫生条件的好坏，也都直接影响食品的质量。应在了解其内部规律的基础上，妥善处理好其间的相互关系，才能保证易腐货物的质量。

（1）温度

温度对微生物的生长繁殖影响极大，微生物生长繁殖的最适宜温度为25～35℃，当温度在0～5℃时，微生物的生长繁殖基本停止（即处于休眠状态），当温度降至-18℃以下时，微生物的生长繁殖活动就会完全停止，有部分菌类还会被杀死。温度是影响酶作用的最重要因素之一，温度越低，酶的活性也越低，当温度在0℃时，酶的活性基本停止。生鲜食品的生物化学变化速度也降低，因此，低温可延缓香蕉、柿子、西瓜、番茄等果品成熟，低温使肉类、鱼类不易发生自溶等变质变化。温度对呼吸氧化作用的影响也极为显著。

在常温下外界温度升高，菜、果等植物性食品的呼吸氧化作用就会增加，相反，温度降低，呼吸氧化作用就会减弱。此外，低温还可减少菜、果的病虫害。所以，温度是保藏易腐货物的主要条件。用冷藏方法来保藏易腐货物是目前广泛使用的有效方法。它比其他传统的保藏方法，如腌制、干存、熏制、加防腐剂等，具有更多的优点，如能保持食品的原有色、香、味、营养物质不变，价廉，可批量运输保管等。不同的货物对冷藏温度的要求是不同的，并不都是冷藏温度越低越好。

冷藏货物按其运输的温度要求可分为冷却货物和冷冻货物两种。所谓冷却货物，是把食品的温度降到尚不致使细胞膜内的水分结冰的程度，即不充分的冷冻状态。通常是在 0～5℃，如鲜蛋、水果、蔬菜等常用冷却运输。所谓冷冻货物，是把食品温度降到 0℃ 以下。在一般情况下，冷冻温度大多在 -20℃左右，使食品中的液态水绝大部分变成冰晶，使食品温度降至很低，用以抑制微生物的活动，杀死某些寄生虫及卵，使食品中的生物化学变化处于完全停止状态，从而能使食品质量在较长时间内不致发生变化。如猪牛肉、鸡鸭、鱼等均采用冷冻运输。

（2）湿度

外界空气的湿度高低也直接影响易腐货物的运输、保管质量。空气的湿度改变会引起货物含水量、化学成分、外形及体态结构发生变化，易腐货物在外界湿度的影响下变化十分明显。如湿度下降，会使食品的含水量降低和减重，水果、蔬菜等会发生萎蔫现象；如湿度过高，则促使微生物迅速生长繁殖和增强食品的呼吸氧化作用，加速食品的腐败变质。因此，外界空气的湿度过低或过高均不利于易腐货物的保藏。

（3）通风

应根据货物所要求的温度、湿度、需氧量等条件，结合舱（库）内外温度、湿度、空气成分的对比，有计划地进行。水果、蔬菜、鲜蛋等货物，在贮运过程中会不断地消耗氧气，散发出水分、二氧化碳等气体，如不及时通风，时间过长会造成缺氧，产生窒息性气体而加速腐烂变质。普通船舱通风时应注意掌握适当的时机，高温季节在夜间方能起到通风降温作用，寒冷季节可利用阳光充足、温度较高时进行通风升温。通风时间过短不起作用，过长又会对舱内的温度、湿度、货物质量产生不利的影响。

（4）环境卫生

易腐货物大多数是食品，在装运保管过程中，保持环境的清洁卫生十分重要。如果环境卫生条件差，即使其他保藏条件都很好，食品也易腐败变质。食品受到尘土杂质、有害、有毒等物质污染也直接影响外观和质量，甚至完全失去食用价值。因此，易腐货物在整个运输环节中必须十分注意清洁卫生。

2. 冷藏货物的运输与保管

（1）冷藏货物的承运要求

承运易腐货物时应对其质量、包装、温度、卫生等方面进行认真检查。接受质量不合格的易腐货物运输会引起腐烂变质；包装不适宜或容器破损的货物就不能正确装舱或因破坏舱内空气的正常循环引起货物腐败；容器不清洁就会使各种微生物生长而使货物腐败；货物的温度不合乎标准，如冻货温度偏高会引起融化，有些货物温度太低又会冻坏等。由此造成很大的损失。

承运易腐货物，还应检查所承运的易腐货物的容许运送期限是否小于运到期限，小于时不能承运。容许运送期限是根据货物种类、热状态、成熟度所规定的时间，在此期间内，货物能保持原来的质量，而运到期限则是从接受承运货物到交货的整个时间。如容许运送期限小于运到期限，货物在途中就不能保证质量。

①肉类

肉类长距离运输均采用完全冻结状态，温度为 -18 ~ -20℃。在这样温度下，微生物的生长基本停止，肉类表面水分蒸发较小，其营养价值和滋味等基本保持不变。如保管期在一二个月内，温度可保持在 -12℃ 左右，这样能节省冷藏费用。冻肉在出冷库装运时，温度应低于上述承运的温度。

在运输保管中必须保持舱内温度的稳定，温度忽高忽低波动，不但能使微生物从休眠状态中复苏，还会引起肉类内部重新结晶，导致肉类失去原有的鲜味、营养价值和变质。承运的冻肉应是肉体坚硬，用硬物敲击时能发出清脆的响声，色泽鲜艳，割开部位应呈玫瑰色，用手指或温热物体接触时由玫瑰色转为红色。牛肉则呈暗红色，油脂应呈白色或淡黄色。

冻肉的装载要求是头尾交错、腹背相连、长短对弯、码平码紧。这种堆码法可防冷气损失，提高装载量。装舱时底层应将肉皮向下，然后一层层往上装，最上一层应使肉皮朝上，以免舱顶上的凝结水落在肉上积留。不同长度、不同厚度的肉片应分开堆码。码完后可在上面加盖一层单席，起隔热和防汗水作用。

②鱼类

承运的鱼体应坚硬，鱼鳞要明亮或稍微暗淡，眼睛凸出或稍微凹陷，鳃应鲜红。因鱼含水分多，鱼死以后在常温条件下细菌很快侵入肌体引起腐败变质。冷却在冰中的鱼不能长时间贮运，长距离运输必须冻结，一般 -12 ~ -18℃ 为宜。

冻鱼按一定大小规格和重量冻成盘状在舱内紧密堆装。

③水果、蔬菜

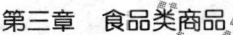

承运的水果、蔬菜应新鲜，凡是干瘪、腐烂、压坏、过熟、泥污、有虫害等的果菜均不能承运。果菜的运输包装应适合其本身的特点，常用的有：果箱、板条箱、条筐、竹篓、竹箩、麻袋和草网袋等，其中果箱的防护力最强，其他容器防护力较差，易使果菜受到损伤。因此，应特别注意衬垫、堆装方法。果菜因有呼吸作用，包装应有隙缝或通气孔，以利通风散热和换气。果菜为冷却货物，贮运的温度、湿度和通风，对其货运重量有很大的影响。果菜冷却的温度应当是既能维持果菜的正常生理活动，而又不致遭受冷害或冻害的温度。冷害是果菜在接近冰冻点以上的低温条件下出现的一种生理病害，其症状是，产品表面发出凹陷的斑块，局部表皮组织坏死，变色且为水浸状；果肉或果心褐变，绿熟的果实丧失后熟能力等。冻害是环境温度降到果菜冰冻点以下时因水分冻结而造成的一种伤害，冻结的果菜不仅食用质量降低，外形和颜色也会发生变化，而且生理活动被破坏并失去贮藏性能。短途运输或在秋冬季长途运输时果菜常装在通风条件良好的普通货舱内或甲板上。装运时应注意防晒、防冻、防热、防汗湿等。在舱内堆装果菜应有利于通风。果菜不能与怕湿、怕尘、吸味的货物、毒品、腐蚀品、散热货、酒类等同舱装运。堆码果菜要轻拿轻放，防止遭受摔、挤、碰、压等机械损伤。堆码不宜过高，以免压损。

④蛋类

承运鲜蛋应新鲜、清洁、完好、无腐臭味和无沾污现象。鲜蛋的运输包装主要有木箱、纸箱和竹筐。包装不宜太大，应有通风孔，以防发热腐坏。运输包装应坚固，以防在运送途中发生歪斜、压扁而致破损。包装内应加衬质软有弹性的材料，充填物必须清洁、干燥、无异味。

长距离运输鲜蛋必须低温冷藏，温度为 $-2 \sim 2℃$ 为宜，最低不得低于 $-3.5℃$。温度过低会使鲜蛋内容物冻结膨胀，导致蛋壳破裂，温度过高则鲜蛋易腐败变质。故应严格控制温度，避免大幅度的波动。相对湿度以80%～90%为宜。鲜蛋装舱应留有空隙，以利通风换气。箱装鲜蛋必须沿船首尾方向平放，不能立放或横放。堆装要稳固，防止倒塌。鲜蛋壳上有微孔，极易吸收气味和被微生物侵入而腐败，装舱前必须做好清洁和除味工作，绝不可与水果等有异味的货物同舱装运，应注意从装有异味货物的舱内循环过来的冷气也能使鲜蛋变质。鲜蛋在装卸时稍有轻微的震动都能造成损伤，应特别注意轻拿轻放，在卸下的地方及吊货板上要敷以草席以利于缓冲防震。

短途运输或在秋、冬和春季气候凉爽时，可采用普通船舱或在甲板上运输，应选择防晒、防雨、防震、阴凉、通风易卸的舱位装载，上不压货，以确保质量完好。

（2）冷藏货物的运输、装卸和保管

承运冷藏货物,发货人或受托部门应向船方提出有关冷藏温度、湿度、装载方法及其他运输条件等方面的书面要求,对需检疫的动植物货物还要提供检疫证明。船方在确认本船具备相应的冷藏能力,并有船舶检验部门发给的有效期内的冷藏设备入级合格证书和商品检验部门发给的验船证书后,方可承运。

利用一般货船运输易腐货物时,也要求与发货人商定运到期限和其他运输条件后,方可承运。一经接受承运,应调配适载的船舶,并按优先配船、优先挂拖、优先过闸的原则组织运输,力争做到随到随靠、随卸随提,以确保运到期限,适应易腐货物要求快运的特点。对批量较大的运输,货主可派员随船押运,协同船方做好运输途中的货物质量安全的护理工作。

① 装舱准备工作

装载冷藏货前必须进行检查、清扫和必要的修复工作。货舱要求清洁、无异味,舱内污染严重时,必须用清水冲洗,并进行换气通风,使其干燥,必要时还需进行脱臭消毒。脱臭可用臭氧、粗茶熏蒸、洒醋酸水以及用其他脱臭剂除味。在装载冷藏货前必须对制冷机进行试车、检验,对冷藏舱、衬垫物料及隔票物等进行预冷。预冷达到的温度根据发货人的书面要求而确定,一般与保藏温度相同或稍低于保藏温度。如冷冻货为 $-18℃$ 以下,冷却货为 $0℃$ 左右。预冷时对冷藏舱的排水孔及空气孔进行认真检查,清除垃圾,以防堵塞。

② 装舱

装舱时间:冷藏货物应尽量在气温较低的早晚或夜间进行装舱,避免在炎热的中午或雨天进行。夜间作业对货物质量的鉴别会带来困难,应特别注意。装货前应及时与货主、船方取得联系,互相配合尽快完成装船作业。

验收货物:冷藏货损往往是由于冷藏货在装舱时新鲜度已降低,包装不符合要求而造成的。因此,在装货时谨慎检查货物质量是极为重要的。商检部门提供的质量证书是货物质量的主要凭证。如发现不符合质量要求或包装有缺陷的货物,应由发货人进行调换、修理,否则,应加以批注,甚至予以扣装。为了保证装舱货物质量,应要求发货人在码头附近设置冷库或用冷藏车装运。除船上监装外,常会同商检部门一起监装,事后应取得监装证书。

冷藏货不符合质量要求的鉴别方法:

肉类:冷冻肉的肉体柔软、无弹力,色彩为不洁的苍白并有恶臭;冷却肉有黄、黑色霉斑(兽体的颈部或咽喉部尤易发现这种现象);包装布上有血液渗出或污损,货件破碎。

水果:果实柔软、萎缩、皮色不良,切开果心变色。

鸡鸭蛋:用透视法检查,不透光或散黄、有黑斑、热伤、贴壳等。

鱼类:鱼体柔软、变色、尾鳍折断,包装有血液渗出,穿孔有臭味。

箱装冷冻货:用木格箱、纸箱包装的冷冻货,如包装破损、发霉或有水渍。

③积载货物

冷藏舱预冷要充分，使冷气能浸透舱内所有设备和衬垫物料，并使舱内各部分的温度均匀一致。冷藏货与舱壁间需留出适当的供冷风流通用的孔道，货物堆码应整齐、稳固，货件间应以木条衬隔，衬垫木板或方木的方向要与气流一致，以确保冷气畅通。冷藏货物与蒸发器、进排气孔应保持适当距离，以免堵死冷气通路或致使部分货物发生过冷而干缩。积载冷藏货由于需要留出通风孔道，所以亏舱率较大，制订配积载计划时应予以注意，比一般货物约大10%～20%。同舱装载不同的冷藏货物时，应注意鱼腥类与肉类分舱积载。运往信仰伊斯兰教国家的牛羊肉不许与猪肉混装。蛋类不与肉类、鱼类、果菜类同舱，以免串味。冷藏温度要求不同的果菜品种亦不能同舱。装货过程中，应停止往舱内打冷气，避免结霜。理货在绘制实载船图时，冷藏舱应画实线或双实线，以区别于其他杂货和有利于正确收费。

④保管和卸货时应注意的事项

运输途中应严格保持所要求的冷藏温度，防止温度波动。当装运水果、蔬菜、鸡蛋之类能进行呼吸的食品时，要求按需要有计划地进行通风换气，并定时观测和记录冷藏舱内的温度、相对湿度以及二氧化碳含量，以便采取适当的措施，保证货运质量。

卸货时也应进行快卸作业。开舱时间选择在低温时间进行。肉类、水果等必须经检疫检查，要做好货物包装、质量验收工作。

（五）生鲜食品防霉腐方法：气调防霉腐

气调防霉腐是根据好氧性微生物需氧代谢的特性，通过调节密封环境（如气调库、商品包装等）中气体的组成成分，降低氧气浓度，来抑制霉腐微生物的生理活动、酶的活性和鲜活食品的呼吸强度，达到防霉腐和保鲜目的的一种方法。

气调防霉腐有两种方法：一种是靠鲜活食品本身的呼吸作用释放出的二氧化碳来降低塑料薄膜罩内的氧气含量，从而起到气调作用，叫自发气调。另一种是将塑料薄膜罩内的空气抽至一定的真空度（$8.0 \times 10^3 Pa \sim 2.1 \times 10^4 Pa$），然后再充入氮气或二氧化碳气的气调方法，叫机械气调。据研究，塑料薄膜罩内的二氧化碳含量达到50%时，对霉腐微生物就有强烈的抑制和杀灭作用。气调还需要有适当的低温条件的配合，才能较长时间地保持鲜活食品的新鲜度。气调防霉腐可用于水果、蔬菜的保鲜。近年来也开始用于粮食、油料、肉及肉制品、鱼类、鲜蛋和茶叶等多种食品的保鲜。

（六）干制品防霉腐方法：干燥防霉腐

干燥防霉腐是通过各种措施降低商品的含水量，使其水分含量在安全储运水分之下，抑制霉腐微生物的生命活动。这种方法可较长时间地保持商品质量，且商品成分的化学变化也较小。干燥防霉腐有自然干燥法和人工干燥法两种。自然干燥法是利用自然界的能量，如日晒、风吹、阴晾等方法使商品干燥。该法经济方便，广泛应用于原粮、干果、干菜、水产海味干制品和某些粉类制品。人工干燥法是在人工控制环境条件下对商品进行脱水干燥的方法。比较常用的方法有：热风干燥、喷雾干燥、真空干燥、冷冻干燥及远红外和微波干燥等。该法因要用一定的设备、技术，故费用较高，耗能也较大，在应用上受到一定的限制。

本章小结

食品是指供人食用，具有人体所需的营养成分或能满足人们某种嗜好的天然产物及其加工制品。食品类商品是个大家族，分类方法很多，最常见的是按原料来源及经营习惯将食品分为十二大类。

食品的营养成分有水、脂肪、糖类、蛋白质、维生素和矿物质六大类。

食品最起码的质量要求是对人体健康有益无害。在生产、加工、储运等环节有多种因素可能对食品造成污染。必须辨别食品污染类型和污染途径，采取各种有效措施确保食品卫生。

无污染的安全、优质、营养的食品统称绿色食品。在我国，有关部门为绿色食品确定了四个必备标准，符合标准的食品可在其包装上使用绿色食品标志。生产绿色食品，消费绿色食品已是一种潮流和趋势。

食糖是重要的生活必需品。食糖按经营习惯分为白砂糖、赤砂糖、绵白糖、土红塘、冰糖和方糖。掌握一些糖类商品知识很有现实意义。

酒类虽不是生活必需品，却是调剂生活的重要消费品。我国是酒类生产和消费大国，林林总总的酒类商品酿制方法、风味、质量标准、储藏和保管方式各不相同。特别值得研究的有：化学成分和白酒的香型；啤酒的酒度；葡萄酒的分类；果酒、露酒的口味；黄酒的独特品质以及各类酒的感官鉴定和主要理化指标。

茶叶和水果是在生活中扮演重要角色的食品品种。茶果类商品消费量高，是生活质量和水平普遍提高的标志，茶果类商品既能满足人的嗜好，又能给人体提供多种矿物元素和维生素。茶类商品的质量评审分干评和湿评，要根据茶叶的外形、香气、滋味、汤色、叶底等项目定等分级。茶叶根据加工方法和质量品质的不同主要有绿茶、红茶、乌龙茶三大类，其他还有紧压茶和花茶等。我国是世界著名的产茶国，五大类茶叶各有若干知名好茶。

我国水果产量大、品种多。大宗果品有苹果、葡萄、梨、柑橘等。水果天然形成的外形及色、香,人见人爱,甜酸适度的口味诱人食欲,丰富的矿物质与维生素有益人体健康。掌握一些果品的分类以及选购知识有利于指导消费。

练习题

一、名词解释

水分活度　必需元素　蒸馏酒　发酵原酒　配制酒　呼吸作用　后熟作用

二、判断题

1. 食品中的自由水与普通水性质相同。(　　)
2. 糖类都能被人体直接吸收。(　　)
3. 营养要素都能供给人体能量。(　　)
4. 存在于动物性食品内的维生素为脂溶性维生素。(　　)
5. 白兰地是果酒,低度酒。(　　)
6. 啤酒的酒度一般在10度左右。(　　)
7. 呼吸作用对水果蔬菜的储存不利。(　　)
8. 在商品储藏期间,只要发生商品质量变化,就会导致商品质量下降。(　　)
9. 干燥防霉腐这种方法可较长时间地保持商品质量,且商品成分的化学变化也较小。(　　)

三、填空题

1. 水分、糖类、脂肪、矿物质、维生素和_____为食品主要营养要素。
2. 维生素分脂溶性和_____两大类。
3. 矿物元素按其在人体组织中所占份额可分为_____元素、微量元素和超微量元素。
4. 按制作工艺酒类可分为蒸馏酒、配制酒和_____三大类。
5. 白酒的主要成分是_____和水。
6. 乌龙茶属于_____发酵茶。
7. _____比值的高低,直接反映水果口味是否酸甜适中。

四、单项选择题

1. 以下能被人体直接吸收的物质是(　　)。
　　A. 淀粉　　　　B. 蛋白质　　　　C. 蔗糖　　　　D. 葡萄糖
2. 绿色食品是指(　　)。
　　A. 来自绿色植物的食品
　　B. 无污染的安全、优质、营养类食品
　　C. 通过残留农药检测的食品

D. 无菌条件下加工出的食品
3. 食糖常见的质变现象是（   ）。
   A. 走油　　　　B. 吸湿潮化　　　C. 酸败　　　　D. 发烊
4. 茅台酒的香型是（   ）。
   A. 浓香型　　　B. 清香型　　　　C. 酱香型　　　D. 米香型
5. 茶叶中含量最丰富的维生素是（   ）。
   A. 维生素C　　 B. 维生素A　　　 C. 维生素B　　 D. 维生素K
6. 黄山毛峰属（   ）。
   A. 炒青茶　　　B. 晒青茶　　　　C. 烘青茶　　　D. 珠茶

五、简答题

1. 食品污染类型主要有哪些？
2. 糖类物质的重要特性有哪些？
3. 在我国，茶叶等级的划分依据那些感官指标？
4. 如何鉴别苹果的品种和质量？

六、实训题

1. 白酒质量的感官鉴定。
2. 深入一个仓库，调查一下在库商品的变质情况，分析其具体原因。

典型案例

中国绿色商品

1. 工业产品类绿色商品——环境标志产品

（1）ISO14020（GB/T24020）系列标准是环境标志的指导性标准

环境标志是一种证明商标，它证明该产品或服务不仅质量合格，而且在生产、使用和处置过程中符合特定的环境保护要求，与同类产品相比，具有低毒少害、节约资源能源等优势。使用环境标志的最终目的是保护环境。

国际标准化组织于1993年6月成立了ISO/TC207环境管理委员会，正式开展ISO14000系列标准制定工作。ISO14000系列标准是一个庞大的标准系统，共预留了100个标准号，ISO14020系列环境标志标准是其中一个组成部分，由TC207的SC_3分技术委员会负责制定。目前已颁布了三项有关环境标志标准，分别是ISO14020（环境管理、环境标志和声明、通用原则）、ISO14021（环境管理、环境标志和声明、自我环境声明）、ISO14024（环境管理、Ⅰ型环境标志、原则与程序）。ISO14025（环境管理、环境标志和声明、Ⅲ型环境声明）正处于标准草案阶段的。我国已分别于2000年、2001年将上述标准等同转化为国家标准，即GB24020、

GB24021、GB24024。

（2）三种类型环境标志产品认证或验证要点简介

①Ⅰ型环境标志产品的认证

Ⅰ型环境标志产品认证的指导性标准是ISO14024（GB/T24024）技术标准，其操作要点是：首先要根据ISO14024（GB/T24024）指导性技术标准制定出针对某类产品的具体的配套技术标准（一般要有1/3的企业能达到），然后依据配套技术标准对相关产品进行第三方认证。

②Ⅱ型环境标志产品的验证

Ⅱ型环境标志产品验证的指导性标准是ISO14021（GB/T24021）技术标准，Ⅱ型环境标志不经第三方认证，其操作要点是：由制造商、进口商、零售商或任何能受益的人就12类情况进行自我声明，仅由第三方验证。这12类情况是：可堆肥；可降解；可拆解设计；延长寿命产品；使用回收能量；可再循环；再循环含量；节能；节约资源；节水；可重复使用和充装；减少废物量。

③Ⅲ型环境标志产品的验证

Ⅲ型环境标志指导性标准是ISO14025技术标准，是一个量化的产品生命周期信息简介，不经第三方认证，其操作要点是：它由供应商根据ISO14040系列而进行的产品生命周期评估；经由有资格的独立的第三方进行严格评审；然后发表经第三方进行评审的生命周期公告。Ⅲ型环境标志常用于没有Ⅰ型环境标志技术标准的产品或本企业产品技术标准高于Ⅰ型环境标志技术标准的产品。

2. 农业产品类绿色商品——无公害农产品、绿色食品和有机食品

规范化的环保食品有三类，即：无公害农产品、绿色食品和有机食品。

（1）无公害农产品

无公害农产品是指产地环境、生产过程、产品质量符合国家有关标准和规范的要求，经认证合格获得认证证书并允许使用无公害农产品标志的未经加工或初加工的食用农产品。无公害农产品不是指不使用农药，而是合理使用化肥和农药，在保证产量的同时，确保产地环境安全，产品安全。所以不使用任何农药生产出的农产品也不一定是无公害农产品。

无公害农产品标志是由农业部和国家认监委联合制定并发布的，是加施于获得全国统一无公害农产品认证的产品或产品包装上的证明性标志。无公害农产品标志图案主要由麦穗、对勾和无公害农产品字样组成，麦穗代表农产品，对勾表示合格，金色寓意成熟和丰收，绿色象征环保和安全。

无公害农产品认证的办理机构为农业部农产品质量安全中心,是农业部直属的正局级全额拨款事业单位,负责组织实施无公害农产品认证工作。目前我国无公害农产品认证依据的标准是中华人民共和国农业部颁发的农业行业标准。

（2）绿色食品

绿色食品是指遵循可持续发展原则,按照特定生产方式生产,经专门机构认定,许可使用绿色食品标志商标的无污染的安全、优质、营养类食品。绿色食品标志图形由三部分构成,即上方的太阳、下方的叶片和蓓蕾。标志图形为正圆形,意为保护、安全。整个图形表达明媚阳光下的和谐生机,提醒人们保护环境创造自然界新的和谐。

无污染、安全、优质、营养是绿色食品的特征。绿色食品必须具备以下四个条件：

①绿色食品必须出自优良生态环境,即产地经监测,其土壤、大气、水质符合《绿色食品产地环境技术条件》要求；

②绿色食品的生产过程必须严格执行绿色食品生产技术标准,即生产过程中的投入品（农药、肥料、兽药、饲料、食品添加剂等）符合绿色食品相关生产资料使用准则规定,生产操作符合绿色食品生产技术规程要求；

③绿色食品产品必须经绿色食品定点监测机构检验,其感官、理化（重金属、农药残留、兽药残留等）和微生物学指标符合绿色食品产品标准；

④绿色食品产品包装必须符合《绿色食品包装通用准则》要求,并按相关规定在包装上使用绿色食品标志。

（3）有机食品

有机食品这一词是从英文 organic food 直译过来的,其他语言中也有叫生态或生物食品等。有机食品指来自有机农业生产体系,根据有机农业生产要求和相应标准生产加工,并且通过合法的、独立的有机食品认证机构认证的农副产品及其加工品。

按照有机农业生产标准,有机食品在其生产和加工过程中绝对禁止使用农药、化肥、激素等人工合成化学物质。有机食品的生产需要建立完整的生产体系,是一类真正源于自然、富营养、高品质的环保型安全食品。有机食品在生产和加工过程中必须严格遵循有机食品生产、采集、加工、包装、储藏、运输标准,禁止使用化学合成的农药、化肥、激素、抗生素、食品添加剂等,禁止使用基因工程技术及该技术的产物及其衍生物。

有机食品生产和加工过程中必须建立严格的质量管理体系、生产过程控制体系和追踪体系，因此一般需要有转换期。

3. 节约资源类绿色商品——节水、节能产品

节能型产品，能够用尽量少的能源来维持或提高现有的生活水平。这一方面节约家庭支出，同时也为改善我们的居住环境、降低大气污染做出贡献，进而提高生活质量。另外，获认证企业的质量保证能力和产品的实物质量，在节能产品认证过程中也都经过了严格的审核和检验，其产品质量有一定的保证。从另一方面来看，节能产品的应用和普及，在一定程度上也反映出一个国家的环保意识和消费观念。

节能产品是指符合该种产品有关的质量、安全等方面的标准要求，在社会使用中与同类产品或完成相同功能的产品相比，它的效率或能耗指标相当于国际先进水平或接近国际水平的国内先进水平。节能产品认证的技术含量很高并受诸多条件的限制，认证产品必须属于国家颁布的可开展节能产品认证的产品目录范围。要开展某类产品的节能认证工作，必须要有认证用的标准或技术要求，要选用具备相应检验能力并符合条件的检验机构，要经国家质量技术监督局审批等。

节能产品依据中国节能产品认证中心确认的产品标准或技术要求组织生产，产品节能性能符合中国节能产品认证中心确认的能效标准或制定的技术要求的规定。节能产品认证是指依据国家相关的节能产品认证标准和技术要求，按照国际上通行的产品质量认证规定与程序，经中国节能产品认证机构确认并通过颁布认证证书和节能标志，证明某一产品符合相应标准和节能要求的活动。节能产品认证按国家颁布的可开展节能产品认证的产品目录范围开展工作。

第四章 衣着类商品

学习目标：通过本章的学习，你应该认识服装面料的种类和性能；了解服装的分类品种及性能特点；掌握服装的选购；能运用所学知识和方法做好服装的保存和保养。

第一节 衣着类商品的组成

衣着类商品泛指用于穿着并覆盖人体各部位的着装总称，广义上包括各类服装、鞋、帽、围巾及手套等。

一、服装面料的组成与性能

服装是由各种服装材料经过剪裁加工而成的，而服装材料通常分为面料和辅料。

1. 纺织纤维

（1）纺织纤维及其分类。纺织纤维是指具有一定长度（几十毫米以上）、强度、细度、可挠曲性并可以制成纺织品的纤维。纺织纤维种类较多，是纺织品的主要原料。其分类体系见表4-1。

表4-1　　　　　　　　　　纺织类纤维分类

类别		品种
天然纤维	植物纤维	
	种子纤维	棉、木棉
	果实纤维	椰子纤维等
	叶子纤维	剑麻、蕉麻、菠萝麻或凤梨麻等
	茎纤维	韧皮纤维（苎麻、亚麻、黄麻、大麻、罗布麻等），茎鞘纤维（棕榈麻等）
	动物纤维	
	毛发	绵羊毛、山羊毛、骆驼毛、兔毛、牦牛毛、驼羊毛等
	腺分泌物	桑蚕丝、柞蚕丝等
	矿物纤维	
	无机物	石棉

续表

类别		品种
化学纤维	人造纤维	人造纤维素纤维	粘胶纤维、铜胺纤维、醋酸纤维等
		人造蛋白质纤维	酪酸纤维、大豆纤维、花生纤维等
		人造无机纤维	玻璃纤维、金属纤维等
	合成纤维	聚烯烃类纤维	丙纶、氯纶、腈纶、维纶等
		聚酰胺类纤维	锦纶6、锦纶66等
		聚酯类纤维	涤纶
		其他类纤维	氨纶等

（2）纺织纤维的组成与性能

棉纤维是一种种子纤维。它的主要成分是纤维素，其重量约占纤维总量的94.5%。其他非纤维素成分是少量的蜡状物质、果胶质、含氮物、色素和灰分。非纤维素成分对纤维的润湿性、染色性、白度、手感影响较大，通常大部分要在染色、印花前去除。棉纤维一般呈白色或淡黄色，为细长、中空、多孔而较扁的管状，具有天然转曲，纤维易抱合，可纺性好。棉纤维吸湿性和保暖性良好，对碱的抵抗力强，有一定的耐热性，但耐燃性、耐酸性和抗霉性较差。

麻纤维，是指苎麻和亚麻纤维，它们都是植物干茎的韧皮纤维，主要成分是纤维素，其他还有半纤维素、果胶质和木质素等。苎麻、亚麻的纤维素含量分别为65%~75%、70%~80%。苎麻纤维横截面呈椭圆形或扁圆形，纵向有节。它强度高，居于天然纤维之首，吸湿和散湿性很好，抗碱、抗霉和防蛀性较好，但不耐酸，且易燃。亚麻纤维横截面呈五角形或六角形，纵向有裂节。它的强度与苎麻接近，刚性大，但比苎麻柔软，吸湿、散湿性仅次于苎麻，其他性能与苎麻相似。

羊毛纤维的主要成分是角朊，此外还有少量的动物胶朊、色素和灰分。羊毛角朊分子由二十余种α-氨基酸的残基连接而成，排列较疏松，因此纤维较柔软。羊毛大多呈白色或乳白色，纤维呈细长柱体，有天然形成的波浪形卷曲，纤维外层有鳞片，截面为圆形或椭圆形。羊毛纤维具有较突出的耐酸性、耐燃性、缩绒性，良好的吸湿性、保暖性和弹性，但不耐碱、易虫蛀。

蚕丝包括桑蚕丝和柞蚕丝。主要成分是丝朊，占70%~80%。另外还有少量的丝胶和其他成分等。丝朊和丝胶的大分子均是由多种α-氨基酸的残基以肽键连接而成，但因构成不同而性能差异较大，故生产中用此差异来脱胶。

桑蚕丝多为白色，光泽独特柔和，柔软且有弹性，吸湿性优于棉而不如羊毛，对人体无刺激性，是高级纺织原料。它的强度和绝缘性良好，但不耐碱，耐日光性也较差，易脆化泛黄。柞蚕丝颜色淡黄，光泽柔和，强度、弹性、吸湿性和耐酸碱性均优于桑蚕丝，耐热性强于其他纤维，但染色性较差。化学纤维的成分与性能见表4-2：

表4-2　　　　　　　　　　化学纤维的成分与性质

纤维种类	化学成分	主要性能
粘胶纤维	纤维素	柔软，吸湿性好，耐碱不耐酸，湿强度和弹性差
锦纶	聚己内酰胺	强度和耐磨性突出，弹性好，但吸湿、耐热性差
涤纶	聚对苯二甲酸乙二酯	抗皱和耐热性突出，强度和耐磨好，易生静电
腈纶	聚丙烯腈	弹性和保暖性好，耐晒性突出，不耐磨，生静电
丙纶	聚丙烯	密度小，强度、弹性好，热稳定性差，生静电
维纶	聚乙烯醇	吸湿性好，化学稳定性好，比重轻
氨纶	聚氨基甲酸酯	拉伸弹性和回弹性突出，强度、耐热优于橡胶丝

（3）纺织纤维的使用性能。

①吸湿性。纺织纤维的吸湿性可用回潮率表示。纤维的回潮率是指纤维试样所含水分重量占干燥试样重量的百分数。各种纤维的实际回潮率随温湿度条件而变。为了比较各种纺织纤维的吸湿能力，往往将它们统一在标准大气压下，经一定时间后，使它们的回潮率达到一个稳定值，即为标准状态下的回潮率。关于标准状态的规定，国际上是一致的，但允许的误差各国略有差异，我国规定温度为$2℃±3℃$，相对湿度为$65\%±3\%$。

②抗拉伸性能。它是指纺织纤维对外界拉伸作用的抵抗能力。通常用绝对强度、相对强度、断裂延伸度来表示。例如，纤维受外力作用拉伸到断裂时所需要的负荷称为断裂强力，又称绝对强度。为了考虑纤维粗细的影响，通常采用相对强度来比较。相对强度是指单位细度的纤维强度。

③热学性能。纺织纤维在热作用下，随着温度逐渐升高，分子的运动方式和物理机械状态也随之发生变化，最后熔融或分解。当长时间受到低于熔点和分解点高温处理时，纤维力学性质会逐渐恶化，其程度随温度高低和时间长短

而变化。在相同条件下,各种纤维耐热情况是不同的,一般来说,棉纤维与粘胶纤维耐热性比亚麻和苎麻好,特别是粘胶纤维,加热到180℃时强度损失很少。羊毛耐热性比较差,加热到110℃时即变黄且强度下降。蚕丝比羊毛好些,短时加热到110℃时纤维强度没有显著变化。合成纤维中的涤纶和腈纶耐热性比较好,不仅熔点或分解点高,而且长时间受到较高温度作用时,强度损失比较少。尤其是涤纶,在150℃左右加热168小时后,颜色不发生变化,强度损失不超过30%。锦纶耐热性比较差,维纶更差,若在沸水中煮沸,织物会变形或部分溶解。此外,不同纤维的燃烧性能、导热系数等也不同。例如,纤维素纤维和腈纶易燃烧且速度快;羊毛、蚕丝、锦纶、维纶等可燃烧且速度慢;氯纶与火焰接触时燃烧,离开火焰时自行熄灭。涤纶和锦纶的导热系数比棉和羊毛大,当其表面与热体接触时,热体的热量会很快地传导到织物的邻近部分。

④静电性能。纺织纤维之所以会产生静电,是因为在纺织品使用过程中,纤维之间或纤维与外界物体发生摩擦或挤压时,纤维上电荷的产生速度大于散失速度,结果形成静电荷积累。纺织纤维的电绝缘性,通常用质量比电阻 p_m 表示。它是指长1厘米、重1克的纤维在长度方向所具有的电阻,单位是欧姆·克·平方厘米。质量比电阻越高,导电性越差,纤维上电荷的散失越困难,静电积累就越多,因而抗静电性差。一般吸湿性差的涤纶、腈纶、氯纶、丙纶等合成纤维,质量比电阻都在 10^{13} 欧姆·克·平方厘米以上,远高于天然纤维,容易形成静电危害。降低质量比电阻的方法,一是在纺织品中混入导电纤维,二是将抗静电剂加入合成纤维内部或固着在纤维表面。

(4) 纺织纤维的鉴别

各种纺织纤维的主要化学成分不同,在燃烧时会产生不同的燃烧现象。通过观察纤维的燃烧特征可以确定纤维的大类。

取少量纤维试样,仔细观察燃烧情况:

①将纤维靠近火焰,观察纤维受热后的变形情况,有无软化、收缩及熔融现象。

②观察纤维接触火焰后燃烧的难易程度。

③观察纤维离开火焰后能否继续燃烧。

④观察纤维燃烧的速度;火焰的大小和颜色;有无声音;是否冒烟及烟的颜色,烟量及气味等。

⑤观察灰烬的颜色、形状及坚硬程度等来判断纤维的种类。

各种重要纺织纤维的燃烧特征如表4-3所示:

表 4-3　　　　　　　　　纺织纤维遇热和燃烧的典型反应

纤维	临近火焰	在火焰中	离开火焰	气味	灰烬特征
棉花	不熔化不缩离火焰	快速燃烧不熔融	继续燃烧	烧纸味	色灰、量少、质松软
麻	不熔化不缩离火焰	快速燃烧不熔融	继续燃烧	烧纸味	色灰、量少、质松软
蚕丝	熔化卷曲缩离火焰	燃烧缓慢稍熔	燃烧很慢，有时自熄	燃羽毛味	色黑、圆珠状、质脆、易成粉末
羊毛	熔化卷曲缩离火焰	燃烧缓慢稍熔	燃烧很慢，有时自熄	燃毛发味	色黑、块状、质脆、易破碎
粘纤	不缩离火焰	燃烧速度很快	余火微微移动	烧木材味	色灰白、量少或无灰
醋纤	熔化并缩离火焰	在熔融中燃烧	继续熔融燃烧	醋酸味	色黑、不规则珠形、质脆
涤纶	熔化并缩离火焰	在熔融中缓慢燃烧	通常自熄	似芳香族化合物	色黑褐、质硬而韧、圆珠状
锦纶	熔化并缩离火焰	在熔融中燃烧	通常自熄	煮扁豆或芹菜味	色浅褐、质硬而韧、圆珠状
腈纶	熔化并缩离火焰	在熔融中快速燃烧	继续熔融燃烧	煤焦油般辛酸气味或鱼腥味	色黑、质硬而脆、不规则珠形
维纶	熔化并缩离火焰	在熔融中燃烧	继续熔融燃烧	电石般刺鼻臭味	棕褐色、质硬而韧、珠状
丙纶	熔化并缩离火焰	在熔融中燃烧	继续熔融燃烧	燃烧蜡烛味	棕褐色、质硬而韧、圆珠状
氯纶	熔化并缩离火焰	在熔融中缓慢燃烧	自熄	氯气的刺激性臭味	色黑、质硬不规则、珠状
氨纶	熔化并缩离火焰	在熔融中燃烧	继续熔融燃烧	特殊臭味	色黑、质硬而脆、块状

2. 织物的形成

（1）纺纱。各种纤维的纺纱工程，虽然具有各自的特点，但其纺纱的基本原理则是一致的。一般都需经过开松、梳理、牵伸、加捻四个基本工序。开松是利用开松机械把压紧成包的大纤维块松解成小块或小束的过程，与此同时也清除较重的杂质如泥沙、棉籽等。梳理是用密集梳针将纤维小块或小束进一步松解成单根纤维状态，使纤维趋于平行制成条子的过程。梳理也起着去除纤维中叶屑、草屑、纤维结等细小杂质的作用。牵伸是将所制成的纤维条，经过抽长拉细，使纤维逐步伸直直至条子达到预定粗细的过程。加捻是利用回转运动使纤维细条绕其自身扭转，使纤维互相抱合成为具有一定强度的纱的过程。

(2) 织造。织造是通过机械作用，把纱线按照一定的织纹组织及规格进行纵横交织或成圈串套形成织物的过程。其中，用相互垂直排列的经纱与纬纱两个系统在织机上交织形成的织物，叫做机织物或梭织物。用一个系统纱线在针织机上成圈串套形成的织物，叫做针织物。纱线按横向成圈串套形成的织物，称为纬编针织物。纱线按纵向成圈串套的织物，称为经编针织物。

3. 机织物和针织物的基本性能

机织物常简称为织物，按所用原料可分为棉织物、毛织物、麻织物、丝织物、化学纤维织物、混纺织物等。针织物同样可分为棉针织物、毛针织物、丝针织物、化学纤维针织物、混纺针织物等。它们的主要性能有：

(1) 拉伸断裂性能。主要包括断裂强度、断裂伸长率等。断裂强度是指拉断一定尺寸织物试样所需要的负荷，以牛顿表示；断裂伸长率是指试样被拉断时的长度与原试样长度差占原试样长度的百分率。

(2) 撕裂性能。撕裂性能用撕裂强度表示，它是指一定尺寸织物试样按规定方法而撕破成一定长度裂缝所需要的最大负荷，以牛顿为表示单位。它主要是针对一些特殊织物需要而设立的测试项目，如军服、篷布、降落伞、帆布等。

(3) 耐磨性能。用耐磨强度表示，是指织物抵抗摩擦坏损的能力。测试时，可以用标准磨料摩擦织物试样直至出现指定特征（如纱线断裂两根或出现破洞）所需的次数表示，也可以用试样承受一定摩擦次数后某些性质变化率（如试验前后强度变化率、重量变化率等）来表示。

(4) 刚柔性。是指织物抵抗弯曲变形的能力。通常用硬挺度和悬垂系数来表示。前者用斜面悬臂法测试织物试样因自重而达到一定程度弯曲变形时所悬空的长度的半值表示，其值越大，该织物越刚挺。后者用悬垂仪测定一定直径的圆形织物试样因其自重和刚柔性影响而下垂的投影面积与试样原面积的百分比值表示，该值越小，其试样越柔软，悬垂性越好。

(5) 透气性和透湿性。织物能被空气透过的特性称为透气性，通常用透气量表示。透气量是指织物试样两面在规定的压力差下，单位时间内，流过试样单位面积的空气体积。织物能被水蒸气透过的特性称为透湿性或透水汽性。透湿性通常用一定温度下，因织物试样两面的单位水蒸气压差（或水蒸气浓度差），在单位时间内透过单位面积试样的水分量来表示。

(6) 抗起球性。织物在使用过程中经摩擦，其表层会呈现许多毛茸，称为"起毛"；若这些毛茸在继续使用中不能及时脱落而相互缠绕在一起，便会形成许多球形小粒，即称为"起球"。抗起球性是指织物对使用中起毛起球的抵抗能力。通常用起球仪模拟上述起毛起球过程，作用于试样，再根据其严重程度与标准样照对比评级，一级最差，五级最好。

（7）尺寸稳定性。通常最重要的是织物的水洗尺寸稳定性，也叫缩水率。织物的经、纬向缩水率并不相同。所谓经（纬）向缩水率是指水洗前后织物试样经（纬）向的长度差与水洗前试样经（纬）向长度的百分比值。导致织品缩水的原因主要有两个：一是因纤维吸湿后引起膨胀变形，使织品中纱线直径变粗，相应地引起纱线在织品中弯曲程度加大，从而使织品面积缩小；二是织品在生产加工时不断受到各种外力的拉伸作用，使经纬纱来不及恢复原状，故使织品中存在着潜在的收缩力，一旦遇水会引起收缩。缩水率与起毛起球、染色牢度一起被称为消费者投诉最多的三大问题。

（8）染色牢度。是指染色织物使用过程中，抵抗各种化学和物理机械作用，并能保持原来色泽的能力。染色牢度主要有耐光色牢度、耐气候色牢度、耐洗色牢度、耐摩擦色牢度、耐汗渍色牢度、耐刷洗色牢度、耐熨烫色牢度等。各种染色牢度是按标准试验方法在露天试验或实验室模拟试验，根据试样试验前后颜色变化的程度和贴衬织物试样的沾色程度评级。耐光色牢度和耐气候色牢度分为八级评定，一级最差，八级最好。其他染色牢度分为五级评定，一级最差，五级最好。

（9）保温性。织物的保温性是指织物能够阻止人体热量通过它向较冷外界传递的性能，或者说是织物能保持被包覆体温度的性能，也称保暖性或隔热性。通常用保温性测试仪测定。衣着材料实质上可看作是一个由纤维材料、空气和水分组成的混合体。不同纤维材料的导热系数相差不大，但却是静止空气导热系数的2~3倍，水的导热系数大约是静止空气的27倍。因此衣着材料的保温性主要取决于其内部所含的静止空气的量。一般材料厚且蓬松，则含气量大，保温性好；起绒、起毛的织物和毛皮含气量大，保温性也好。

二、服装辅料

服装辅料是指除面料以外用于服装上的一切材料，主要包括里料、填料、衬料、垫料、袋料、线、扣、装饰材料等。里料的种类很多，有棉布、真丝等天然纤维里料，尼龙绸、涤纶绸、斜纹绸、塔夫绸、美丽绸等化纤里料，还有涤棉布、羽纱等混纺或交织里料。里料的使用与选择应注意四点：①里料与面料的性能应相配，即两者的缩水率、耐热性、耐洗涤性、强度以及厚薄等应相似；②两者应色调相同，里料颜色不能深于面料，以防沾色；③里料应光滑、耐用、轻柔、色牢度好、抗静电性好；④里料应物美价廉。填料主要有棉絮、羽绒、丝绵、驼绒等种类，一般为增加冬季服装的保暖性，应选择弹性和保温性好，能水洗易干，价廉的材料。衬料有棉衬、麻衬、毛衬、化学衬等，目的是使服装平挺、抗皱,特别是化学衬中的粘合衬应按所用底布选用,其与衣料粘合要坚牢即剥离强度要高,耐洗涤,水洗缩率和压烫热收缩率要小。垫料、袋料及其各种装饰材料都具有各自特有的功能,必须与面料的质地、花色以及设计的款式等相匹配。

第二节 衣着类商品的品质特征

一、服装的分类品种及性能特点

（一）按服装的功能分类

这是最规范的服装分类法。

1. 礼服,是指各种正式礼仪活动所穿的服装

男子礼服。按西方的程式,男子礼服分为第一礼服、正式礼服、日常礼服三级。这其中有些繁文缛节虽随时代的发展有所简化,但其基本规范现今仍为国际社会接受,成为社交着装的国际惯例。第一礼服属最高级别,分为夜晚穿的燕尾服和白天穿的大礼服。随着时代变迁,第一礼服现已基本不再出现,过去必须穿第一礼服的场合现已改穿正式礼服。正式礼服式样为枪驳领或青果领,有缎面覆盖。门襟一粒纽扣,圆下摆,口袋为缎面双开线无袋盖形式,后摆不开叉。裤子与上衣同料。衬衫为白色双翼领礼服衬衫,配黑领结,春、秋、冬季常用黑色或深冷色调,夏季上衣用白色。日常礼服是形式变化较多的一类礼服,黑色为常见颜色,通常采用双排四扣枪驳领式。在礼仪性较明显的场合,如对服装没有做特别要求时,现在一般都着日常礼服。

在着装追求舒适型、个性化的今天,在社交场合久已不见的中式开襟衫,也频频露脸,但绝不是长袍马褂。在我国这一特殊文化背景下中山装也是使用频率较高的礼服。

女子礼服。女子礼服分晚礼服和晨礼服。晚礼服是女子夜间社交场合穿着的礼服,具有豪华、袒露、标新立异的特点,整体风格追求雍容华贵。晨礼服一般是高雅的裙服或套装,配以考究的首饰以及与服装风格一致的鞋、帽、手袋、手套等。晨礼服追求的整体风格是典雅、庄重。中式旗袍在女子礼服中独树一帜,在性质不同的正式场合都可穿着。

2. 生活服装,分为家居服和外出服

家居服,指在家庭环境中穿着的服装。包括家常服装、围裙衣、浴衣、睡衣、晨衣等。追求的风格是舒适、方便、随意、温馨。

外出服,指闲暇户外活动时穿着的各式服装。这类服装在穿着上可以自由表达、自由搭配,是能体现穿着者个人修养和品位的服装。

实际在日常生活中,在各种没有统一着装规定的职业群和工作场所,人们在工作时也穿此类服装。这也是现如今的一种时尚。

3. 工作服,一般包括防护服、标识服和办公服三大类

防护服,防护服即劳动保护服,是一类保证特殊环境下工作的从业人员操作方便和生命安全的服装,如钢铁工人的石棉服、宇航员的宇航服、潜水员的潜水衣等。

标志服装,是有明显标志作用的服装,分职业服和团体服。职业服是指公职人员按有关惯例和国家制度规定穿用的一定形式的服装的总称,亦称制服,如军服、警服等。此类服装的特点是严肃大方,款式统一醒目。

团体服是某些集团内部相对统一具有鲜明特征的服装,广泛用于商业、餐饮业、证券业等行业,以及学校、公司和其他集团。团体服装追求的风格是整体美、秩序美。

办公服,泛指白领阶层上班时穿着的服装。这是一类集大众要求与个人爱好为一体的服装。总体风格追求端庄、简约,又不失时尚与实用。

4. 运动服。运动服包含职业运动装和休闲运动装

职业运动装是指运动员和裁判员在训练时和比赛时穿着的服装,特点是简练、美观,具有防护作用。休闲运动装一般尺码宽大、色彩艳丽,用料选用有一定弹性、易洗免熨、吸湿爽身的材料。

(二) 按年龄及性别分

1. 成人服装,有男装、女装和中老年服装之分。时下男装的大品和有西服、衬衫、T恤衫及休闲装。女装款式、色彩、用料丰富且多变化。中老年服装用料趋向于纯天然与高档,色彩趋于稳重。

2. 儿童服装,分婴儿服、幼童服、中童、大童服等。款式、色彩鲜明活泼,用料以纯天然为主。

3. 青年服装在款式、色彩及用料上均以追求新、奇、异为主流。

(三) 按材料分类

服装按所用材料一般可分为,棉麻服装、丝绸服装、呢绒服装、裘皮服装、皮革服装等。

二、服装号型

我国服装号型分为"号"、"型"和"体型分类代号"三个部分。其中"号"指人体的身高,以厘米(cm)为单位表示,是设计和选购服装长短的依据;"型"指人体的胸围和腰围,以厘米(cm)为单位表示,是设计和选购服装肥瘦的依据;"体型"是以人体的净胸围与净腰围的差数(胸腰落差)为依据来划分的。"体型"分为4类,以字母Y、A、B、C表示,称为"体型

分类代号"。儿童没有划分体型。由下表可见，在体型分类中，"Y"属于宽肩细腰体型，"A"为一般正常体型，"B"属于腹部突出体型，"C"为肥胖体型（其腰围尺寸接近胸围尺寸），如表4-4所示。

表4-4　　　　　　　　　体型分类代号（单位：cm）

体型	Y	A	B	C
男子胸腰落差	22~17	16~12	11~7	6~2
女子胸腰落差	24~19	18~14	13~9	8~4

服装号型的表示方法为："号"与"型"用斜线分开，后接"体型分类代号"。根据男子、女子和儿童的身高及形体差异，将服装号型分成三部分。男子和女子服装号型的表示方法相同，儿童的表示方法略有差别。上下装应分别标明号型。例如：男上装号型为170/88A，其中"170"是"号"，表示"身高"；"88"是"型"，表示"胸围"，"A"是"体型分类代号"，胸腰落差为16~12cm。男下装号型为170/74A，其中"170"是"号"，表示"身高"；"74"是"型"，表示"腰围"，"A"是"体型分类代号"，胸腰落差为16~12cm。男子和女子的号型身高以5厘米分档组成系列；如：160、165、170、175等。胸围以4厘米分档组成系列，如：80、84、88、92等。腰围以2cm分档组成系列，如：64、66、68、70等。儿童的服装号型适用于婴幼儿和儿童，分为3个适用范围：①身高52~80cm的婴儿，身高以7cm分档，胸围以4cm分档，腰围以3cm分档。②身高80~130cm的儿童，身高以10cm分档，胸围以4cm分档，腰围以3cm分档。③身高135~155cm的女童，135~160cm的男童，身高以5cm分档，胸围以4cm分档，腰围以3cm分档。例如：上装150/68；下装：150/60。其中"150"为"号"，"68"、"60"为"型"。儿童没有划分体型。

三、服装的质量检验

这里所说的服装质量检验，是指产品进入市场销售之前，生产企业或订货方根据质量标准或订货合同对服装的质量评价。这样的工作需严格按照服装技术标准在特定的环境条件与设备上按规定的方法与程序完成。从抽样开始，直至评出质量等级。其基本程序及核心内容分述如下。

1. 检验顺序，在很短时间内，要对服装的质量作出准确评价，就必须遵循科学合理的检验顺序。

先上后下；先左后右（或先右后左）；从前到后；从面到里。基本操作要求是不漏检，动作不重复、多余，达到既好又快的工作效果。

2. 检验项目，主要有规格检验、疵点检验、色差检验、缝制质量检验和外观质量检验。

（1）规格检验，用卷尺测量成衣各部位的尺寸，对照质量标准来判定是否符合要求。通常测量的方法和部位如下：

领长。领子摊平横量，立领量上口，其他领量下口。

衣长。由前身左侧肩缝最高点垂直量至底边。

胸围。扣好纽扣或拉好拉链，将衣服前后身摊平，沿袖窿底缝横量。

袖长。从袖最高点量至袖口边中间。

总肩宽。由肩袖缝交叉处横量。

裤（裙）长。从腰上口侧缝摊平垂直量到脚口或下摆边；

腰围。扣上裤扣，以门襟为中心握持两侧，用软尺测量裤腰的中线尺寸；

臀围。从侧缝袋下口处前后身分别横量。

（2）疵点检验，服装成品的疵点可以分为三大类：原料疵点、尺寸偏差及其他。疵点按其对服装质量的影响大小可再分为三大类，即次要疵点、主要疵点和重要疵点。次要疵点可被接受，它们对服装可用性及销售价格等影响不大。主要疵点的存在会影响服装的可用性及售价，必须进行修补或当作次品出售。重要疵点的修补非常困难，甚至不能修补，只能作次品处置。

（3）色差检验，用色卡对成品进行色差对比检验。

（4）缝制质量检验，有缝制密度检验；面料对格、对条检验、拼接范围检验等，以及扣眼、扣位是否对齐；衣里是否平服与面料搭配是否松紧适度；有滚条的，滚条是否顺直和宽窄一致。

（5）外观质量检验，这一检验项目主要完成从整体上对服装的造型要求作出评判。检验与判断时主要从下述相关部位着手进行：领；肩部；止口；袖；标牌；整烫效果；下摆；口袋；套结部位；后背缝；后领；腰头与串带襻；前、后裆；门、里襟与小裆等。

由于服装种类广泛，进行不同类型的服装外观质量鉴别评价时，应按各自具体要求进行。

第三节　衣着类商品的物流要求

一、衣着类商品储运特性

（一）棉花的储运特性

棉花是生长在棉籽上的种毛纤维。经轧花加工使纤维与棉籽分离，所得的棉花称为原棉或皮棉。原棉是纺织工业的重要原料,也是人们日常生活中作絮棉和制脱脂棉的原料。

1. 吸湿性。棉纤维在纤维素中,含有大量亲水性基团,且棉纤维具有中腔,在纤维素层中有许多孔隙,因此,具有较大的吸湿能力。棉纤维吸湿能力随着外界环境的相对湿度增大而加强。在正常状态下,棉纤维含8%的水分(对干纤维重量比),当棉花吸湿含量在14%以上时,容易引起发热、霉烂,使棉花丧失光泽,染上黑斑,纤维强度减弱,影响质量。

2. 怕酸性。棉纤维化学稳定性较好,对碱和有机酸抵抗力很强,但抗无机酸的能力弱,棉纤维分子在无机酸溶液中易水解,致使棉纤维强力下降。

3. 染尘性。棉花是绒性纤维,很容易沾染灰尘,沾染灰尘杂质后,容易造成污损,降低纺织性能,还会引起生霉、虫蛀以及自燃。

4. 易燃性。棉花是一种易燃性物质,棉纤维表面的蜡质尤为易燃,微小的火星都会引起棉花着火,当棉包边缘散乱、花絮外露时,更易着火。棉纤维具有中腔,纤维素层间有许多空隙,存有空气,一旦起火,蔓延迅速,不易扑灭,就是断绝外界空气,仍能继续燃烧。

5. 保温性。棉花不易传热,具有良好的保温性,这是因为棉纤维本身是热的不良导体,并有一定弹性,能使纤维松散,在纤维间存有大量空气的缘故。此性质对引起棉花的自热、自燃关系极大。

6. 自燃性。棉花温度超过230℃时,可引起自燃。棉花自燃是由于潮湿、渗油、沾有易氧化物硫磺粉、煤、焦、再生棉和乱包棉等引起氧化发热,当热量积聚不散时而发生的。

(二) 生丝的储运特性及运输保管

生丝是丝绸工业的主要原料,也是高级纺织原料,其综合性能居纺织纤维之冠。

1. 生丝的储运特性

(1) 吸湿性。生丝由许多很细的纤维组合而成,属多孔性物质,加上丝蛋白质含有亲水性基团,如(-OH)、(-COOH)、(-NH$_2$)等,所以生丝吸湿性很强,通常含水量为生丝干量的11%~12%,在饱和状态下可达30%,且手感还不觉潮湿。生丝对水分的吸收和散发都很快。生丝受潮后,强度会下降,甚至引起发霉变质。

(2) 怕强酸碱和氧化剂。强碱溶液对于生丝纤维的破坏力很强,使生丝纤维很容易溶解。如氢氧化钠、碳酸钠、碳酸钾等。稀薄的碱溶液仅能溶解丝胶,不能溶解丝素。

生丝对酸比对碱要稳定一些,浓硫酸和浓盐酸在低温下能在短时间内溶解丝纤维,使丝质水解,温度升高更为强烈,但稀酸溶液对丝纤维不起破坏作用。

生丝对氧化剂作用敏感，特别是受强氧化剂作用时，可引起生丝纤维彻底分解。

（3）怕污染。生丝及丝织品受油脂类及其他污染性货物污染后，会影响其美观，降低质量，甚至失去使用价值。

（4）怕虫蛀。生丝对日光的作用是敏感的，特别是紫外线能使之脆化，在受到日光曝晒或长时间连续照射条件下，其强度受到损坏，且手感恶化，色泽泛黄。生丝耐光性在天然纤维中是最差的。

2. 生丝的运输包装

生丝采用捆包作运输包装。一般多以30绞捆成一小捆，每小捆重约2kg，30捆装成一捆包，每包以牛皮纸包裹后装入细布袋，重约60kg，有的再外套麻包或席包。

3. 生丝的运输和保管

（1）船舱要求：清洁、干燥、无虫害。

（2）承运时检查包装，凡捆包污秽的、有油污斑点的或有浸湿痕迹的不得装运。

（3）积载时，一般装在贵重品舱内。

（4）生丝不能与毛皮、油脂、污染物、染料、酸碱、粮谷、液体等货物同装一舱，以免感染异味、受潮、污染、腐蚀、虫蛀等。生丝中常放有樟脑丸，也不能与茶叶、食品等怕异味的货物同舱积载。

（5）装运、保管中必须注意舱（或库）内的温度、湿度条件。

（6）装卸时，工具不能沾有酸碱等异物。

二、衣着类商品储运方法

（一）衣着类商品防霉腐：药剂防霉腐

药剂防霉腐是利用化学药剂使霉腐微生物的细胞和新陈代谢活动受到破坏或抑制，进而达到杀菌或抑菌，防止商品霉腐的目的。药剂防霉腐要和生产部门密切配合。在生产过程中把防霉剂、防腐剂加到商品中，这样既方便又可收到良好的防霉腐效果。此外，对批量小的易霉腐的工业品商品如皮革制品等，也可在储运时把防霉腐药剂加到商品表面。例如，用于工业品防霉腐的药剂有：三氯酚钠、水杨酰苯胺、多菌灵及洁尔灭、福尔马林等，它们常用于纺织品、鞋帽、皮革、纸张、竹木制品及纱线等商品的防霉腐。防霉腐剂的选用，应遵循低毒、高效、无副作用、价格低廉等原则，而且在使用时还必须考虑对使用人员的身体健康无不良影响和对环境不造成污染等。

（二）各类服装商品的储存

1. 棉麻服装的储存

棉麻服装一定要注意防潮防霉，收藏前晾干。收藏前分深浅色收藏，避免因久藏受潮而互相染色。

2. 丝绸服装的储存

丝绸服装也要注意防潮防霉。丝绸服装比棉麻织品"娇气"，不宜日光曝晒，不宜挂藏，以免因自重导致变形，白色或者浅色丝绸服装收藏时不宜放置樟脑丸，也不能放入樟木箱，以免泛黄。

3. 呢绒服装的储存

呢绒服装宜充分干燥、凉透后再收存。高档呢绒服装最好悬挂存放，以免因重压而变形，在箱柜内放入用纸包好的樟脑丸，以防虫蛀。

4. 裘皮服装的储存

裘皮服装受潮会导致脱鞣变性而脱毛。收藏不当，会出现虫蛀、脱毛、绒毛纠结或皮板硬化等。存放时，最好用"美人肩"之类宽衣架挂起，并在大衣袋内放上用纸包好的樟脑丸。如放在箱内，折叠时应将毛朝里平放，避免重压，注意防虫及霉变。

5. 皮革服装的储存

皮革服装不可曝晒，否则会使皮革老化。收藏时挂藏为宜，注意防潮防霉。

本章小结

认识面料的性能，要从纤维开始。纺织纤维分天然纤维和化学纤维两大类。其中天然纤维有棉麻丝毛；化学纤维有人造纤维和合成纤维。

天然纤维可分为纤维素纤维——棉、麻和蛋白质纤维——丝、毛。虽来源品质各不相同，但综合性能都符合人体卫生要求。

天然纤维中，棉纤维的天然捻曲、毛纤维的天然卷曲和缩绒性，麻纤维的高强度和凉爽性，丝纤维的纤细和华贵性都是与生俱来的优良性能，这些性能决定了天然纤维面料的身价和质量品性。

化学纤维中的人造纤维究其成分，与天然纤维相近，因此其理化性能也接近天然纤维。各种合成纤维均为矿物原料制成，共同的优点是强度普遍高于天然纤维，各具特殊品性，但综合性能不如天然纤维。不断改进生产工艺、提高综合性能，使其卫生和穿着性能接近甚至超过天然纤维，是化纤制造业的努力方向。

服装面料的性能还取决于纱线质量。评价纱线质量要从细度、捻度、强度等方面着手。在各种纱线的质量指标中，重点内容有纱细度指标，其表示方法有公制支数和英制支数、公制号数、旦尼尔数。

纱线根据原料、结构、纺织工艺等标志分为不同种类。纱线分类知识的掌握，有助于对织品性能的了解。

要正确选用服装面料，学一点服装面料分类知识，了解常见面料性能特点是必不可少的。服装制作中，使用量大的面料主要是各种纺织品（包括针织品），其次为裘皮、皮革等，应重点了解各类纺织品面料的性能、特点、外观风格和用途。

服装辅料有衬料、垫料、里料、填料等。辅料的选择应服从服装整体质量的要求。

掌握服装商品的品种及其性能特点是本章又一学习目标，应从科学的服装分类着手研究，最主要的分类法就是按功能分类。

服装商品的质量鉴别及选购，穿用知识是本章总结性的内容，首先要掌握的内容有服装的各项质量标准，它是服装商品制作与形成的依据。其主要内容涉及号型标准、技术标准和使用说明标准等。其中号型知识的掌握是选购服装的最基本知识。其次要掌握的内容是评价、鉴别服装质量的必备常识以及服装质量检验的程序及内容。最后要掌握的是服装选购及保养方面的常识。这对指导消费有意义。其中对保养方法和手段的了解很重要。各类服装的保养方法和手段，归根结底取决于服装材料特别是面料的性能。

练习题

一、名词解释

吸湿性　抗拉伸性　染色牢度　保温性　化学纤维中的纤、纶、丝　人造皮毛　服装号型

二、判断题

1．棉纺织品耐碱不耐酸。（　　）
2．在各类纤维中，腈纶耐光性最好。（　　）
3．化学纤维耐热性普遍好于天然纤维。（　　）
4．各类纤维中维纶吸湿性最好。（　　）
5．纺纱一般需要经过四个过程。（　　）
6．山羊绒有软黄金之称。（　　）

三、填空题

1．纺织纤维是指具有一定长度＿＿＿＿＿＿＿以上、强度、细度、可挠曲性并可以制成纺织品的纤维。

2．麻纤维，是指苎麻和亚麻纤维，它们都是植物干茎的韧皮纤维，主要

成分是_____。

3. 羊毛的主要成分是_____。

四、单项选择题

1. 羊毛纤维具有较突出的耐酸性、耐燃性、缩绒性，良好的吸湿性、保暖性和弹性，但不耐碱、易（　　）。

  A. 发霉菌　　　　B. 受潮　　　　C. 虫蛀　　　　D. 抗拉伸

2. 棉纤维具有良好的保暖性主要是因为（　　）。

  A. 耐热性好　　　　　　　　B. 成分吸湿
  C. 天然卷曲　　　　　　　　D. 具有中空结构

3. 天然纤维服装耐生物性能差是因为（　　）。

  A. 吸湿性差　　　　　　　　B. 吸湿性好
  C. 耐光性差　　　　　　　　D. 具有特殊香味

五、简答题

1. 分别列举吸湿性、耐光性、耐磨性和弹性最好的纺织纤维。
2. 各类服装如何保存？

六、实训题

纺织纤维的热反应与燃烧法鉴别实验

1. 实验目的

（1）了解纤维的热反应与燃烧特征。

（2）练习用燃烧法鉴别纤维，掌握试验方法。

2. 实验内容说明

纺织纤维的化学组成不同，所以遇热时的反应和燃烧时的特征也都不同。主要表现在临近火焰中，离开火焰和灰烬特征等三个方面彼此是各异的。详细情况参见表4-5。本项实验一般都称"燃烧实验"，但临近火焰的热反应未燃烧被忽略，所以这项实验叫燃烧实验是不全面的。但习惯上仍沿用旧名。

有些纤维燃烧特征无明显差别，这是因其所含化学组成相同所致，如棉、麻、粘纤的遇热和燃烧的反应特征几乎一样。遇此情况则需再用其他方法，如显微镜法和溶解法等。

经过化学整理的织物，其纤维燃烧特征常遭到干扰。例如经过防燃、树脂整理的织物，其燃烧速度比未整理者减慢，而起毛者比不起毛者燃烧快。另外，某些整理剂燃烧时放出的气味也往往遮盖了纤维自身燃烧的气味。混纺织物的燃烧试验，由于所含非单一纤维，使燃烧特征混杂，难以辨认，必须抽出不同纤维，分别试验。

3. 仪器与用具

酒精灯、放大镜、镊子

表 4-5　　　　　　　各种纤维遇热和燃烧时的反应及特征

纤维	临近火焰	在火焰中	离开火焰	气味	灰烬特征
棉花	不熔化不缩离火焰	快速燃烧不熔融	继续燃烧	烧纸味	色灰、量少质松软
麻	不熔化不缩离火焰	快速燃烧不熔融	继续燃烧	烧纸味	色灰、量少质松软
蚕丝	熔化卷曲缩离火焰	燃烧缓慢稍熔	燃烧很慢,有时自熄	燃羽毛味	色黑、圆珠状、质脆易成粉末
羊毛	熔化卷曲缩离火焰	燃烧缓慢稍熔	燃烧很慢,有时自熄	燃毛发味	色黑、块状、质脆易破碎
粘纤	不缩离火焰	燃烧速度很快	余火微微移动	烧木材味	色灰白、量少或无灰
醋纤	熔化并缩离火焰	在熔融中燃烧	继续熔融燃烧	醋酸味	色黑、不规则珠形,质脆
涤纶	熔化并缩离火焰	在熔融中缓慢燃烧	通常自熄	似芳香族化合物	色黑褐、质硬而韧的圆珠状
锦纶	熔化并缩离火焰	在熔融中燃烧	通常自熄	煮扁豆味或芹菜味	色浅褐、质硬而韧的圆珠状
腈纶	熔化并缩离火焰	在熔融中快速燃烧	继续熔融燃烧	煤焦油般辛酸气味或鱼腥味	色黑、质硬而脆、不规则珠形
维纶	熔化并缩离火焰	在熔融中燃烧	继续熔融燃烧	电石般刺鼻臭味	棕褐色、质硬而韧、珠状
丙纶	熔化并缩离火焰	在熔融中燃烧	继续熔融燃烧	燃烧蜡烛味	棕褐色、质硬而韧、圆珠状
氯纶	熔化并缩离火焰	在熔融中缓慢燃烧	自熄	氯气的刺激性臭味	色黑、质硬、不规则珠状
氨纶	熔化并缩离火焰	在熔融中燃烧	继续熔融燃烧	特殊臭味	色黑、质硬而脆、块状

4. 实验材料

棉花、麻、蚕丝、羊毛、粘纤、涤纶、锦纶、腈纶、维纶、丙纶、氯纶等纤维或其织物,用作练习并了解燃烧特征的已知材料。另外一些纤维或织物是供作鉴别未知材料之用。

5. 实验步骤

(1) 将已知纤维用镊子夹起慢慢放入火焰侧面燃烧。注意观察热反应和燃烧特征。如燃烧时是否冒烟,烟色、烟量、烟味;纤维离开火焰后是否仍继续燃烧、燃烧速度、火焰大小、有无声音；灰烬特征、颜色、形状、坚硬程度；气味等。

（2）未知样品的准备：首先将织物中的经纬纱抽出，分作经纬两组，然后从每组（经或纬）纱线抽出纤维（注意经纬组勿混）。观察每组中纤维的长度、细度、颜色和形状等外观特征是否相同，如果纤维不同，则依纤维的上述外观特征，将每组（经或纬）纱中纤维再分成若干小组。未知样品如果是纱线，也须将纤维抽出分组。

（3）未知样品的试验：将从纱线或织物中抽出的不同纤维，分别试验。如果纤维完全一样，可以直接用未知样品（纱或布）进行试验。

6. 注意事项

（1）必须使用镊子，防止烧伤手指。

（2）避免吸入过多实验中产生的烟气。

（3）勿使熔融滴落物落在皮肤上，以免烫伤。

7. 实验报告要求

（1）仔细记录各种已知纤维在燃烧试验中的各种特征，特别把临近火焰，在火焰中和灰烬等三项特征记录清楚。

（2）未知样品的鉴别应按实验报告所列空栏的次序一一填写清楚。

典型案例

商品标志

每种商品都有自己独特的标记。您要想买到称心如意的商品，就必须掌握商品的标记。

布匹布料质量好坏，需看标签的颜色：红字为一等品，绿字为二等品，蓝字为三等品，黑字为等外品。

衬衫的型号一般都在衣领上，并印有三组字，分别表示领长、身长和袖长。如"38—70—60"字样，"38"表示领长38厘米，"70"表示上身长70厘米，"60"表示袖长60厘米。

真皮优质产品使用的真皮标志，是由一个全羊、一对牛角、一张猪脸组成的变形图案，主体为白底黑字，中间的"CLP"是英文真皮产品的缩写。用钞票识别器照射时，图案正中会出现红色的手写体"真皮"两字，在两字中间还有"HQ"两个字母，标志反面下方的编号，在紫外线的照射下，会由浅红变成黄色。

瓷器等级以几何图形为标志：圆形为一等品，正方形为二等品，三角形为三等品。"次品"二字表示不合格，是等外品。

第五章 日用工业商品

学习目标：通过本章学习，你应该了解日用工业商品的分类品种；认识日用工业商品的组成；掌握日用工业商品的性能特点、质量要求；能够运用所学知识做好日用工业商品的保管工作。

第一节 日用工业商品的分类

日用工业商品是指供人们日常用的工业产品。日用工业商品种类繁多、性能各异，用途广泛，包括硅酸盐制品、日用金属制品、洗化商品、塑料制品、皮革制品、家用电器等。一般情况下我们将日用工业商品分为三大类：日化类、皮革类和家用电器类。

日化商品是指用化学原料制成的用品，包括肥皂、合成洗涤剂、牙膏、化妆品、鞋油和塑料制品等。

皮革类商品是指毛皮和革的总称，一般把革制品称为皮革制品，把毛皮制品称为裘皮制品。皮革是指动物皮经过一系列物理的、化学的加工处理后所获得的变性物质。随着科学技术的进步，人造革、合成革制品已经成为皮革制品的一个有机组成部分。

家用电器是指在家庭和类似使用条件下的电子器具和电器器具的总称。家电能丰富人们的物质生活和精神文化生活，是现代生活的标志。

第二节 日用工业商品的性能

一、日化类

日化商品主要包括塑料制品、肥皂、洗涤剂、牙膏、化妆品等。它们与人们日常生活休戚相关，特别是肥皂、洗涤剂、牙膏和化妆品与人体经常接触，更应注意安全性和卫生性。

（一）日用塑料制品

塑料作为一类新型材料广泛应用于国民经济各个部门，它可用来制造多种多样的日用消费品而深受消费者的喜爱。

1. 塑料制品及其组成

塑料是指用人工合成的具有可塑性的高分子材料的总称，或指用树脂为基础粘结剂而制成的材料。塑料的品种很多，而且还在迅速发展之中，通常分为热固性和热塑性。塑料为多组分材料，以树脂为主要原料，再添加其他辅助材料，如填料、增塑剂、稳定剂、润滑剂、色素等，经化学合成方法在一定条件下塑制成一定形状的高分子材料，最后再做两次机械加工、表面修饰等，将这些材料制成人们喜爱的塑料制品。塑料制品的主要组成成分如下：

（1）树脂

树脂是决定塑料性质的主要成分，也是塑料全部组分的粘结剂，其含量为40%～100%，树脂的成分结构不同，其性质也各不同。

（2）填料

一般塑料中都加有相当量的填料，其作用是降低生产成本，改善树脂性能，如玻璃纤维能增强玻璃钢强度；木粉加入酚醛树脂能改变其性脆为坚硬；加入云母可改善其电性能，加入石棉能提高其酸性和耐热性，故提高性能和扩大应用范围的填料称为增强材料。

（3）增塑剂

增塑剂能降低塑料流动温度和硬度，增加柔顺性及延展性，便于加工成型，故被增塑的塑料柔韧性、抗冲击强度、断裂伸长率均有所增加，而抗强度、弹性模量、介电性质则有所降低。

（4）稳定剂

稳定剂是指可提高塑料对光和臭氧等稳定性的一类物质。塑料中加入稳定剂的目的是防止或延缓高聚物在加工、储存以及使用过程中的老化变质。由于引起老化的原因很多，故稳定剂的品种也有许多种类，主要包括抗氧剂、紫外光稳定剂和热稳定剂三类。

（5）润滑剂

润滑剂主要是指外部润滑剂，即在塑料注模加工时加入润滑剂，使金属与塑料交界面上覆盖一层药膜而起润滑作用，故润滑剂可改善塑料加热成型时的脱模性，并能提高制品的光洁度。

（6）交联剂和固化剂

能使塑料改性的一类物质称为交联剂，如有机过氧化物能产生游离基而使大分子间产生交联，以提高聚合物强度、耐油、耐热、耐压缩等性能，从而达到改性的目的。固化剂主要用于热固性塑料加工，目的是热固性塑料在成型时促进树脂从长链形结构变为体形结构，固化剂既可起催化作用，本身又可参与反应。不同的热固性塑料有各自不同的固化剂。

此外，在塑料中还可加入具有特殊作用的配合剂，如抗静电剂、防雾滴剂、着色剂等。

2. 塑料制品的质量特性

（1）塑料制品的外观质量特性

塑料制品外观质量检验主要是采用感官，即眼看、手摸或标尺测量来确定等级。由于塑料品种很多，结构与造型各异，故除了个别制品外，大多数仍无统一的规定。一般要求外形完整且无缺陷，表面光洁平滑，无凸凹现象，无皱纹、裂痕、小孔麻点等，有色制品要求光泽均一，不可混有杂色或深浅不均，尤其是透明制品必须除杂彻底，并要求有一定的透明度和光泽度，当然，具体制品有具体要求。如吹塑成型的各类容器制品要求厚薄均匀；透明塑料制品应注意水泡、裂印、光洁度；塑料薄膜制品则应注意砂眼杂质；装配类塑料制品则必须检查尺寸规格的要求，因为如果其中一个部件配合不当，就会影响制品的装配和使用要求。

（2）塑料制品的内在质量特性

塑料制品的物理机械性能及化学性能等内在质量评定，需要采用一定测量仪器，并按国家规定的方法进行测试以评定制品的等级。由于日用塑料制品的原料、结构、生产工艺和用途不同，它的物理机械性能表示方法也不同。内在质量检验主要包括：

①比重。每种塑料制品都有一定范围的比重值，对于同一容积的塑料来说，比重大则分量重，反之，则分量轻。通常根据不同塑料比重差异以测试不同的塑料品种。

②拉伸强度。即单位面积塑料在规定时间内被拉伸时所承受的压力，其单位为千克/平方厘米。

③断裂伸长率。即试样被拉断时所伸长的长度与原长度的百分比，伸长率越大则制品的韧性越好，弹性越大。

④硬度。即塑料抵抗其他较硬物体压入的性能，硬塑料一般测试布氏硬度，软塑料一般测试邵氏硬度。

⑤耐磨性。塑料制品的耐磨性包括三方面，即摩擦系数、磨耗和极限PV值，日用塑料制品一般只测试磨耗。磨耗是塑料制品在摩擦过程中微粒从摩擦表面不断地被分离而引起摩擦尺寸不断改变的机械破坏过程，磨耗量大小反映塑料的耐磨耗程度。

⑥冲击强度。即试样受冲击破断时单位截面上所消耗的功，用千克·厘米/平方厘米表示。冲击强度代表塑料抵抗冲击载荷的能力，冲击强度越高，抵抗

冲击载荷的能力越强。测试方法很多,通常用摆锤式冲击抗弯曲试验。

（二）肥皂

1. 制皂原料

（1）主要原料

①油脂。油脂是油和脂的总称,是制造肥皂的基本原料。肥皂质量与油脂的成分和性质有直接关系,而油脂性质又决定于组成油脂的脂肪酸性质,因此,肥皂性质与脂肪酸种类和性质有着密切关系。油脂不溶于水,比重约在0.9~0.98之间,熔点低于100℃;纯油脂无色、无味,有的动物脂肪稍带黄色、淡黄色。油脂与水作用能发生水解反应而生成脂肪酸和甘油。酸或碱在加热条件下均能使油脂得到彻底水解。油脂与碱的作用又称皂化反应,生成物有肥皂（脂肪酸盐）和甘油。完全皂化1克油脂所需氢氧化钾的毫克数称作该油脂的皂化值,制皂中可根据皂化值计算用碱量。皂化值大小与油脂平均分子量大小有关,平均分子量越小,皂化值越大。100克油脂吸收碘的克数称为碘值,制皂中对油脂碘值也有一定要求,制洗衣皂油脂平均碘值低于80,制香皂油脂平均碘值低于65,碘值高的油脂能制成有足够硬度的肥皂,但易酸败变质。中和1克油脂中游离脂肪酸所需氢氧化钾的毫克数称为酸值,在天然油脂中存在着不定量的游离脂肪酸,其中少量是油脂中原有成分,另有一部分则是油脂保存中因水解而产生的,故保管时间越长且条件越差,油脂酸值越高,而酸值越高的油脂则越容易变质。

②碱。制皂另一重要原料是碱,制造普通洗衣皂是用苛性钠,用苛性钾制造软肥皂;而市场中消费最多的为钠皂。

（2）辅助原料

辅助性原料加入的目的是为了提高其特有性能,如色料、香料、药料、食盐、水等。如香料加入不但可增加香味,而且具有良好的消毒杀菌功效。一般香料分为天然香料和人工合成香料,工业应用中通常采用调和香料,即用多种香料调配而成的混合物,如香皂、牙膏或化妆品均用这种调和香料。调和香料主要包括主体香料、辅助香料和定香剂,良好的调和香料不仅有明显的香型,而且香气优雅舒适迷人。色料加入的目的是增加美观,所要求的指标是具有水溶解性、耐光、耐碱,不刺激皮肤和无毒等。加入的药料主要是指消毒剂和防腐剂等,必须是适量的。在制优等肥皂时需要在皂液中加入食盐以使较纯净的肥皂析出,而杂质被留于废液中。

（3）填充原料

即填充肥皂体积与增加重量的材料,主要包括水溶性填充料,如水玻璃、碳酸纳等;水不溶性填充料,如洗涤陶土、碳酸钙、石膏、滑石粉等,这类填充料的作用是填充体积和降低成本。

2. 肥皂的品质指标

（1）理化指标

肥皂的理化指标主要包括以下几种：纯皂是肥皂的基本成分，其含量越高则去污能力越强；未被皂化油脂的含量，其含量越多则去污能力越差；游离碱的含量，肥皂中游离碱含量偏高则对皮肤产生强烈刺激性，化妆皂和浴皂都不应含碱或只能含极微量碱；填充物的含量，一些水溶性填充物能增加体积和硬度，并对软化硬水防止酸败具有一定作用，故在洗衣皂中可适量增加，而水不溶性填充物应加以限制；不皂化有机物的含量，其含量过多，则使肥皂产生不良的气味和颜色，故对此指标应有一定限制；硬水中发泡量，通常去污性能较强的肥皂应具有良好的发泡性。

（2）感官指标

肥皂的感官指标主要包括以下几点：外观，通常洗衣皂用手触摸时应具有适当的软硬度，不发粘、不分离、不开裂，香皂用手触摸时应为干硬、细腻均匀，表面与内部无裂纹、气泡、斑点、剥离、冒汗等现象；色泽，洗衣皂颜色均匀洁净，香皂则有各种不同颜色，各种染色剂应无毒；形状，洗衣皂两块连接呈长方形，且收缩均匀，不得有歪斜、变形、缺边、缺角等现象，而香皂可以压成各种形状，同样也不得有歪斜、缺裂或字迹模糊等不正形状；气味，洗衣皂不含有油脂酸败气味，而香皂应具有各种天然或合成香料配成一定类型后的持久香味。

（三）合成洗涤剂

合成洗涤剂是一种以石油为原料，能改变水表面张力（或其他液体表面张力）的一类物质。合成洗涤剂具有洗涤、均染、渗透、增溶、乳化等共同的作用，并各具独特的功能。它的用途颇广，已被广泛地应用在纺织、印染、制革、橡胶、造纸、玻璃、机械、医药、日用化工及采矿等工业，更大量地用于生产合成洗衣粉来代替肥皂，既改善了人民的卫生条件，又节省了大量的动植物油脂。此外，洗衣粉又具有许多优点，是肥皂所不能比的。例如，使用洗衣粉洗衣服既省时又省力，去垢力强，泡沫多，在任何水质内如碱性、酸性、中性等均可使用，同时，它比肥皂便宜。随着洗衣粉的普遍使用，洗衣粉用量将日趋增加。但是由于某些合成洗涤剂的生物分解度小，易造成环境污染，对其发展带来了一定的限制。

1. 合成洗涤剂感官品质指标

优质洗涤剂应色泽均匀，无异味，受一般外界影响应无变质情况；液态洗涤剂则要考虑其透明度、稠度、保存性等；固体洗衣粉则需要考虑颗粒度、比重、流动性、吸潮结块性等。

2. 合成洗涤剂内在质量指标

合成洗涤剂内在质量指标包括表面活性剂含量，其高低涉及去污能力大小，以百分率表示；不皂化物含量，即中性油含量，其含量越小越好；pH 值，即一般洗涤精细织品，如毛、丝织品等应该用 pH 值中性，如果洗涤棉麻织品则需要碱性强些的，即 pH 值偏高些；此外，还有去污力、分散力、生物降解率、对人体无害性或皮肤适应性等。

（四）牙膏

牙膏是口腔卫生制品，主要功能是辅助牙刷去除口腔中食物残屑和牙垢，使牙齿洁白、美观且口腔清爽。目前，牙膏向着疗效化妆品领域演变。

1. 牙膏的主要原料和种类

牙膏是由多种原料组成的，摩擦剂是组成牙膏的主体原料。一般占据配方的 40%~50%，摩擦剂的选择取决于固有的摩擦力、膏体的稳定性以及对稠度的影响，如果是药物性牙膏，则更应该注意与活性物的配比度，常用摩擦剂有碳酸钙、无水磷酸钙、二水合磷酸氢钙、焦磷酸钙、沉淀二氧化硅、碳酸镁等。胶合剂也是牙膏体中重要组成部分，它能使膏体增稠度达到所需要的粘度，以防止在货架期中水的分离。此外，还有保湿剂，也称为赋形剂，配方中应用赋形剂的目的是为了防止膏体中水分的逸出，并具有从空气中吸收水分的作用。发泡剂，即为牙膏中的洗涤剂，主要是配合摩擦剂更好地发挥洁齿作用；甜味剂，即赋予牙膏一定的甜味，以掩饰其他原料所产生的异味；香料，即改善牙膏的气味，并具有良好的杀菌、防腐作用；防腐剂，目的是为了在保存期内不发生质变；牙膏软管目前基本采用塑料替代原先铅或锡等金属材料。

牙膏是一种复杂的混合物，由液相和固相组成，20 世纪 70 年代以后各国加药牙膏比例增大，其中药物牙膏主要分为防蛀齿、消炎止血、脱敏、抗菌斑和防结石四类。防蛀齿牙膏中主要有含氟牙膏、胺及铵盐牙膏、加酶牙膏；脱敏镇痛型牙膏主要包括锶盐牙膏、含醛牙膏、防酸牙膏等；其他类型牙膏主要包括防感冒牙膏、疫苗抗牙病牙膏、除渍牙膏等。

2. 牙膏的品质要求

根据专业标准，牙膏质量要求包括两部分，即膏体和软管。膏体部分的质量要求包括室温稠度，即在室温挤出时的膏体应光滑细腻、呈稀稠适度的圆条形状，无固体与液体的分离现象，且不应发松、多孔和存在气泡；耐热性和耐寒性，即温度在 41℃ 与 -40℃ 之间时膏体能挤出成形，无变质现象发生；膏体颗粒是指牙膏粉质中不应有杂质或过硬颗粒，膏体中不得含有摩氏硬度大于 4 的颗粒存在；酸碱度即指 pH 值在 10 以内；含铅量不得超过 30PPM；香味应无异味；色泽应为白色；净重主要根据软管大小而定，规格在 25×125 毫米的软管中膏体的净重应为 56~58 克，22×100 毫米的软管中膏体的净重为 38~40 克，27×135 毫米软管中膏体的净重为 80±1.5 克等；而软管部分的质量要求主要包括软管、尾部和管盖。

（五）化妆品

化妆品是清洁、美化人体面部皮肤以及毛发等的日常用品，它有令人愉快的香气，能充分表现人体的美，给人以容貌整洁、讲究卫生的好感，有益于人们的身心健康。

1. 化妆品主要功能与分类

（1）除去面部皮肤以及毛发脏污物质，如清洁霜、清洁奶液、洁面奶液、净面涂膜、泡沫浴盐、香波等清洁用品。

（2）保护面部皮肤以及毛发以抵御风寒、烈日、紫外光线辐射，防止皮肤开裂，如雪花膏、奶液、冷霜、防晒霜、防裂霜、防裂油膏等护肤用品。

（3）营养面部皮肤和毛发以增加组织活力，保持皮肤角质层含水量，以减少皮肤细小皱纹，并促进毛发生长，如人参霜、蜂王霜、维生素霜、珍珠霜、生发水、药性发乳、发蜡等。

（4）美化面部皮肤和毛发并散发出香气，如粉底霜、粉饼、胭脂、唇膏、眼影膏、眉笔等。

（5）用于治疗或卫生，如雀斑霜、粉刺霜、荷尔蒙霜、祛臭剂、痱子粉、足粉等。

2. 化妆品及其质量控制

（1）化妆品种类

现代社会中随着科技水平的提高，化妆品种类增加很多，目前市场上销售的化妆品主要包括皮肤用和毛发用化妆品，前者又包括清洁皮肤用化妆品，保护皮肤用化妆品，美容皮肤用化妆品，营养和日常治疗皮肤用化妆品等；后者包括清洁毛发用化妆品。保护毛发用化妆品，美容毛发用化妆品，营养和日常治疗毛发用化妆品等。无论皮肤用化妆品还是毛发用化妆品在实际使用中必须根据性别、年龄、肤色采用不同的类别。

（2）化妆品质量控制与主要测试方法

①化妆品的安全性。化妆品与药品相比必须考虑其安全性指标，因为化妆品是长期、连续地与皮肤接触，所以必须对皮肤无害。一般衡量化妆品是否安全，主要根据以下几种方法进行测试而定：

皮肤一次刺激性试验。即试验一次接触中损伤的程度，试验中采用不同量、不同浓度以及接触不同时间的个体均产生比较大的差异，通常兔子反肤与人比较接近，故常常用兔子试验结果，作为评判参照。

亚急性试验。即比较长时间连续地接触皮肤，浓度分为三种，即常用浓度、比常用浓度高 2～3 倍、比常用浓度高 6～10 倍。研究被试物经皮肤吸收至内脏对全身产生的反应。

眼刺激性试验。即检验化学品对眼睛的安全性，兔子的眼角膜厚度比人薄，对化学刺激性更为灵敏，故常用来作为试验动物。

过敏性试验。即人体皮肤接触化妆品时的过敏性程度。

急性口服毒性试验。即根据被测动物体重按标准给口服用数量以观察半致死量，要求毒性低于口服致死量。

光敏性试验。即在被测动物皮肤上涂上试验物后在适当的光线照射下观察，若有强烈反应则为阳性。

贴敷试验。即在人体背部和手腕皮肤上作贴敷试验，经一段时间后去除涂贴，在 1～3 小时后观察。

其他试验。即一般用怀孕兔子或老鼠试验，让其服用被试物至怀孕后期观察有无异常。此外还应测试化妆品是否有致癌的可能性。

②膏霜稳定性。测试膏霜稳定性指标主要包括耐热性能和显微镜下观察颗粒大小的均匀度。

③皮肤粗糙程度的测定。即用立体显微镜观察人的表皮，一般干燥皮肤的表皮细胞有向上翘起的边缘，且这种表皮细胞与正常皮肤的反射或折光是不同的。

④表皮损水程度的测定。

⑤化妆品对皮肤有效性测试，即用电子显微镜或扫描镜对皮肤复制品拍照是评价皮肤保护用品的有效方法，从翘起层的程度及大小看皮肤好坏，对特种家用化妆品配方经长期或短期使用后的有效情况进行科学评定。

二、皮革类

（一）天然皮革的种类及特点

1. 制革原料皮

原料皮来源于动物界，以猪皮、牛皮、羊皮为主，有少数马、驴、骡、鹿、驼皮等，其他皮较少。

2. 皮革的种类

皮革的种类很多，按原皮种类可分为牛皮革、猪皮革、羊皮革、马皮革、鹿皮革等；按整饰加工可分为正面革、绒面革、修面革、多脂革等；按皮革用途分为鞋面革、服装革、箱包革、沙发革、皮带革，以及工业革、装具革等。

每类中又可细分为小类，如鞋用革又分为鞋面革、鞋底革、鞋里革、内底革、沿条革等。

3. 皮革的性能特点

皮革与纺织品以及橡胶、塑料比，有以下优点。

（1）具有良好的耐热性和耐寒性。皮革制品一般在热水中的收缩温度都在60℃上，有些皮革甚至在沸水中也不收缩。通常热至120～160℃时也不变形；在冰雪严寒的冬天，甚至在零下50～60℃时，仍保持一定的柔软性和坚固性。

（2）具有较高的机械强度。其耐磨强度、抗张强度、拉伸强度和耐折度等在一定的程度上都比橡胶、塑料好；其延伸性和变形性都好于橡胶、塑料。

（3）由于皮革属于多孔性的变性物质，因此具有保温性、透气性、透湿性和卫生性。

（4）皮革具有很好的着色能力，因此它具有鲜艳的颜色和很好的光泽。

皮革的主要缺点是耐水性差，因为皮革里填充着可溶性物质，当这些可溶性物质遇到水，就会被水溶出来，这样皮革就变成疏松而不耐磨，也容易破裂。此外，皮革的耐酸碱能力较差。又由于皮革的原料主要来源于动物皮，价格也较贵。

（二）皮革的外观特征与质量要求

1. 皮革的外观特征

（1）猪皮革，表面毛孔圆而粗大，毛孔以倾斜方向伸入革内，而且每三个毛孔排列成一组，呈品字形，每组相隔较远，革面比较粗糙，成革机械强度较高。

（2）黄牛皮，表面毛孔细小而呈圆形，分布均匀而紧密，但排列不规则，好像满天星斗，革面丰满细致，手感坚实而富有弹性，毛孔也较直地伸向里面。

（3）水牛皮，表面毛孔比黄牛皮粗大而稀少，革面较松弛，成革粒面比黄牛皮粗糙，但成革机械强度大。

（4）山羊皮，表面毛孔清楚，呈扁平圆形，革面细致，纤维紧密，粒纹是在半圆形的弧上排列二至四个针毛，周围有大量的细绒毛孔，形成瓦形粒纹，成革坚实，强度较大。

（5）绵羊皮革，革面较松，毛孔细小，呈扁圆形，由几个毛孔构成一组，排成长列，似鱼鳞形或锯齿形，分布均匀，手感柔软，但坚牢度不如山羊皮革。

（6）马皮革，表面毛孔不明显，仔细观看时能发现椭圆形，比牛皮革毛孔略大，斜伸至革内，有规律地排列呈山脉形状，革面较为细致、柔软，但色泽昏暗，不如牛皮光亮。

（7）再生革。再生革是将皮渣、皮纤维磨碎，经高压用黏合剂粘合，形成片状，然后经片革机片到需要厚度，再进行涂饰，使它具有一定皮革特性的革。其特征为：粒面经修饰，然后压上花纹，花纹种类为牛、羊、猪皮等，但花纹无毛孔眼，花纹浮在皮表层上，表面光泽亮，塑料感强。

（8）人造革。人造革是在布底基上涂饰聚氯乙烯树脂，经处理成的革。其特征为：质地柔软，富有弹性，不易燃烧，耐热温度低，透气性差，遇低温发硬，塑料感强，光泽亮，冬天摸有冷凉感。

（9）合成革。合成革是布底基上涂饰聚氨酯微孔弹性体复合材料，其特征为：表面硬度高，机械强度、耐磨性、弹性等都优于人造革，透气性接近天然皮革，低温下质地同样柔软，塑料感强，光泽亮，各部位纹理规则一致。

2. 皮革的质量要求

（1）鞋面革。要求有一定的延伸性和可塑性，革身柔软、丰满、有弹性；穿用时，鞋面要受反复的拉伸、曲折作用，要求有耐拉伸、耐曲折、耐摩擦的性能，不易断裂；为穿用时舒适，要求有优良的耐水性、透气性和透水汽性。

（2）鞋底革。外底革要求耐磨性能特别好，抗压缩和耐弯曲变形能力强，身骨好，吸水性小，受潮干燥后变形小，革面平整光滑细致，不裂面，无管皱龟纹，颜色均匀一致，不应有发脆、僵硬、延伸过大、不牢等缺点；内革要求耐汗性和耐温热稳定性好。

（3）鞋里革。要求平整细致，质地薄而柔软，略有光亮，不能喷染溶于水的色料。

（4）服装革与手套革。服装革质地应丰满柔软，具有良好的透气性，革身厚度均匀一致，革面应细致美观，染色均匀牢固，无脱浆、裂浆、散光现象，并能耐熨烫而不变色。手套革与服装革相似，质地更应柔软丰满而有弹性，厚薄均匀，不得有花色、刀伤，染色牢固。

（5）箱包革。要求色泽均匀，革面平整，具有适当的强韧性和耐磨性。

（6）沙发革。要求革身丰满柔软，弹性好，耐干湿摩擦性好，具有良好的吸汗性能。涂饰层粘着牢固，不掉浆，不发粘，色泽鲜艳，光泽好，经久耐用不易老。

（三）皮革制品

1. 皮鞋

皮鞋是指用猪皮、牛皮、羊皮、马皮或合成革等主要材料做鞋帮，以皮革、橡胶、塑料等材料做鞋底，鞋底与鞋帮采用模压、硫化、胶粘、线缝和注压等工艺加工成鞋的鞋类。

（1）皮鞋的结构

皮鞋是由鞋帮和鞋底两部分组成的，以包头式皮鞋为例，说明它的结构：

①鞋帮

皮鞋的鞋帮的式样变化最多，各式各样的皮鞋区别也就在鞋帮的式样不同、结构的不同。鞋帮一般包括包头、中帮、后帮三个部分，包头与中帮又合称为前帮。

包头，即鞋尖部位，是皮鞋中最显露的部位。包头的作用是保护脚趾不受外物碰撞。为了使皮鞋美观耐用，包头部位用革应选择表面平整、无伤残、色泽光亮、厚薄均匀、结构紧密挺括的面革制成。包头的内层垫有一层较硬的内包头，使鞋头保持牢固形状，内包头是用硬革裁切成的，内包头里层垫有柔软的衬革或衬布，以防硬革摩擦脚。

中帮，也称中前帮，皮鞋的主要部分，要受体重的撑压和反复的伸曲作用，是鞋帮承受外力最大部分。中帮所用革要求柔软致密，机械强度（耐折和拉伸）高，延伸性好，不应有伤残和裂痕。

后帮，由内外侧两块皮革缝合而成。后帮作用是端正托住脚后跟，后帮不负荷过大的重力，穿用时也不显露（尤其内侧后帮更不显露）。后帮应使用面革质量较次的部位，厚度可薄于前帮。后帮里层沿脚后两侧垫有用硬革切制的重跟，用以托住脚后跟，保持后帮的形状，又保证后帮不被脚跟磨坏；最里层是后帮里子，此部位要经常摩擦，须使用较密致的鞋里革；两块后帮结缝的革条称为保险皮，保险皮需要承受较大的张力，革料质量应高于后帮。鞋眼部位的下方垫有柔软的革片——革舌，用以垫隔鞋眼和鞋帮对脚面的摩擦和硬压作用，可使用松软的面革。

②鞋底

鞋底由大底、膛底、沿条、鞋跟、垫心和勾心等部分组成。女鞋鞋底有平跟、半高跟和高跟之分，一般30毫米左右为低跟，60毫米为中跟，超过60毫米为高跟。

大底，大底也叫外底，是鞋直接与地面接触部位，是皮鞋的主要组成部分。穿用时，反复承受重压、弯曲、摩擦作用，由于大底与地面直接接触，常有潮湿和干燥的变化，所以要求大底选用结构紧密、质地坚实、耐摩擦的革做原料，一般要求男鞋大底厚度在3.5毫米以上，女鞋大底在3毫米左右，厚底靴鞋常在大底前部加前撑，对前撑的要求与大底相同。装有前撑大底的靴鞋，其外底仅起衬托的作用。并不与地面接触，故对其质量要求可适当降低。用作皮鞋大底和前撑大底的原料有皮革、橡胶、塑料等。有关研究表明，鞋子每减轻1克，相对人体背部负荷减轻6克，因此，近些年近橡塑鞋底以其轻便、耐磨、弹性好而深受人们青睐。

　　膛底，膛底也叫内底。它是鞋底的最上层，即与脚掌直接接触的部位。它的作用是保持皮鞋内部固定的底形，使脚掌接触在一个平整舒适的底面上。膛底承受着体重压力和行走时弯曲作用，经常受汗液的侵蚀，故要选择坚实紧密，且有一定透气性的原料。一般选用厚度为 3 毫米左右的内底革，表面应光滑平整，对于高档皮鞋尚需在膛底表面加上一层柔软鞋垫。

　　沿条，沿条是联结鞋帮、膛底和大底的革条，围在鞋帮的外沿，沿条的上层是膛底和鞋帮，下层是大底。它具有承上启下的作用，负荷着上下两层的作用力，故需坚实的底革或沿条革来裁切。皮凉鞋所用的沿条是为了加固缝口和装饰边沿，可采用较次的革料；单底鞋不用沿条，大底与鞋帮和膛底直接缝合。

　　鞋跟，一般男鞋、女鞋的平跟或半高跟均由多层皮组成（即由多层跟里皮和跟面皮所构成）。跟里皮是用零碎的底革拼成，跟面皮要求与大底料相同。高跟鞋的鞋跟采用木制和塑料制，表面用皮革包裹，下面钉有跟皮。

　　鞋跟是承受人体压力最大的部位，不仅在走时受到很大摩擦力，而且在人体转动时也将受到最大摩擦作用。鞋跟在全鞋中的作用是使体重均匀地分布在鞋底上，达到站时平稳，行走时舒适。因此要求鞋跟要高矮一致，平稳匀称。对于高跟鞋的鞋跟要求用锈钉使其与底部钉牢。

　　垫心，在膛底与大底之间存在空隙，垫心是指填充在空隙之间的材料，常用纸板或棉花碎料作垫心原料。垫心料要求柔软而有弹性，耐弯曲并有吸湿性。其作用是增加弹性。

　　勾心，是用来撑持鞋底弓形部位的材料。要求有较高的硬性和弹性，常用的有钢勾心、铁勾心和竹勾心。铁勾心要求镀刷防锈物，钢勾心一般用 65 号锰钢制作，硬度和弹性极值非常理想，结构合理，重量轻，并且符合制鞋工业标准化、系列化的要求，在制鞋机械化装配工艺操作中和穿着过程中不会断裂，也不会产生永久性变形，是理想的标准化鞋部件。

（2）皮鞋的分类品种

①皮鞋的种类

皮鞋的花色品种繁多，分类方法很多，常见的有以下几种：

按穿用对象可分为：小童鞋（13~16 号），中童鞋（$16\frac{1}{2}$~$19\frac{1}{2}$），大童鞋（20~23 号），女鞋（$21\frac{1}{2}$~25 号），男鞋（$23\frac{1}{2}$~30 号）。

按用途可分为：皮单鞋、皮凉鞋、皮棉鞋、皮单靴、皮棉靴、皮马靴、运动鞋、劳动保护鞋等。

按式样可分为：高帮鞋、低帮鞋、坡跟鞋、厚底鞋等。

按帮面原料可分为：牛皮鞋、羊皮鞋、猪皮鞋、合成革鞋等。

按加工成型方法可分为粘胶皮鞋、线缝皮鞋等。

②皮鞋的品种

牛皮鞋，是以牛皮为面革做成的各种皮鞋的统称。其特点，鞋面光亮、平滑，质地丰满、细腻、坚实，手感硬而有弹性，毛孔细圆而均匀，外观平坦而柔润。牛皮又有黄牛皮、水牛皮之分，水牛皮不如黄牛革丰满细致。鞋的大底有成型橡塑底和水牛皮底等多种，成型橡塑底多采用粘合剂粘合而成，水牛革底多采用线缝法成型。

猪皮鞋，是以猪皮为革面制成的各种皮鞋。猪皮光面鞋，外观效应不好，粒面粗糙，耐水性能差，吸水后易膨胀变形。但由于皮纤维粗壮，坚韧，故耐磨强度好，透气性好。为了改变其粒面的缺点，进行了猪皮粒面的美化工作，改变了外观效应，成品鞋质量有很大提高，已成为颇受欢迎的皮鞋之一。

羊皮鞋，羊皮鞋主要以山羊革为主要原料，厚度在 0.4~0.6 毫米，质地柔软，伸缩性好，穿着舒适方便，可染成各种鲜艳的颜色，并且不易褪色。但其强度低，牢度差。羊皮有山羊皮和绵羊皮之分，山羊皮质地和粒面不如绵羊皮柔软细致，但成革坚实，强度较大。

鹿皮绒面皮鞋，鹿皮绒面皮革是各种绒面鞋中质量较好的一种，鹿皮由于皮面粗糙，斑痕较多，所以不宜制作正面革，多用于制作绒面革。厚度约 0.5~1.2 毫米，纤维组织细密而柔软，弹性、强度、韧性、耐磨等性质都比羊皮革好。外观效应好，绒面细腻而有光泽。

绒面皮鞋中还有绒面牛皮鞋、绒面猪皮鞋和绒面羊皮鞋等。在鞋面革中还有人造革、合成革等。

（3）皮鞋的质量要求与选购

①皮鞋的号型系列

鞋号和型号是表示鞋子大小和肥瘦的一种特征。全国统一鞋号，以脚型作为制定鞋的基础，其包括号和型两个数据。鞋的长度以"号"来表示，单位为厘米，一厘米为一号，半厘米为半号，例如，23，$23\frac{1}{2}$，24，$24\frac{1}{2}$ 等号。

鞋的肥瘦以"型"来表示，肥瘦以踝围的大小为标准。分一至五型，表示为一、二、三、四、五。其中：一型最瘦，五型最肥。型间距为 7 毫米，例如，22 号一型鞋比 22 号二型鞋的踝围小 7 毫米。

我国成年男女皮鞋系列为：女：$21\frac{1}{2}$~25号，男：$23\frac{1}{2}$~$27\frac{1}{2}$号，28~30号为特号鞋。童鞋设一至三型。成人鞋设一至五型。

②皮鞋的质量要求

皮鞋的质量须从原材料和加工制造两方面来鉴定。鉴定范围一般是从外观来检查，缝结强度、耐压强度等物理机械指标，只在特定的条件下才进行鉴定。

皮鞋的质量应符合穿着舒适、外表美观、坚固耐久三方面的要求，各级皮鞋应有其相适应的质量。

对于鞋帮的主要要求是，前帮不能有明显的伤痕，包头应细致光亮，颜色一致；后帮的非显露部位可允许有轻微伤残，但不能有裂面、掉浆脱色等缺陷；跟形要有似鹅蛋形的弯势，后帮高低适当、不卡痛踝骨；鞋里应无皱褶、明伤、油污；鞋跟的距离相等，左右均匀对称，无破裂不平现象；主跟和内包头需要下部坚硬，上部柔软而有弹性。

对于鞋底的主要要求是：膛底无露线或露钉尖等现象；沿条平正，宽窄均匀；大底无裂面或其他明伤，槽口整齐，无破裂露线等缺点；鞋跟平整，高度一致；大底、沿条、鞋跟的厚度都必须符合规定。此外，缝绱均匀整齐，针码符合标准，每双鞋的左右两只应具有相同的质量。

③皮鞋的选购

造型优美。皮鞋的跟型和皮鞋的整体造型要好看。随着国内外流行式样的变化，不断推陈出新，选购时应挑选线条舒展，造型具有立体感，式样新颖，色彩雅致的鞋。皮鞋的色泽多样，挑选时要注意与自己整体协调。例如，粗花呢服装应同印花皮鞋搭配，条绒服装应和绒面革皮鞋搭配，毛料服装和牛皮鞋搭配等。

要适合脚型。皮鞋楦的肥瘦分一型半、二型、二型半、三型、三型半、四型、五型。一般男鞋是肥型的，女鞋是瘦型的。皮鞋跟的具体尺寸很多，常见的有平跟、坡跟、酒杯跟、调羹跟、中跟、中高跟、粗跟、高跟等。选购时，一定要经过试穿。选用时还应注意预防高跟鞋综合征、松糕鞋综合征等。

选择尺码时宜宽不宜紧。如脚长25cm，则宜选择26cm为宜（特别是尖头皮鞋），不然，脚趾要轧痛，走路也不方便。

规格质量。皮鞋上一般有五种标记：尺码是标明皮鞋长度的。编号，同双编号一致。型号，是标明鞋楦肥瘦的。产品等级和检验工号，一般用同一个戳号。产品等级有一级、二级，也有标正品、副品的，它说明产品质量的不同和价格的区别，检验工号是检验员的代号。商标，是商品的标记和信誉的象征，同时也是质量的承诺。这五种标记各有重要作用。

2. 皮箱

(1) 皮箱的种类

按生产原料分为猪皮、牛皮、羊皮、马皮、帆布、人造革和合成革皮箱等；按结构可分为软盖箱、硬盖箱、航空箱和密码箱四类。

①软盖箱。箱体大，结构坚固耐用，盛装物品较多，具有一定的伸缩性，应用最广，使用最为方便。

②硬盖箱。箱体高度较软盖略低些，整个箱体挺阔、坚硬、无伸缩性、变形性小。可盛装怕压物品，摆放平稳端正。

③航空箱。箱体较小，箱角呈圆形，并装有金属包角，便于携带中防止磨损。这种箱还有箱锁和拉链，式样美观，携带方便，经久耐用。

④密码箱。箱带有密码锁，分机械、电子两大类。机械密码对上密码即可开启；电子密码锁不仅要密码对号，还必须使用磁卡才能开启。

(2) 皮箱的质量要求

盖面及底面，要求革应坚韧耐磨，机械强度好，革面应无皱纹、裂痕、刀伤、掉浆等现象，颜色应均匀一致，并有一定亮度；箱帮应与箱盖、箱底一致，颜色光泽应无区别；四周高度一致，折边整齐，盖口与底口相互吻合，开关顺利，箱口闭合性好，不应过大或过小；纸架，应采用优良的32号黄板纸制成，具有较高的硬度和弹性；里衬，多采用浅色布制成，要求针码均匀、平整、不应有跳跃、折皱现象，更不应有糨糊和胶水污迹，箱内应整洁、匀称、大方，开箱后给人以爽快的感觉；箱锁，要求在中间部位安装，也有在中间、两头均要安装箱锁。箱锁要灵活可靠，不得歪斜和有镀层脱落现象；提手，内部采用通心铁皮折回为夹心，外部采用拉力较强的多层皮革进行包面，要求用回针缝牢；皮带，要求用拉力较强的水牛革制成，厚薄均匀，颜色应与箱体一致；琵琶头，厚度应为6mm，针码应靠边缘2mm，与高半圆圈相接处应缝牢固，不得有露缝现象；泡钉，应光亮美观，要求铆牢；缝纫针码，每寸5~6针，针码大小均匀。

三、家用电器

(一) 家用电器及分类

一般将可供家庭和个人使用的电器称为家用电器。近年来，随着科学技术的发展，特别是微电脑技术的应用和普及，家用电器已迈入了组合式、多功能、全自动的时代。

目前国际上家用电器分类法还无统一标准，通常以安装用途将家用电器分为以下几类：声像器具：如电视机、收音机、录音机、录像机、音响、照相机等。制冷器具：如电冰箱、冷冻箱、冷饮机、制冰机、冰淇淋机等。空调器具：如空调器、冷风机、电风扇、除湿机、加湿器等。清洁器具：如洗衣机、吸尘器、淋浴器、打蜡上光机等。厨房器具：如电饭锅、微波炉、电烤箱、洗碗机、家用净水器、抽油烟机等。取暖器具：如空间加热器、板式电热器、各种电暖器、电热毯等。照明器具：如各种吊灯、壁灯、落地灯、台灯等。家庭办公娱乐器具：如电脑、打印机、扫描仪、电动玩具、电子游戏机、电子乐器等。其他电器：如电子计分器、电子钟、灭蚊器、负离子发生器、按摩器等。

（二）电视机

电视机是我国目前家庭拥有率最高的家用电器。

1. 电视机分类

按显像管屏幕上图像的颜色可分为黑白电视机和彩色电视机。

按显像管尺寸可分为 9 英寸、12 英寸、14 英寸、16 英寸、18 英寸、25 英寸、29 英寸等。

按电视机接收频道范围可分为低频道电视机（只能收看 VHF 中 1~5 个基本频道）；高频道电视机（支持 VHF 中 6~12 个频道）；全频道电视机（可接收 VHF 中的 12 个频道以及 UHF 中的 56 个频道）。

按彩色电视机的广播制式可分为 NTSC（美、日、加拿大等国采用）；PAL（德、英、意等国采用）；SECAM 制（法、前苏联等国采用）。我国用的是 CCIR—D/PAL。

按电视屏幕显示方式可分为荧光显示、液晶显示和等离子体显示。

按电路工作方式原理可分为模拟电路电视机、数字电路电视机等。

2. 彩色电视机的基本工作原理

彩色电视机之所以能将彩色活动图像展现在我们眼前，主要是根据红、绿、蓝三基色的原理，将自然界中千差万别的颜色分解成红、绿、蓝三种单色光，在按照不同的比例调配成各种不同颜色，将这些不同色光转换成图像电信号，再由电视台加工后发出。

彩色电视机由天线接收到含有彩色景物信息的电信号后，经电视机电路进行一系列变换，把这种彩色电信号分解成三基色电信号，送至彩色显像管，彩色显像管屏幕上相间地涂着排列整齐的三基色荧光粉，并有三个电子枪，每个电子枪发出一个电子束击中相应的一种荧光粉，发出一种基色光。由于荧光粉点相当小，间距又很近，人员在一定距离之外分辨不出各个小点的颜色，而只能辨别出它们的综合色，这就是我们看到彩色图像的原理。

3. 电视机的主要品质要求

（1）图像重现率

图像重现率是指电视台播出画面在电视机屏幕上可完善显示的程度，一般要求水平与垂直方向的图像重现率不低于90%。

（2）灵敏度

它是电视机在保持图像稳定的情况下接收微弱信号的能力，在接收同一微弱信号时，灵敏度高的电视机图像清晰稳定，而灵敏度低的电视机则相反。

（3）选择性

选择性指电视机所调谐的频道对邻近频道电视信号的抑制能力。在正确调谐的情况下，接收某一频道信号时，不应同时出现邻近高频道的图像或频道的伴音。

（4）图像分辨率

图像分辨率是电视机清晰度的指标，反映电视机接收图像细节的能力，分辨率越高，图像越清晰。

（5）灰度等级

灰度是指收看黑白电视机图像时，由黑到白的亮度层次。灰度识别等级越高，图像的层次越多，真实感越强。

（6）彩色质量

彩色电视机的白色平衡、色纯度、电子束会聚误差等质量指标都影响图形彩色质量。高质量的彩电应该能够重现和原景物十分接近的彩色图像。

（三）电冰箱

电冰箱主要用于冷藏和冷冻食品及制作少量冰块。

1. 电冰箱的种类

（1）按电冰箱制冷方式，可分为压缩式冰箱、吸收式冰箱和半导体冰箱。

压缩式电冰箱是用机械压缩式制冷气体，利用制冷剂汽化热进行制冷。这种冰箱制冷效率高，适用范围大，结构简单，运行可靠，但噪音较大。吸收式电冰箱也是利用制冷剂汽化热来制冷，但噪音小，还可利用电能以外其他能源制冷，但制冷效率低，造价高。半导体冰箱是利用两块不同金属片接触，通过直流电产生热端和冷端原理，以冷端制冷为主。半导体冰箱结构简单，适合制造小型冷却冰箱，缺点是制冷效率低，冷却物较少。

（2）按冰箱冷却形式分为有霜型冰箱和无霜型冰箱。有霜型冰箱采用蒸发器直接冷却的方式，我国生产的冰箱大多属于此类。有霜型冰箱结构较简单，而且节约能源，但最终冷却温度较高。无霜型冰箱用冷风来冷却，多用于大型多门冰箱中，能量耗用较大，但最终冷却温度较低。

（3）按冰箱门数可分为单门冰箱、双门冰箱和多门冰箱。

(4) 按使用功能可分为冷藏箱、冷冻箱和冷冻冷藏箱。

(5) 按冷却性能可分为：一星、二星（高二星）、三星、四星。用星级分类表示电冰箱性能是由 ISO 规定的，我国也采用了这一分类法做为电冰箱标准冷却性能的分类。

2. 电冰箱的主要质量指标

(1) 冷却性能

冷却性能是冰箱在一定的制冷能力和绝热性能的条件下，检验温度控制器调节箱内温度能力的主要指标。

(2) 冷却速度

冷却速度是指冰箱放置额定食品后，规定时间内冷却的温度。它是反映冰箱制冷效率的质量指标。

(3) 保温时间

保温时间是指使冰箱冷却到了冷却温度，温度上升 10℃ 需要的时间。

(4) 耗电指标

电冰箱运行 24 小时的耗电量。它与冰箱容积、制冷系统、门封性能和开启次数有关。

(5) 振动与噪音

电冰箱振动振幅应不大于 0.05mm，冰箱运行时，不应产生明显的噪声。在规定的测试条件下，250 升以下电冰箱不应大于 52 分贝。

(四) 空气调节器

1. 空调器种类

(1) 按功能分类可以分为单冷型、电热型和热泵型。单冷型空调主要用于夏季降温、除湿，冬天不能供热。电热型空调夏天可以降温、除湿，冬天可通过电加热器供热、取暖。热泵型空调冬天通过一个热泵，改变原来制冷线路中制冷剂的流向，使室外热量转换到室内来加温取暖。

(2) 按空调器结构可分为整体式空调（窗式）和分体式空调（壁挂式、落地式等）。

2. 窗式空调的构成

(1) 窗式空调的构成

窗式空调主要有制冷系统、空气处理装置、换气装置及电路控制系统等部件。制冷系统主要包括电机压缩机、冷凝器、毛细管、蒸发器四大部件。空气处理装置主要由电风扇、离心扇、轴流风扇、空气过滤器等部件组成。窗式空调换气装置包括排风孔和新风进口。电气控制系统主要包括风扇电机控制电路、湿度控制电路、压缩机的启动与保护电路等。

(2) 窗式空调的工作原理

窗式空调工作时由离心风扇不断吸入室内热空气，并吸向蒸发器，蒸发器内的氟利昂吸热后，被压缩机压缩成高压蒸气，并且送至冷凝器，利用轴流风扇使空气迅速流过冷凝器，将高压热蒸气快速冷凝为高压液体，同时将热风排到室外。这些低温高压液体流过细而长的毛细管时，变成低压液体，又流回蒸发器，重新进入循环。这样，室内的热空气不断进入空调器内，穿过蒸发器，降温为冷风，再经过风道从风栅吹到室内，从而达到室内降温的目的。

（3）窗式空调的性能指标

①制冷量。制冷量是在空调器进行制冷运行时，单位时间内从密闭空间、房间或区域内除去的热量。这是衡量制冷系统制冷能力大小的指标。

②空气循环量。一般窗式空调器的空气循环量应在 $600\sim1\,100\,m^3/h$。

③噪音。按国家规定标准，窗式空调机的噪音应小于60分贝。

3. 分体式空调

分体式空调器因其室内机组、外机组分开放置而得名。室内机组有风扇、冷却器、开关控制等。室外机组有压缩机、冷凝器、毛细管、轴流风扇等。室内机组、外机组由制冷剂、排气管路及电气线路相连接。

分体式空调的主要优点有：

（1）噪音低，它在室内的噪音一般都低于50分贝。

（2）冷凝温度适中：由于冷凝器放置在室外，不受尺寸限制，冷凝器的传热面积和风量都可以适当放大。将笨重的机组放在室外，安装和检修方便。而室内机组较轻，拆装方便，占室内面积小，外形美观。

正是由于分体式空调具有上述优点，近年来已成为家庭购买空调的首选。

（五）洗衣机

家用洗衣机是供家庭使用，容量较小（一般在五千克以下），用于洗涤衣物的电器。

1. 洗衣机的类型

（1）按自动化程度分

①普通洗衣机。这类洗衣机只有洗涤定时器，其他操作全由手动实现，没有脱水装置。

②半自动洗衣机。这类洗衣机有脱水装置，它能自动完成洗涤、漂洗全过程，但脱水操作靠人工完成。

③全自动洗衣机。这是一种利用电脑控制的洗衣机。衣物在缸内可自动洗涤、脱水。有些先进的洗衣机脱水后还有烘干、熨烫甚至折叠功能。

（2）按结构原理分

按结构原理的不同，洗衣机可分为：波轮式、滚筒式、搅拌式、喷水式和振动式。

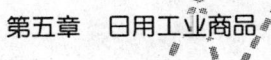

我国家用洗衣机大部分采用波轮式,其次是滚筒式。波轮式洗衣机制造简单,洗净率高,而且价格低,比较适合我国的消费水平;缺点是洗衣数量少,洗衣磨损率较大。

2. 洗衣机的工作原理

洗衣机的工作原理很简单,它就是用机械模仿手工的搓洗。在洗涤剂和水流的作用下,不断地搅拌、翻流和正反旋转,使衣服之间产生摩擦,达到去污的目的。

衣服上的污物主要是油脂、汗和灰尘,这些污物常牢牢地粘附在衣服表面缝隙中,污物和衣料的纤维相互吸引。洗涤时。由于水和洗涤剂的作用,污物和洗涤剂产生引力,在机械力的作用下,污物脱离衣物表面,而洗涤剂组成乳状小团,随水漂去,洗涤剂的成分、浓度及水温对洗涤效果影响很大,机械力的大小和分布也影响洗涤效果。

3. 洗衣机的主要性能

(1) 洗净比

它是衡量洗衣机实际性能的重要指标,是指在标准规定的洗涤条件下,洗衣机洗净率与参比洗衣机洗净率之比。通常是用粗布或者粗呢粘上各种成分的油污,按规定在洗衣机中进行洗涤,并用专门的仪器测定洗前、洗后的反射率,计算出洗净率,分别测出参比机和被测洗衣机的洗净率,即可求出洗净比。如波轮式洗衣机的洗净比应不小于 0.8。

(2) 磨损率

磨损率是衡量洗衣机对衣料的磨损程度的指标。可通过测定在标准状态下布料洗涤前后的重量,计算出磨损率。如波轮式洗衣机对试验织物的磨损率应不大于 0.2%。

(3) 脱水率 (P)

用来衡量脱水机干燥衣服的程度。用公式表示为:

P = 衣服含水量/衣服总量 ×100%

(4) 漂洗性能

它是指在标准状态下漂洗衣物上残留洗涤剂和污物的能力,可通过测定洗涤漂洗用水的导电率来计算求得。

(5) 噪音

在洗涤电机和脱水电机转速正常的情况下,其噪声功率不能大于 75 分贝。

(六) 微波炉

微波炉是利用超高频电磁波——微波,照射食物,使食物本身发热,而且里外同时升温,显著地缩短烹调时间,提高烹调质量的炊事用具。近年来,我国的微波炉销量不断增加,人们逐步认识到微波炉的使用价值。

1. 微波炉的种类

(1) 按微波炉的使用频率分

有 $915\pm25\,\text{MHz}$,$2\,450\pm50\,\text{MHz}$,$5\,800\pm75\,\text{MHz}$,$22\,500\pm125\,\text{MHz}$ 四类。915MHz 微波炉多用于烘烤、干燥、消毒物品等。家庭常用的是 2 450MHz 频率的。

(2) 按微波炉的结构分

有独立式和轻便式两种。独立式容量较大,它的输出功率为 100 瓦以上。轻便式容量较小,输出功率在 400~700 瓦之间。家用微波炉多采用轻便式。

(3) 按微波炉的控制功能分

有普及式和电脑式两种。普及式微波炉配备计时装置,使用时只要安食物种类选定烹调时间,超过规定时间它能自动停止烹调。而电脑式微波炉装有电脑记忆装置,可使微波炉按预定的程序完成解冻,满功率加热,半功率加热和保温等工作。

2. 微波炉的保养

(1) 微波炉要避免空载运行。

(2) 切忌用力关炉门,以免影响门的密封性能,造成微波泄漏。

(3) 微波炉要远离磁性材料,以免干扰炉内磁场均匀状态,造成工作效率下降。

(4) 不能用金属容器盛食物进行烹调,否则会使微波反射不规则,损坏磁控系统。

(5) 操作时,如发现搅拌器叶片不动或其他异常应立即停止烹调。

(6) 每次使用完毕后,用软布将炉腔内外壳清洁干净,暂不使用时要拔掉电源插头。

(七) 计算机

1. 计算机分类

按外形和体积不同可分为台式计算机、便携式计算机和掌上型计算机。其中台式机又称为桌上型电脑,是最普通的一种。它的优点是价格低、操作方便,但不易携带。便携式计算机又称笔记本电脑或膝上型电脑。它体积小携带方便,但价格较高。掌上型计算机体积有手掌大小,但功能较弱。

2. 计算机系统

计算机系统主要由硬件和软件两大部分组成。

(1) 计算机硬件

所谓硬件主要是由电子线路和机械物理装置组成的实体,主要包括以下几部分:

①中央处理器,也称 CPU。中央处理器是整个计算机的核心,直接控制

其他部件的活动。CPU 的主要任务是执行各种指令和处理数据。

②主板。主板是一个包含一定数量芯片的线路板，计算机的各个部件都插在该板上。

③存储器。计算机的存储器主要分为内部存储器和外部存储器。内部存储器由两部分组成：只读存储器和随机存储器。一般所说的内存是指随机存储器。常见的外部存储设备有硬盘、软盘、优盘、光盘等。

④输入、输出设备。输入、输出设备主要用来接受人们的指令并将运行结果显示出来。主要包括：显示器、键盘、鼠标、打印机、扫描仪等。

（2）计算机软件

计算机软件是为了使计算机完成各种操作而配备的程序总和。主要分为系统软件和应用软件两大类，包括：操作系统软件、数据库管理软件、文字处理软件、财务软件等。

第三节　日用工业商品的物流要求

一、日用工业商品储运特性

（一）生皮的储运方法

生皮是指供制革用或制裘用的动物原料皮，是我国传统出口商品之一。

1. 生皮的储运特性

（1）怕潮湿。生皮因含有亲水性成分和皮纤维的毛细管作用，具有吸湿性。受潮湿尤其是水湿后会导致细菌繁殖，腐蚀皮层组织，会发霉、发热、变色、脱毛，甚至腐烂。生皮防腐的方法有盐湿法、盐浸法、盐干法、干燥法和浸酸法等。

（2）怕热怕晒。生皮受高温或日光曝晒后，皮板会过度干燥，发硬脆裂。皮板潮湿后遇热会腐烂发臭，强烈破坏毛和皮板的结合，降低原料皮的质量。生皮运输最适宜的温度为 5~15℃，最适宜的相对湿度为 60%~70%。

（3）有强烈异味。生皮具有强烈的刺鼻气味。干皮为防虫蛀、鼠咬，常在生皮上撒有萘粉、滴滴涕、六六粉等杀虫药剂，也同样会散发异味。

（4）有感染性。在动物皮上，经常存在着多达 20 种的细菌。温度 30~37℃时，生皮上细菌繁殖极快，使生皮成分中的蛋白质、脂肪分解腐败。有时生皮中可能有感染炭疽病而死的动物皮，主要出现在绵羊、山羊、牛等生皮上，炭疽病原菌和其他细菌有感染性，能传染人、畜。

（5）怕虫蛀、鼠咬。生皮因含有动物蛋白质和油脂成分，很容易被虫蛀或鼠咬，使生皮受损害。

2. 生皮的运输包装

种类：捆包、木箱和木桶。捆包以白布或麻布包裹，内撒有萘粉。木箱或木桶以防潮纸为内衬，撒以萘粉等防虫剂。

3. 生皮的运输和保管

(1) 船舶要求清洁、干燥、易通风。

(2) 生皮运输要有检疫证书。

(3) 生皮不能与液体货物（如果汁、植物油、酸类等）、散发水分的货物混装，也不能与易感染异味的货物同装一舱。

(4) 装卸时，雨雪天不能进行作业。

(5) 保管时须注意不使生皮干枯、受潮和被虫蛀、鼠咬。严禁与食品、药品、饲料等同库堆存。

(二) 金属制品的储运方法

1. 金属制品的储运特性

(1) 比重大、积载因数小。金属一般属于重货，比重大、积载因数小。有些金属制品，如钢轨、钢管等尺寸较长大；有些单件较重，属于长大重件货。适宜与轻货搭配，装载于底舱、两层舱底部或舱面上。

(2) 锈蚀性。金属与空气、水、酸、碱、盐等接触后，会或快或慢地发生腐蚀而出现锈蚀现象，使金属质量受损，甚至变为废品。钢铁在空气中容易氧化生锈，铁锈组织疏松多孔，使氧化向内部不断发展，尤其是受海水或雨水浸湿后更容易生锈，并且易受酸、碱、盐类的侵蚀。型钢和厚钢板有些生锈问题还不太大，若是薄钢板、马口铁、白铁皮、钢丝等生锈则后果较为严重。铜、铝、锡、锌、铅相对来说不易生锈，因为它们氧化后生成物较为致密，对金属起着保护膜的作用，使金属受腐蚀的速度大为降低。表面积大而质薄的铜制品和铝制品也常因受腐蚀而降低质量。

(3) 易变形。质软、脆、薄的金属制品受外力作用后会引起变形，造成残损。变形形式有薄钢板卷边、断边、开卷，铅管及钢管弯曲、凹陷、螺纹受损，生铁、生铝铸件断裂、残缺，铝制品和铜制品凹陷、扭曲等。

(4) 其他特性。涂有防锈油的小五金制品受热后会发生渗油现象，易油污其他货物；铝粉、镁粉、锌粉等金属粉末易发生氧化，遇明火、高温、水、氧化剂易引起燃烧或爆炸，属危险物质；碳素钢在低温时会有发脆现象；锡在13.2℃以下时会逐渐转变成煤灰状的粉末，叫灰锡，在-33℃以下时变化速度大大加快。低温中的锡若沾上灰锡，会像传染病蔓延一样，使锡制品毁坏无遗，俗称"锡疫"；青铜的锈（碱式氯化铜）呈绿粉状，疏松膨胀，也会像瘟疫一样在铜器中传播和蔓延，俗称"青铜病"。此外，还有房盖钢皮、钢丝、圆钢等忌油污以及硅铁忌潮湿等。

2. 金属的运输包装

金属锭多为裸装或捆扎包装，特种生铁锭使用木箱或金属桶装运，高纯度的铝锭也装入箱内运输。

3. 金属制品的运输包装

型钢大多以裸装或简易捆束；厚钢板不加包装，有的呈卷筒状（称卷钢）；钢丝通常是盘成圈状，俗称盘圆，以扎为单位；日用小五金制品用木箱运输等。

4. 金属及其制品的运输和保管

（1）避免船舶重心过低引起急剧摇摆，与轻泡货物合理搭配，以求得到适当的稳定性并充分利用舱容。一般在底舱装。装载时可采用垫木、井形垛等适当提高舱内的堆积高度，但必须注意稳固防移。

（2）避免船体变形与局部损伤。

（3）加强防移措施。

（4）选用合适装卸工具、索具。

（5）防止金属制品混唛。

（6）防止金属制品受腐蚀。

（7）防止金属制品受油类、硬质残屑等损害。

二、日用工业商品储运方法

（一）化妆品的储运

化妆品属于易变质，易损耗的商品，储存期一般不宜超过一年。保管中要求库房干燥、阴凉、通风，适宜温度 5~30℃，相对湿度不超过80%为宜；搬运中必须轻装轻卸，堆码不宜过高，切勿倒置，远离热源、电源；经常检查有无破损、变质现象，及时采取补救措施。

（二）塑料制品等日用工业商品防老化

由于塑料是用人工合成的具有可塑性的高分子材料，以及用树脂为基础粘结剂而制成的材料。所以受日光、热和空气中氧等环境因素作用会失去其原有优良性能，以致最后丧失其使用价值。

商品的防老化主要是在生产过程中考虑，但储运中也不能忽视，应采取一系列的防老化措施。

1. 妥善包装

完好而妥善的包装可使商品与外界环境处于隔离状态，这样可减少外界因素的影响。

2. 控制温度

温度对商品老化有直接的影响，所以高分子商品应存放在受温度影响较小的库房里,不宜露天存放,更不宜曝晒。

3. 合理堆码

高分子商品堆码时要注意通风散热,底层商品承重不能过大,以免造成挤压,加剧老化。

(三) 日用工业商品防霉腐:气相防霉腐

气相防霉腐是通过药剂挥发出来的气体渗透到商品中,杀死霉菌或抑制其生长和繁殖的方法。这种方法效果较好,应用面广。常用的气相防霉剂有:环氧乙烷、甲醛和多聚甲醛等,主要用于皮革制品等日用工业品的防霉。应注意的是,气相防霉剂应与密封仓库、大型塑料膜罩或其他密封包装配合使用,才能获得理想效果。另外,使用中要注意安全,严防毒气对人体的伤害。

对于已发生霉腐的商品,为避免进一步变化造成更大的损失,应及时采取措施救治。霉腐商品的救治方法很多,常用的方法有:晾晒、烘烤、熏蒸、机械除霉及加热灭菌等。使用时应根据实际情况合理选择。

(四) 皮革制品的储运

1. 防潮湿。皮革含水量 16%~18%,在正常温度条件下能保持平衡。当湿度增高时,皮革将吸收水分,水分过大就容易发霉,不仅表面产生难以消除的霉斑,其强度也会降低。因此,保管皮革制品首先注重防潮,存放和陈列的地方要干燥通风,离开地面和砖墙。

2. 防热。皮革除含有一定量的水分外。还须含有一定量的油脂,以保持其柔软和光泽。若保管环境温度过高,皮革水分蒸发,革面纤维干枯发脆,可能出现裂面和变形的现象。若积热不散,又将引起油脂的分解变质。降低皮革的强度和韧性。同时也易引起橡胶和塑料配件的老化。所以,保管和陈列的皮革制品,不应受日光照射,不应靠近炉火、暖气管、电热器具等。

3. 防酸碱。皮革接触到带有酸碱性的物质,会由于腐蚀作用而使皮面裂纹、折断,降低韧性和弹性。因此,不能和肥皂、碱面、化工原料以及一些副食品等放在一起。

4. 防虫蛀和鼠咬。皮革本身含有动物蛋白质纤维和油脂成分,很容易被虫蛀或鼠咬。保管皮革制品必须注意防虫防鼠。

5. 防尘。尘埃落附在鞋面能吸去表面层油脂。使革面变得粗糙和僵硬。当油脂含量降低后,皮革表面更易吸潮发霉,保管时必须注意保持皮鞋的洁净。

6. 防挤压。皮革制品不可挤压,以免变形走样,不能受硬物摩擦,堆码时也不能过高。防止重压变形。

总之,皮革制品应妥善存放,对库房的要求是:阴凉、干燥和密封,库内温度以不超过 30℃ 为宜。相对湿度宜保持在 50%~80%,为了防止发霉,可在皮鞋表面喷刷防霉剂，为防止生虫应加放樟脑丸。

（五）金属制品防锈

金属商品的电化学锈蚀是造成商品损失的重要因素之一。所以做好金属商品的防锈蚀工作非常重要，也是仓储过程中商品养护的一项重要任务。在防止金属商品电化学锈蚀的方法中，相当多的方法是围绕防止金属表面生成水膜而进行。在仓储过程中使用的主要防锈蚀方法是：改善仓储条件、涂油防锈、气相防锈和可剥性塑料封存等。

1. 涂油防锈。涂油防锈是流通中常用的一种简便有效的防腐方法。它是在金属表面涂覆一层油脂薄膜，在一定程度上使大气中的氧、水分以及其他有害气体与金属表面隔离，从而达到防止或减缓金属制品生锈的方法。此法属于短期的防锈法，随着时间的推移，防锈油会逐渐消耗，或由于防锈油的变质，而使金属商品又有重新生锈的危险。根据防锈油形成膜的性质，可分为软膏防锈油、硬膜防锈油、油膜防锈油三类。除防锈油外，凡士林、黄蜡油、机油等也可作防锈油脂。

2. 气相防锈。气相防锈是利用挥发性气相防锈剂在金属制品周围挥发出缓蚀气体，来阻隔空气中的氧、水分等有害因素的腐蚀作用以达到防锈目的，具有使用方便，封存期较长，使用范围广泛的特点。它适用于结构复杂，不易为其他防锈涂层所保护的金属制品的防锈。常用的气相防锈剂有：亚硝酸二环己胺、肉桂酸二环己胺、肉桂酸、福尔马林等。

3. 可剥性塑料封存。可剥性塑料是用高分子合成树脂为基础原料，加入矿物油、增塑剂、防锈剂、稳定剂以及防腐剂等，加热溶解后制成的。这种塑料液喷涂于金属制品表面，能形成可以剥落的一层特殊的塑料薄膜，像给金属制品穿上一件密不透风的外衣，它能阻隔腐蚀介质对金属制品的腐蚀，以达到防锈目的。可剥性塑料中，常用的树脂有乙基纤维素、醋酸丁酸纤维素、聚氯乙烯树脂、过氧乙烯树脂和改性酚醛树脂等。

（六）电视机等大型家电的包装与储运

电视机体积大、重量也重，且为易损、易爆商品，因此，电视机的外包装一般用厚实的纸箱，整机应用防潮或塑料套包裹，并且用泡沫塑料模压衬妥善填衬，不允许电视机在包装箱内晃动。外包装上应有明显的"防潮"、"向上"、"小心轻放"等标志。搬运时，必须小心轻放，避免碰撞与震动。储存时最好放在多层仓库的中层，如储存在一般库房的低层时，垛底必须垫高30厘米以上，以免潮气侵入。存放时不能贴墙堆垛，放置必须平衡可靠，可堆叠台数以包装标注为准。库房温度应在 -5 ~ 35℃之间，相对湿度以 50% ~ 80% 为宜。库房不能有酸、碱以及其他腐蚀性气体存在。

电冰箱在搬运时，不能过分倾斜，如果倾斜超过45度，会造成冷冻油进入制冷系统，影响制冷，有的还会造成冰箱压缩机吊装弹簧脱落而出现故障。

本章小结

洗涤用品中的肥皂和合成洗涤剂，是人们常用的生活必需品，它们的主要成分是表面活性剂，不同种类的表面活性剂及其组合，构成了众多性能各异的洗涤用品。洗涤用品的质量可以从用途、配方、感官指标和理化指标方面来考察，此外，还必须考虑其环保性。

化妆品的种类很多，主要起清洁、美化、保护人体皮肤和毛发的作用。护肤类化妆品可分为油质性和水质性两大类，洗发液和香水也是人们常用的化妆品，化妆品的质量可从包装、说明书、色泽、组织状态和安全卫生性方面来检查，选用时应根据人的皮肤、发质及季节等来进行，保管中的库房应干燥、阴凉、通风，保持适宜的温度、湿度。

塑料是以合成树脂为主要成分的高分子化合物，树脂不同，其制品的性能和用途也不同，塑料常见的有十大品种。塑料的外观质量要求，不同的制品要求不一样。塑料制品的鉴别主要有外观鉴别法和燃烧鉴别法。

皮革制品原料皮来源于动物界，人造革、合成革已成为其重要组成部分。皮革具有独特的特点，种类很多，制品也很多，常见的有皮鞋、皮箱等。皮鞋、皮箱的质量可以从原料皮种类、制品结构、用途、外观和内在质量来评价，原料皮种类可以从外观粒面特征来鉴别。皮革制品保管时，应注意防潮、防热、防酸碱、防虫、防挤压等。

家用电器的种类很多，家电有关品种的消费是通过人的感觉器官来实现的。有的家电品种是声、光、电相互作用的产物，有关家电的基础知识是人耳和人眼特性，声学知识，光学知识，无线传播等。彩色电视机、电冰箱、空调器、洗衣机、微波炉、计算机已经是常见的家用电器，这里概述了它们的种类、性能特点、型号、结构、工作原理、质量要求与检验、选用和维护等知识和技能。

练习题

一、名词解释

合成洗涤剂　表面活性剂　塑料　皮鞋　彩电　空调　变频空调器　冰箱　计算机

二、判断题

1. 树脂是决定塑料性质的主要成分。（　　）

2. 苛性钠是制造普通洗衣皂的重要原料。（　　）
3. 化妆品是保护和美化皮肤的日常用品。（　　）
4. 人参霜可以用于治疗。（　　）
5. 皮革具有良好的耐热性和耐寒性。（　　）
6. 彩电的图像重现率一般不能低于60%。（　　）
7. 分体式空调的室内噪音一般不低于50分贝。（　　）
8. 微波炉烹调的食物里外一起熟。（　　）
9. 在彩色电视机中，灰度等级越高，真实感越强。（　　）

三、填空题
1. 塑料的主要质量特性包括_____和_____。
2. 肥皂的组成可分为主要原料、_____和_____三部分。
3. 化妆品的储存期一般不宜超过_____，适宜的温度是_____。
4. 塑料制品中加入的稳定剂有_____，_____和_____。
5. 皮鞋的鞋帮一般包括_____，_____和_____三部分。
6. 皮箱按结构可分为软盖箱、航空箱、_____和_____四类。
7. 电冰箱按冷却形式可分为：_____和_____。
8. 电视机按显像管屏幕上图像颜色可分为_____电视机和_____电视机等。
9. 电冰箱按门数可分为单门、_____和_____。
10. 洗衣机的脱水率用公式表示为：_____/衣服总量×100%

四、单项选择题
1. 塑料制品的外在的质量指标是（　　）。
   A. 比重　　　　B. 拉伸强度　　　C. 光洁度　　　D. 冲击强度
2. 摩擦剂占牙膏配方含量的（　　）。
   A. 40%~50%以上　　　　　　　B. 50%以上
   C. 60%以上　　　　　　　　　D. 70%以上
3. 保护面部皮肤类的化妆品是（　　）。
   A. 粉刺霜　　　B. 冷霜　　　　C. 粉底霜　　　D. 眼影膏
4. 皮革制品应妥善存放，对库房的要求是库内温度以不超过（　　）℃为宜。
   A. 26　　　　　B. 30　　　　　C. 35　　　　　D. 41
5. 常用的气相防霉剂有：环氧乙烯、（　　）和多聚甲醛等。
   A. 甲醛　　　　B. 乙苯醛　　　C. 乙苯　　　　D. 六六粉

五、简答题
1. 简述肥皂的去污原理。

2. 怎样选用护肤性化妆品？
3. 简述两种塑料品种的性能特点、用途及外观鉴别。
4. 在皮鞋的选购与保养中应注意哪些问题？
5. 简述计算机的一般组成。

 **实验题**

五种皮鞋的感官鉴别实验

感官鉴别以猪皮、牛皮、羊皮、人造革、合成革为鞋帮的男女各式皮鞋的皮革种类，结合皮鞋其他部位用料来鉴别皮鞋质量，并写出实验报告。

实验报告

皮鞋的感官鉴别实验

报告人：　　　　　报告日期：

1. 实验目的
2. 实验内容
3. 实验步骤
4. 实验结果
5. 问题讨论（若实验中没有发现问题，可略）

第六章 金属材料

学习目标：通过本章的学习，你必须了解金属材料的性能；熟悉金属材料的分类和牌号表示方法；掌握金属材料的物流要求，以利于将来在物流管理中的运用。

第一节 金属材料的性能

金属材料泛指各种金属及其制品，包括合金、纯金属、冶炼产品和加工产品。金属材料的性能就是指它的性质和功能。金属材料的性能分为使用性能和工艺性能。所谓使用性能是指材料构件或设备在正常工作条件下材料应具有的性能，包括物理性能、化学性能和力学性能。物流管理工作人员只有深入和全面了解金属材料的各种性能，才有可能做到正确、经济、合理、科学地检验、验收、保管和运输金属材料。

一、金属材料的物理性能

金属材料的物理性能，是指金属材料在受温度、电流、磁力等作用下发生的不改变材料本质的有关性能，主要包括密度、熔点、导电性、导热性、热膨胀性和磁性等。

（一）密度

金属材料单位体积所含物质质量多少称为密度。其代表符号为 ρ，$\rho = m/v$，式中：m 表示质量（g）；v 表示体积（cm^3）；ρ 表示密度（g/cm^3），单位是克/厘米^3。不同金属材料的密度不同，例如钢的密度为 7.85 克/厘米^3，铝的密度为 2.7 克/厘米^3。金属材料的密度，直接关系到零件的质量和结构的紧凑程度，是设计、选材的依据之一，在钢材供应和销售中经常用钢的密度来计算钢材的质量，即质量＝密度×体积。

（二）熔点

金属材料由固态转变为液态时的温度称为熔点，不同的金属有不同的熔点，例如铜的熔点为 1 400～1 500℃，锡的熔点为232℃。

金属材料的熔点是铸造、焊接、电镀、配制合金时必须考虑的重要因素，与金属的应用有很大关系,例如:利用低熔点的合金可炼制保险丝(铅锡的合金),浇铸铅字(铅与锑的合金)。利用熔点高的合金炼制灯丝、加热元件(钨钼的合金)等,而制造机械零件、结构件等用熔点高的合金。

(三) 导热性

金属能够传热的能力,称为导热性。衡量导热能力大小的主要指标是热导率(传热系数)。金属材料的导热性愈强,散热也愈快,纯金属的导热性比合金好。可利用热导率大的金属材料制造散热器、热交换器等,例如铜、铝及其合金。金属材料的导热性愈差,在加热和冷却过程中表面和内部的温差愈大,产生的内应力愈大,导致变形和开裂的倾向性愈大。

(四) 热膨胀性

金属材料受热时体积增大(即几何尺寸增长)的性质,称为热膨胀性,通常用线膨胀系数来衡量热膨胀性的大小。线膨胀系数是指物体温度每升高1℃,该物体所增加的长度与原有长度的比值。线膨胀系数以 β 表示,计算公式如下:

$$\beta = 1/L \times \Delta L/\Delta t$$

式中:L——长度(mm);

ΔL——伸长量(mm);

Δt——温度(℃);

β——线膨胀系数,单位 mm/(℃×mm)。

钢的线膨胀系数一般在 $(10 \sim 20) \times 10^{-6}$ mm/(℃×mm)范围内。

在设计精密仪器、精密机床的零件及测量工具时,应选用热膨胀系数小的金属材料,才能保持较高的精度,如内燃机活塞与缸套之间间隙很小,既要保证活塞在缸套内往复运动,又应保证气密性,为此活塞与缸套材料的热膨胀性要相近,以免两者漏气。

(五) 导电性

金属传导电流的能力,称为导电性,纯金属导电性一般比合金好。银的导电性最好,其次为铜和铝。材料的导电性愈好,则电流通过时电能损失愈小,因此,用铝与银制作电线等导电材料。而铬镍合金、铁铬合金导电性差,电阻大,则用作电阻丝等。金属材料的导电性有随温度的变化而改变的特征,是选择材料时必须要考虑的因素。

(六) 磁性

金属被磁场吸引或被磁化的性能称为磁性。根据磁性的强弱可分为:铁磁性金属,即在外磁场中能强烈的磁化,如铁、镍、钴及其合金;逆磁性金属,即能抵抗或削弱外磁场的作用,如铜、铝、锌、锡等;顺磁性金属,即在外磁场中只能微弱地被磁化,如锆、铬、钨等。但当铁磁金属加热到某一温度时会丧失磁性,这个温度叫居里温度。

磁性电器工业中设计选择材料的依据是：电机变压器的铁芯要求导磁性好，要用电工纯铁、硅钢铁等磁性材料制造。要避免磁干扰的罗盘盒、念青壳等零件，都要用钢铝等磁性金属材料制造。

二、金属材料的化学性能

金属材料的化学性能是指金属在常温和高温条件下，抵抗各种腐蚀介质对其进行化学侵蚀的一种能力。它包括抗腐蚀性、抗氧化性和化学稳定性。

（一）抗腐蚀性

抗腐蚀性又叫抗蚀性，是指金属材料抵抗周围介质的能力。金属的腐蚀方式主要有两种：化学腐蚀和电化学腐蚀。

1. 金属材料在腐蚀性气体或电解质中发生化学反应而受到腐蚀，称为化学腐蚀。

2. 金属材料与酸、碱、盐等电解质溶液接触时发生电化学作用而受到腐蚀，称为电化学腐蚀。

（二）化学稳定性

金属的抗蚀性好，不易受周围介质作用并发生质量上的变化，表现出的性能，称为化学稳定性。

（三）抗氧性

金属材料在室温或高温条件下，抵抗气体腐蚀的能力，称为抗氧性。在高温条件下工作的零部件，如内燃机阀门、加热炉炉膛、锅炉管道等长期受高温气体侵袭的部件，必须具有良好的抗氧性。

（四）金属材料的化学成分规定范围及允许偏差

1. 普通碳素钢和低合金钢的成分及允许偏差，如表 6-1 所示。

表 6-1　　　　普通碳素钢和低合金钢的成分及允许偏差

元素	规定化学成分范围,%	允许偏差,%		元素	规定化学成分范围,%	允许偏差,%	
		上偏差	下偏差			上偏差	下偏差
C	0.03 0.02		0.02	P	≤0.050 规定范围时: 0.05~0.15	0.005 0.01	0.01
Mn	≤0.80	0.05	0.03				
	>0.80	0.10	0.08	V	≤0.20	0.02	0.01
Si	≤0.35	0.03	0.03	Ti	≤0.20	0.02	0.01
	>0.35	0.05	0.05	Nb	0.015~0.050	0.005	0.005
S	≤0.050	0.005		Cu	≤0.40	0.05	0.05
				Pb	0.15~0.35	0.03	0.03

2. 优质碳素钢和合金钢（不含低合金钢、不锈钢、耐热钢、高速钢）的成分及允许偏差，如表6-2所示。

表6-2　　优质碳素钢和合金钢的成分及允许偏差表

元素	规定化学成分范围,%	允许偏差,% 上偏差	允许偏差,% 下偏差	元素	规定化学成分范围,%	允许偏差,% 上偏差	允许偏差,% 下偏差
C	≤0.50 >0.50	0.01 0.02	0.01 0.02	Cr	≤0.09 >0.09~2.50 >2.50~≤4.00 >4.00	0.03 0.05 0.10 0.15	0.03 0.05 0.10 0.15
Mn	≤1.00 >1.00~≤2.00 >2.00	0.03 0.04 0.05	0.03 0.04 0.05	Mo	≤0.20 >0.20~≤0.60 >0.60	0.01 0.02 0.03	0.01 0.02 0.03
Si	≤0.37 >0.37~≤1.50 >1.50	0.03 0.04 0.05	0.03 0.04 0.05	V	≤0.10 >0.10~≤0.90 >0.90	0.01 0.02 0.03	0.01 0.02 0.03
Ni	≤1.00 >1.00~≤2.00 >2.00~≤5.00 >5.00	0.03 0.05 0.07 0.10	0.03 0.05 0.07 0.10	W	≤1.00 >1.00~≤2.00 >2.00~≤4.00 >4.00	0.04 0.05 0.08 0.10	0.04 0.05 0.08 0.10
Al	≤0.10 >0.10~≤0.60 >0.60	0.03 0.04 0.05	0.03 0.04 0.05	Nb	0.010~0.030	0.005	0.005
Cu	≤1.00 >1.00	0.03 0.05	0.03 0.05	Pb	0.15~0.35	0.03	0.03
Ti	≤0.20	0.02		S	规定范围时：0.08~0.35	0.02	0.01
B	0.001~0.005	0.0005	0.0005	P	规定范围时：0.05~0.15	0.01	0.01

3. 不锈钢和耐热钢的成分及允许偏差，如表 6-3 所示。

表 6-3　　　　　　　　不锈钢和耐热钢的成分及允许偏差表

元素	规定化学成分范围，%	允许偏差，% 上偏差	允许偏差，% 下偏差	元素	规定化学成分范围，%	允许偏差，% 上偏差	允许偏差，% 下偏差
C	≤0.010	0.002	0.002	Cr	>3.00~≤10.00	0.10	0.10
	>0.010~≤0.030	0.005	0.005		>10.00~≤15.00	0.15	0.15
	>0.030~≤0.20	0.01	0.01		>15.00~≤20.00	0.20	0.20
	>0.20~≤0.60	0.02	0.02		>20.00	0.25	0.25
	>0.60	0.03	0.03		≤1.00	0.03	0.03
Mn	≤1.00	0.03	0.03	Ni	>1.00~≤5.00	0.07	0.07
	>1.00~≤3.00	0.04	0.04		>5.00~≤10.00	0.10	0.10
	>3.00~≤6.00	0.05	0.05		>10.00~≤20.00	0.15	0.15
	>6.00~≤10.00	0.06	0.06		>20.00~≤30.00	0.20	0.20
	>10.00~≤15.00	0.10	0.10		>30.00~≤40.00	0.25	0.25
	>15.00	0.15	0.15		>40.00	0.30	0.30
P	≤0.040	0.005		Mo	>0.20~≤0.60	0.03	0.03
	>0.040~≤0.20	0.010			>0.60~≤2.00	0.05	0.05
S	≤0.040	0.005			>2.00~≤7.00	0.10	0.10
	>0.040~≤0.20	0.010			>7.00~≤15.00	0.15	0.15
	>0.20~≤0.50	0.020			>15.00	0.20	0.20
Si	≤1.00	0.05	0.05	Ti	≤1.00	0.05	0.05
	>1.00	0.10	0.10		>1.00~≤3.00	0.07	0.07
					>3.00	0.10	0.10

三、金属材料的力学性能

无论什么质量的金属材料都是用来生产产品的，人们在实践过程中，对选择什么质量金属材料，主要依据是考察其材料本身的力学性能（机械性能），也就是材料的通性。

常用的力学性有弹性、塑性、强度、冲击韧性等。

（一）强度

金属材料在外力作用下，抵抗变形和断裂的能力，称为强度。金属材料的强度是通过比例极限、弹性极限、屈吸点（屈吸强度）、抗拉强度等指标来反映的，其强度是选择金属材料的重要依据。强度大小通常用单位面积上承受的应力来表示。计算公式为：

$$\sigma = P/F$$

式中：P——外力（N）；

F——横截面积（mm^2）；

σ——单位面积上承受的应力（N/mm^2）

（二）弹性

金属材料在去掉引起变形的外力后，能恢复原来形状和尺寸的能力，称为弹性。金属材料的弹性是通过弹性极限、比例极限等指标来反映的。金属的弹性对制造弹性零部件具有重要意义。弹性极限用 σ_e 表示。计算公式为：

$$\sigma_e = P_e/F_0$$

式中：P_e——保持完全弹性时的最大外力（N）；

F_0——试样的原横截面积（mm^2）；

σ_e——弹性极限（N/mm^2）。

σ_e 越大，说明该材料的弹性越好。

（三）塑性

金属材料在外力作用下产生塑性变形而不断裂的能力，叫塑性。塑性常用伸长率、断面收缩率等指标来表示。金属材料的塑性是进行压力加工、冷弯工艺等必须考虑的重要因素。另外，适当的塑性对提高金属结构的安全可靠性十分必要。

（四）屈服点

金属材料在拉伸过程中，载荷不断增加，而试样仍继续变形的现象，称为屈服点。发生屈服现象时的应力，即开始产生塑性变形的应力，称为屈服点屈服极限，用 σ_s 表示，单位为牛顿/毫米^2。

（五）屈服强度

对于某些屈服现象不明显的金属材料，测定屈服点比较困难。常把产生 0.2% 永远变形的应力定为屈服点，称屈服强度或条件屈服极限，用 σ 表示，单位为牛顿/毫米^2。

（六）抗拉强度

金属材料拉伸时，在拉断前所承受的最大应力，称为抗拉强度。它反映金属材料抵抗大量塑形变形和断裂的能力，抗拉强度以 σ 表示，单位为牛顿/毫米^2。

（七）抗弯强度

试样在载荷作用下，使其折断时横断面所承受的最大正应力，称为抗弯强度。以 σ 表示，单位为牛顿/毫米^2。

（八）伸长率

金属材料在拉伸试验时，试样拉断后，其标距部位所增加的长度与原标距长度的百分比，称为伸长率或近伸率，以 δ 表示。

第六章　金属材料

（九）断面收缩率

金属材料在拉断后，其缩颈处横截面积的最大缩减量与原横截面积的百分比，称为断面收缩率。以 Ψ 表示，单位为%。

（十）硬度

金属材料抵抗更硬物体表面压力的能力，称为硬度。硬度不是一个单纯的物理量，而是反映弹性、强度与塑性等的综合性能指标。一般来说，硬度越高，耐磨性越好。

第二节 金属材料的分类

金属材料品种繁多，可按不同的分类方法归类。工业上对金属材料的分类主要有以下两种方法。

按金属成分的复杂性分为纯金属和合金。凡单纯由一种金属元素所组成（或含微量其他金属，但不改变它的根本性质）的金属材料称为纯金属。合金是一种金属和另一种金属、或几种金属、或非金属熔合在一起所生成的均匀液体经冷凝后所形成的固体。铁可与其他金属或非金属组成多种合金。生铁、熟铁和钢铁都是铁合金，它们是运输中运量最大的金属材料。

按金属元素分类：将金属分为黑色金属和有色金属两大类。

一、黑色金属

黑色金属包括纯铁、铁合金和铬、锰等。在工业上，用途最为广泛的是铁合金和合金钢。

（一）生铁

通常把含量在2%~3.4%范围内的铁合金称为生铁。它除含碳外，尚含有少量硅、锰、硫、磷等元素。它按不同用途可分炼钢生铁、铸造生铁和特种生铁等多种。其中：炼钢生铁断面呈白色（俗称白口铁），质硬而脆，不适于加工制造；铸造生铁（简称铸铁）断面有较好的抗拉强度和耐磨、耐压性能，它可代替钢材用于铸造连杆、曲轴、活塞等机件；特种生铁（又称合金生铁）含有较多硅、锰元素、或其他元素，如硅铁、锰铁等。它常用于改善一些钢料的性质。

（二）熟铁

熟铁是一种含碳量很少（0.03%左右）的铁合金，它质软而韧，富有延展性，易于弯曲，可锻接制造铁链及锚等用具。

（三）钢

钢是含碳量在0.03%~2%之间的铁合金，它富有弹性、延展性，且有很高的强度。根据不同的化学成分，它又可分成普通碳素钢和合金钢两大类。在贸易运输中，运量较大的是普通碳素钢材。

普通碳素钢材有：型钢、板形钢、钢管和钢丝四大类，它们的基本特征如下：

型钢：按其截面或外表形状分为圆钢、方钢、六角钢、八角钢、角钢、扁钢、工字钢、T字钢、槽钢、钢轨、竹节钢等。其中，前五种型材主要用于制造机械零件、工具、钢轴、农具、紧固件及其他制品，后六种型材主要作为基本骨架或构件，用于输电架、车辆轨道、建筑物、船舶及起重运输机械等方面。

板形钢：包括普通碳素薄钢板、黑铁板、镀锌铁皮和镀锡铁皮等，用途极为广泛。板形钢的规格以板皮的厚度、长度、宽度（mm）和每张的重量（kg）表示。板钢包装以捆为单位，每捆张数依其厚度不同而定。平叠的薄铁皮由一层钢皮做包装，并用窄钢条加以捆扎。

钢管：可分无缝钢管和有缝钢管两类，用途极为广泛，品种也很复杂。钢管的规格以长度、壁厚和外部直径表示，在使用上还有耐压强度的要求。钢管一般不加包装，可采用散件堆装的方式运输，但直径较小的钢管应以一定数量捆绑成束。此外，多数钢管的端部带有螺纹（有些已附加有相应螺纹的套管），这些管端及螺纹极易在装卸作业时受损，应注意防护。

钢丝：包括压延的线材和用线材拉制的各种钢丝。钢丝分镀锌与不镀锌两种，前者俗称白铅丝，后者俗称铁丝或青铅丝。线材规格以其直径（mm）表示，钢丝规格除以其直径（mm）表示外，尚可用量规的线号数字表示。线材及钢丝等通常盘成圈状或绕缠在木轴上，以便堆装与保管。

现将钢材品种分类统计的体系对照表列在下面，如表6-4所示。

表6-4　　　　　　　　钢材品种分类统计的体系对照

		国家统计局年报目录	新《体系》与之对应的内容
1		铁矿石原矿量	铁矿石原矿量
2		铁矿石成品矿	铁矿石成品矿
3		锰矿石成品矿	锰矿石成品矿
4		生铁	生铁
5	钢	普通碳素钢	普通质量非合金钢
		普通低合金钢	低合金钢
		合金钢	合金钢
		其他优质钢	以上三项之外的钢

续表

	国家统计局年报目录		新《体系》与之对应的内容	
6	成品钢材		钢材扣掉涂镀层钢材中用进口或外购企业钢材或来料加工钢材,未经任何轧制而进行涂镀层的钢材	
7	铁道用材		车轮、车箍和车轴坯	
			铁道用材	
		重轨	重轨	
		轻轨	轻轨	
8	普通大型钢材	大型型钢	一般碳素结构钢,工、槽≥180mm,角≥150mm	
			低合金钢,工、槽≥180mm,角≥150mm	
		钢板桩		
		棒材	一般碳素结构钢棒材,直径≥80mm 的圆、方钢,宽≥100mm 的扁钢	
			低合金钢棒材中直径≥80mm 的圆、方钢,宽≥100mm 的扁钢	
9	普通中型钢材	大型型钢	一般碳素结构钢	工、槽<180mm
			低合金钢	角<150mm
		中小型型钢	一般碳素结构钢	扣除角边<50mm 的角钢
			低合金钢	
		钢筋	直径>38mm 钢筋	
		棒材	一般碳素结构钢棒材,直径在 38~79mm 的圆、方钢,宽在 60~99mm 的扁钢	
			低合金钢棒中直径在 38~79mm 的圆、方钢,宽在 60~99mm 的扁钢	
10	普通小型钢材	中小型型钢	一般碳素结构钢	角边<50mm 的角钢
			低合金钢	
		钢筋	直径≤37mm 钢筋	
		棒材	一般碳素结构,直径≤37mm 的圆、方钢,宽≤59mm 的扁钢。低合金钢棒材中直径≤37mm 的圆、方钢,宽≤59mm 的扁钢	
11	优质钢型材	大型型钢	扣掉一般碳素结构钢、低合金钢大型型钢	
		中小型型钢	扣掉一般碳素结构钢、低合金钢中小型型钢	
		棒材	扣掉普通质量非合金、低合金钢棒材	

续表

	国家统计局年报目录	新《体系》与之对应的内容		
12	冷弯型钢	冷弯型钢		
13	线材	盘条		
14	特厚钢板	厚钢板（带）	特厚钢板（厚≥50mm）	
15	中厚钢板	厚钢板（带）	厚钢板	厚>3mm，宽<50mm
			厚钢带	厚>3mm，宽≥600mm
16	薄板	热轧薄钢板（带）厚度<3mm		
		冷轧薄钢板（带）厚度<3mm		
		涂镀层钢板扣掉用进口或外购企业钢材或来料加工钢材，未经任何轧制而进行涂镀层的钢材		

二、有色金属

有色金属包括黑色金属以外的全部其他的金属及其合金。有色金属在工业上应用范围虽不及黑色金属，但各种有色金属各有不同特征，是制造电气工业制品、航空工业机件、各种特殊用途的机件以及优质合金钢等不可缺少的原料。铜、铝、锡、铅、锌和这些金属的合金广泛应用于制造金属制品，而且在船舶运输中的运量也较大。主要的有色金属的特性如下：

（一）铜及铜合金

纯铜呈浅红色，又称为赤铜或紫铜。它有极好的导电性和导热性，在干燥空气里会蒙上极薄的一层氧化物，使表面呈暗红色，在潮湿的空气里与碳酸气接触，表面会生成浅绿色的薄膜层（俗称铜绿，带有毒性）。这种膜层能使它不再被继续腐蚀。纯铜广泛用于制造导电器材、科学仪器、锅炉火箱板等。

1. 黄铜是铜和锌的合金，色泽在红黄至亮黄范围（锌的掺入量愈多者颜色愈浅）。黄铜是一种高强度且有良好的可塑性的合金，它主要轧制成黄铜板、管、棒、丝等材料，用于机械工业和化学工业等方面，此外，也用于制造日用黄铜器皿和各式小型零件（如套管、螺母、龙头、卡子、水暖器材等）。

2. 青铜（又称锡青铜）是铜和锡的合金。如果在这种合金中再掺入另一种元素（如铝、锰、镍、硅、磷等），则与之对应的该合金被命名为：铝青铜、锰青铜、镍青铜、硅青铜和磷青铜。青铜的基本特征是：质坚实，可塑性较小，具有较高的抗蚀性和耐磨性。各种不同的青铜有它们各自的特征。青铜主要用于铸造各种机件、轴承、发电机、齿轮、雕像、纪念牌和工艺装饰品等。

3. 白铜是铜和镍、锌的合金,它的硬度较大,常用于制造器皿。

(二) 铝及铝合金

铝是工业上应用最为广泛的轻金属。纯铝是略呈浅蓝色的白色金属,具有极大的可塑性和优良的导电、导热性,而且还有良好的抗蚀(仅指空气和水的腐蚀)能力。它的缺点是强度和硬度都较低,耐磨性也较差,而且容易与强酸(特别是盐酸)、强碱和氧化物的盐作用而遭受破坏。纯铝广泛应用于电力和机电工业(如取代铜,制作电线、电缆等)、化学工业以及机械工业等方面,但很少直接用于制造各种机件。工业用纯铝浇铸成铝锭,一般含有2%左右的杂质,高级铝锭所含杂质不超过0.5%。铝锭中主要含有铁和硅等杂质,这些杂质会使铝制品产生脆裂或其他内部缺陷。

铝合金具有较高的强度和硬度,是重要的金属材料,它在工业上比纯铝有更广泛、更重要的用途。如:它大量用于飞机制造业、车辆与船舶制造业、建筑及装潢业、医疗器械制造业、化学工业等方面。

(三) 锡

锡是银白色带有光泽的金属,具有良好的可塑性、铸造性和一定程度的抗蚀性,而且无毒。由于它具有这些优点,所以它被广泛应用于镀制盛装食品的器皿,或被碾成箔片作为包装材料,或直接用于制造工艺品、服饰等。它还被广泛应用于制造镀锡铁(俗称马口铁),这种镀锡铁是食品罐头工业的重要材料。锡与其他元素(铜、铝等)可制成锡合金(如轴承合金)。此外,应提及锡具有其他金属所没有的一种特性,即锡或锡制品长期处在低温条件下,它的表面会出现灰黄色的斑点,而且还会逐渐向内部扩散,最后使锡变为一种质地松软的粉状物质。这种现象称为"锡疫"。由于锡疫,锡及其制品就会损坏,直至失去使用价值。

(四) 铅

铅是青灰色的重金属,质软而富有可塑性,容易压延成薄片。它的新断面有光泽,但断面与空气接触后,会很快因氧化而变暗。它具有毒性,同时具有抗酸性和减弱射线能量等可贵的特性。在化学工业或实验室里,铅常被用于制作耐酸装备,在原子能利用方面,铅常作为一种防护材料。

(五) 锌

纯锌是呈银白略带蓝色的金属,在空气中极易氧化,但其表面生成的氧化物能阻止它继续氧化。此外,它也具有延展性。它的主要用途是制造镀锌铁(俗称白铁皮),即在铁皮表面镀锌,以防铁皮腐蚀。它还用于制造黄铜等合金,以及作为干电池的电极等。

第三节 金属材料的牌号表示方法

一、钢号表示方法的一般规定

我国的钢号用汉语拼音字母、国际化学元素符号及数字综合起来表示,即用汉语拼音字母表示钢的名称、用途、冶炼方法、脱氧程度、冶炼质量等。用国际化学元素符号表示钢中除碳以外的主要元素(稀有元素用 X 表示),用阿拉伯数字表示钢的顺序号或元素的含量、产品名称、用途、特性和工艺方法。命名符号如表 6-5、表 6-6 所示。

表 6-5 　　　　　　　　国际化学元素命名符号表

元素名称	化学元素符号	元素名称	化学元素符号	元素名称	化学元素符号
铜	Cu	锡	Sn	硒	Se
钨	W	铅	Pb	碲	Te
钼	Mo	铋	Br	砷	As
钒	V	铯	Cs	硫	S
钛	Ti	钡	Ba	磷	P
铝	Al	镧	La	氮	N
铌	Nb	铈	Ce	氧	O
钽	Ta	钕	Nd	氢	H

注:混合稀土元素符号用"RE"表示。

表 6-6 　　　　　　　产品名称、用途、特性和工艺表示符号

名 称	采用的汉字及汉语拼音		采用符号	字体	位置
	汉字	汉语拼音			
炼钢用生铁	炼	LIAN	L	大写	牌号头
铸造用生铁	铸	ZHU	Z	大写	牌号头
球墨铸铁用生铁	球	QIU	Q	大写	牌号头
脱碳低磷粒铁	脱炼	TUO LIAN	TL	大写	牌号头
含钒生铁	钒	FAN	F	大写	牌号头
耐磨生铁	耐磨	NAI MO	NM	大写	牌号头

续表

名称	采用的汉字及汉语拼音		采用符号	字体	位置
	汉字	汉语拼音			
碳素结构钢	屈	QU	Q	大写	牌号头
低合金高强度钢	屈	QU	Q	大写	牌号头
耐候钢	耐候	NAI HOU	NH	大写	牌号头
保证淬透性钢			H	大写	牌号头
易切削非调质钢	易非	YI FEI	YF	大写	牌号头
热锻用非调质钢	非	FEI	F	大写	牌号头
易切削钢	易	YI	Y	大写	牌号头
电工用热轧硅钢	电热	DIAN RE	DR	大写	牌号头
电工用冷轧无取向硅钢	无	WU	W	大写	牌号头
电工用冷轧取向硅钢	取	QU	Q	大写	牌号头
电工用冷轧取向高磁感硅钢	取高	QU GAO	QG	大写	牌号头
（电讯用）取向高磁感硅钢	电高	DIAN GAO	DG	大写	牌号头
电磁纯铁	电铁	DIAN TIE	DT	大写	牌号头
碳素工具钢	碳	TAN	T	大写	牌号头
塑料模具钢	塑模	SU MO	SM	大写	牌号头
（滚珠）轴承钢	滚	GUN	G	大写	牌号头
焊接用钢	焊	HAN	H	大写	牌号头
钢轨钢	轨	GUI	G	大写	牌号头
铆螺钢	铆螺	MAO LUO	ML	大写	牌号头
锚链钢	锚	MAO	M	大写	牌号头
地质钻探钢管用钢	地质	DI ZHI	DZ	大写	牌号头
船用钢			采用国际符号	大写	牌号头
汽车大梁用钢	梁	LIANG	L	大写	牌号头
矿用钢	矿	KUANG	K	大写	牌号头
压力容器用钢	容	RONG	R	大写	牌号头
桥梁用钢	桥	QIAO	Q	大写	牌号头

续表

名称	采用的汉字及汉语拼音		采用符号	字体	位置
	汉字	汉语拼音			
锅炉用钢	锅	GUO	G	大写	牌号头
焊接气瓶用钢	焊瓶	HAN PING	HP	大写	牌号头
车辆车轴用钢	辆轴	LIANG ZHOU	LZ	大写	牌号头
机车车轴用钢	机轴	JI ZHOU	JZ	大写	牌号头
管线用钢			S	大写	牌号头
沸腾钢	沸	FEI	F	大写	牌号头
半镇静钢	半	BAN	B	大写	牌号头
镇静钢	镇	ZHEN	Z	大写	牌号头
特殊镇静钢	特镇	TE ZHEN	TA	大写	牌号头
质量等级			A	大写	牌号头
			B	大写	牌号头
			C	大写	牌号头
			D	大写	牌号头
			E	大写	牌号头

二、金属材料的牌号表示方法

（一）普通碳素结构钢

钢号由代表钢的类别、冶炼方法、顺序号、脱氧程度的汉语拼音字母及数字顺序组成。

代表平均含碳量的数字、结构钢用万分之几的两位数表示。工具钢、不锈耐热钢用4分之几的1位数表示。滚动轴承钢、高工具钢以及含碳大于1%含金工具钢，钢号中一般不标明含碳量。普通碳素结构钢钢号用顺序号表示，也不标明含碳量。

代表合金元素含量的数字，除铬轴承钢和低铬合金工具钢中的铬以千分之几表示以外，其他合金元素一律以平均含量的百分数数字写在该元素符号的右边表示。如果元素的平均含量小于1.5%，则只写元素符号，而不标明元素的含量。

铸钢的牌号在前面加符号ZG以示区别。

特定用途的普通碳素结构钢，钢号末尾用表6-6规定的代表产品用途的字母标出，例如A39为桥梁用甲类3号平炉镇静钢。

（二）优质碳素结构钢

钢号用代表平均含碳量的数字表示，较高含锰量的优质碳素结构钢在数字后标出锰的化学元素符号 Mn。例如 20 为平均含碳量 0.20% 的优质碳素结构钢。65Mn 为平均含碳量 0.65% 的较高含锰量的优质碳素结构钢。

沸腾钢、半镇静钢、专门用途及高级优质的碳素结构钢，钢号末尾加与表 6-6 所对应的汉语拼音字母。例如 20G 为平均含碳量 0.20% 锅炉用优质碳素结构钢。

（三）碳素工具钢

钢号用表 6-6 所规定的符号结合代表平均含量的数字表示。含锰量较高的，钢号末尾加 Mn，高级优质的加 A，如 T7、T8Mn、T12A 等。T7 为平均含碳量 0.70% 的碳素工具钢，T8Mn 为平均含碳量 0.80% 的较高含锰量的碳素工具钢。

（四）易切结构钢

钢号用表 6-5、表 6-6 所规定的符号结合代表平均含碳量的数字表示，含锰量较高的，钢号末尾加 Mn，例如 Y12 为平均含碳量 0.12% 的易切结构钢。Y40Mn 为平均含碳量 0.40% 的较高含锰量的易切结构钢。

（五）电工用纯钢

钢号用表 6-6 所规定的符号 DT 结合顺序号表示。电磁性能为高级、特级、超级的，钢号末尾加 A、E、C，例如 DT3 为电磁性能级别为普通级的 3 号电工用纯铁，DT6E 为电磁性能级别为特级的 6 号电工用纯铁。

（六）电工用硅钢

钢号用表 6-6 规定的符号结合阿拉伯数字表示。符号 DR、W、Q 分别表示电工用热轧硅钢、电工用冷轧无取向硅钢、电工用冷轧取向硅钢。数字组横线以左的数字为最大铁损值的 100 倍，横线以右的数字为硅钢带（片）厚度值的 100 倍。电工用热轧硅钢板钢号中含 G 的，表示频率为 400 赫兹时在强磁场下检验的钢板，不含 G 的钢号，表示频率为 50 赫兹时在强磁场下检验的钢板。电工用冷轧硅钢带（片）钢号用 G，表示为高磁感。

（七）低合金结构钢、合金结构钢

钢号用表明平均含碳量的数字结合合金元素符号及其含量的数字表示，例如 16Mn 为平均含碳 0.16% 并含有合金元素锰的低合金结构钢；37CrNi3 为平均含碳 0.37%、平均含铬小于 1.5%、平均含镍 3% 的合金结构钢。

特定用途或浇注成半镇静钢的合金结构钢，钢号末尾注明表 6-5、表 6-6 所规定的符号，例如：16Mr 为平均含碳 0.16% 并含有合金元素锰（锰 < 1.5%）的压力容器用低合金结构钢。

有时两个钢号的化学成分，除其中某个元素含量有些差别外，其余基本相同,而这个元素的含量在两个钢号中又都小于 1.5%,这时在合金元素含量较高的钢号中,该元素符号右边加 1 以示区别,例如:合金结构钢 12CrMoV 和 12Cr1Mo 即属于这种情况,前者含铬 0.30% ~ 0.60%,后者较高,可达 0.90% ~ 1.2%。高级优质的合金钢,钢号末尾加 A,如 40CrA。

(八) 弹簧钢

钢号表示方法与优质碳素钢及合金结构钢完全相同,只是前面表明含碳量的数字较大,例如 65M、50GrVA。

(九) 滚动轴承钢

钢号头部用表 6-6 规定的符号 G,钢号中不标明含碳量,铬的含量以千分之几表示,其他合金元素表示方法同合金结构钢,例如:GCr15 为平均含铬 1.5% 的滚动轴承钢。

(十) 合金工具钢和高速工具钢

钢号用合金元素符号及其含量的数字表示。钢号中一般标明含碳量,但含碳量低于 1% 的合金工具钢和钢号有重复的高速工具钢,钢号前头加平均含碳量千分之几的数字。例如:Cr2 为含铬 2% 合金工具钢;PSiCr 为平均含碳量 0.9% 并含有合金元素 Si 和 Cr 的合金工具钢;W18Cr4V 与 PW18Cr4V 都是高速工具钢,钢号重复,后者含碳较高(0.90% ~ 1.00%)用标明最低含碳量千分之几的数字 P 以示区别。

低铬合金工具钢中的铬,以千分之几的数字标出,并在数字前加 0 表示低铬。例如:Cro6 为含铬 0.6% 的低铬合金工具钢。

(十一) 不锈耐热钢

钢号表示方法与含碳小于 1% 合金工具钢相同,例如 2Cr13、4Cr10Si2Mo 等。

含碳量低于 0.1% 和 0.03% 的不锈耐热钢,钢号头部用 0 或 00 表示微碳,例如 0Cr18NiP、00Cr18Ni10 等。

三、有色金属及合金产品的牌号表示方法

(一) 有色金属及合金产品的牌号表示方法如表 6-7 所示。

表 6-7　　　　有色金属及合金产品的牌号表示方法

金属及合金名称	牌号举例	牌号表示方法说明
焊料	HIAgCu40 – 35	焊料用汉语拼音字母"HI"加两个主元素符号及除第一个主元素外的万分数字组表示

续表

金属及合金名称		牌号举例	牌号表示方法说明
金属粉末		FLP3	金属粉末用"F"加元素符号（铜、镍、铝、镁分别用T、N、L、M）表示。后面加上表示产品纯度、粒度规格或产品特性的数字。表示纯度、粒度规格或产品特性的数字之间用一短横隔开。必要时，可在表示纯度的数字前加上表示生产方法、用途、产品特性的汉语拼音字母。对没有纯度等级只有粒度规格或产品特性的金属粉末，可不用表示纯度的数字和短横
复合材料		Ag2/QSn 6.5-0.1 (1:1)	复合材料，用组成该复合材料的牌号表示，牌号之间用斜杠"/"隔开。如需要表明材料层的厚度关系，可在后面用括号标出材料层的厚度比
稀土产品		XtLa-40 La₂O₃-1 XtCl₃-1	稀土产品采用汉语字母X、t组成"Xt"表示。单一稀土金属用化学元素符号表示；混合稀土金属用"Xt"后面加上富集元素符号及其含量数字表示。在化学元素与其含量数字之间用一短横隔开
铸造合金		ZHD68	铸造产品在其牌号前冠以汉语拼音字母"Z"（"Z"为铸字的汉语拼音第一个字母）；对于铸锭在其代号后面加"D"（"D"为锭字的汉语拼音第一个字母）
合金加工产品	白铜	B16 BFe30-1-1 BMn3-12	白铜用"B"加镍合金表示，三元以上的白铜用"B"加第二个主添加元素符号及除基元素铜外的成分的数字表示
	镍合金	NCr9	镍合金用"N"加第一个主添加元素符号及除基元素镍外的成分的数字表示
	铝合金	LF2，LY11 LC4，LD2	铝合金用"L"加表示合金组别的汉语拼音字母及顺序号表示
	镁合金	MB2	镁合金用"M"加表示变形加工的汉语拼音字母"B"及顺序号表示
	钛合金	TA1 TB2 TC4	钛及钛合金用"T"加表示金属或合金组织类型的字母及顺序号表示。字母A、B、C分别表示α型、β型和α+β型钛合金
	其他合金	ZuCu1.5 AuNi20 CuBe4	除铜、镍、铝、镁、钛合金外的其他合金，用基元素的化学元素符号加第一个主添元素符号及除基元素外的成分的数字表示

续表

金属及合金名称			牌号举例	牌号表示方法说明
硬质合金			YG6 YT5U YG8N YW1	硬质合金用汉语拼音字母加一决定合金特性的主元素（或化合物）的成分的数字（或顺序号）表示，必要时，后面可加上表示产品性能、添加元素或加工方法的汉语拼音字母
纯金属冶炼产品	工业纯度	铜铝铅	Cu-1；Cu-2， AL-00；AL-0 AL-1；AL-2 Pb-1；Pb-2	纯金属冶炼产品，均用化学元素符号结合顺序号或表示主成分的数字表示，元素符号和顺序号（或数字）中间画一短横"-"工业纯度金属，用顺序号表示，其纯度随顺序号增加而降低；高纯度金属，用表示主成分的数字表示。短横之后加一个"0"以示高纯度。海绵状金属则在元素符号前冠以"H"（"海"字汉语拼音的第一个字母）
	高纯度	铝铅铟	AL-05 Pb-05 In-05	
	海绵状	钛	Hti-1	
纯金属加工产品	铜镍铝 其余产品		T1、T2、T3 N2、N4 L1、L2、L3 Ag1、Pb1	铜、镍、铝的纯金属加工产品分别用汉语拼音字母（T、N、L）加顺序号表示 其余产品，均用化学元素符号加顺序号表示
合金加工产品	黄铜		H62、H68 HPB59-1 HSn70-1	普通黄铜用"H"加基元素铜的含量表示。三元以上黄铜用"H"加第二个主添加元素符号及除锌以外的成分的数字表示
	青铜		QSn6.5-0.1 QA19-2	青铜用"Q"加第一个主添元素符号及除基元素铜外的成分的数字表示

（二）有色金属和合金名称代号如表6-8所示。

表6-8　　　　　　有色金属和合金名称及汉语拼音的代号

序号	名称	代号	序号	名称	代号
1	铜	T	6	青铜	Q
2	铝	L	7	白铜	B
3	镁	M	8	防锈铝	LF
4	镍	N	9	锻铝	LD
5	黄铜	H	10	硬铝	LY

续表

序号	名称	代号	序号	名称	代号
11	超硬铝	LC	20	钨钴钛硬质合金	YT
12	特殊铝	LT	21	铸造碳化钨	YZ
13	无氧铜	TU	22	铸造合金	Z
14	真空铜	TK	23	镁合金（变形加工）	MB
15	金属粉末	F	24	焊料合金	HI
16	喷铝粉	FLP	25	印刷合金	I
17	涂料铝粉	FLU	26	轴承合金	Ch
18	细铝粉	FLX	27	阳极镍	NY
19	钨钴硬质合金	YG	28	稀土	Xt

（三）有色金属产品的状态及其代号如表6-9所示。

表6-9　　　　　　有色金属产品的状态及其代号

产品状态	代号	产品状态		代号
热加工（热轧、热挤）	R	优质表面（退火）		MO
退火（焖火）	M	优质表面（淬火）		CO
淬火	G	加厚包铝		J
淬火（自然时效）	GZ	不包铝		B
淬火（人工时效）	GS	不包铝（热轧）		BR
淬火后冷轧（冷作硬化）	GY	不包铝（退火）		BM
硬	Y	不包铝（淬火、冷作硬化）		BCY
3/4硬、1/2硬、1/3硬、1/4硬	Y_1、Y_2、Y_3、Y_4	淬火后冷轧、人工时效		CYS
不包铝（淬火、表面优质）	BCC	硬质合金	表面涂层	U
不包铝（淬火、冷作硬化、表面优质）	BCYO		添加碳化钽	A
淬火、自然时效、表面优质冷作硬化	CZYO		添加碳化铌	N
热加工、人工时效	RS		细颗粒	X
优质表面淬火自然时效	CZO		粗颗粒	C
优质表面淬火人工时效	CSO		超细颗粒	H
特硬	T	涂漆蒙皮板		Q
优质表面	O			

（四）有色金属材料的涂色标记如表6-10所示。

表6-10　　　　　　　　有色金属材料的涂色标记

标准名称 （标准号）	有色金属 材料名称	标记颜色
铅 GB469-64	铅锭	一号铅——红色二条；四号铅——黑色一条； 二号铅——红色一条；五号铅——绿色二条； 三号铅——黑色二条；六号铅——绿色一条
锌 GB470-64	锌锭	特一号锌——红色二条；三号锌——黑色一条； 一号锌——红色一条；四号锌——绿色二条； 二号锌——黑色二条；五号锌——绿色一条
铝 GB1196-75	铝锭	特一号铝——一道白色；二号铝——二道红色； 特二号铝——二道白色；三号铝——三道红色； 一号铝——一道红色
镍 YB127-72	镍板	特号镍——红色；一号镍——蓝色；二号镍——黄色
铸造碳化钨 YB111-65	碳化钨管	二号碳化钨管——绿色；三号碳化钨管——黄色； 四号碳化钨管——白色；六号碳化钨管——浅蓝色

第四节　金属材料的物流要求

金属材料在物流过程中，涉及许多实际操作方面的问题，如果不能正确完善地处理，将会影响到物流业务工作效果。一方面客户的利益受损；另一方面物流企业本身受到的损失会更大。因此，在物流工作中要掌握金属材料的包装、提货、运输、验收、堆码、保管和出库配送等方面的知识和技能，使客户与物流企业在物流中获得双赢。

一、金属材料的包装要求

各种金属材料，根据其品种、规格、形状、尺寸、精度、性能特点及使用条件，对包装要求作了不同的规定，通常有散装、捆装、箱装等几种形式。

（一）散装

散装一般用于尺寸较大，加工余量大，耐锈蚀性好或锈蚀影响不大，以及露天使用的材料，如钢轨、大型型钢、厚钢板、大口径钢管、耐蚀性强的有色金属锭块等。

（二）捆装

捆装主要用于尺寸较小的材料。部分中、小型钢材、热轧盘条、钢丝、钢带等，常采用这种包装形式。

（三）箱装

箱装用于尺寸小，精度和防腐要求高的材料，如：硅钢片、冷轧薄板、冷拉钢、银亮钢、冷拔高精度轴承钢、薄壁冷轧或冷拔无缝管和焊接钢管，经表面抛光的热轧不锈管及一般有色金属材料等。

二、金属材料的提货要求

一般来讲，物流企业受理业务后，委托方通常只将金属材料的提货单交给受理方，受理方完成从甲地到乙地的中转工作，因此提货工作与整个物流过程的成败密切相关。提货时应注意以下几个问题：

1. 完整细致地阅读提货单内容

提货单通常将所要提取的金属材料标明得很详细，提货时必须严格按提货单上的各项要求认真核实，绝对不能自作主张，或者凭经验凭想象做出与原提货单相左的提货决定。

2. 提货时，提货人必须亲自到场

提货人按单核实应提货的每项协议要求，认真核实所提金属材料与提货单内容是否相符。该金属材料的名称、规格（厚度、长、宽）、尺寸、产地、厂家都必须相符合。

3. 现场当职提货人必须现场指挥多品种、多规格的装配等事宜

金属材料的品种繁多，品牌、产地、形状各异，要严格遵守重在下、轻在上的原则。一般实际操作中按金属材料的形状配装，板在下、型在上，型材又包括一般型材在下，异型钢和管材必须在上。有色金属材料也一样装载。

4. 提货时对所提实物与提货单上的诸多要求仔细确认

按提货单的内容要求与实物的实际确认要求应相一致，如：品种、规格、质量、数量、产地。

品种规格、数量、产地的确认都以所提供金属材料本身所存在的出厂标记为准，通常标记的方法有三种。

（1）涂色。在金属材料的规定部位上表明其牌号颜色叫做涂色。常用此法区分金属材料的类别。

（2）打印。用在金属材料规定部位打钢印或喷印的方法，以说明材料的牌号、规格、炉罐号等，称为打印，常用于厚钢板，大、中型型钢。

(3) 挂牌。成捆或成箱的金属材料，用挂牌方法说明其牌号、批号、规格等，称为挂牌。

金属材料的生产和其他工业产品的生产一样，是按统一的标准规定进行的。执行产品出厂检验制度，不合格的金属材料不准交货，对于交货的金属材料，由生产厂家提供质量证明书保证其质量。金属材料的质量证明书不仅说明材料的名称、规格、交货件数、质量等。而且还提供规定的保证项目的全部检验结果。

5. 提货完毕必须索取产品质量证明书和出库码单

（1）质量证明书的索取是最关键的一环

金属材料的质量证明书所记录的是此次所提金属材料的产品身份证。在索取质量证明后，必须与实际所提该批金属材料的标记上的记录相符。尤其是生产批次和炉次批号必须相符，否则该质量证明无效。有时所提该批金属材料的数量较大，生产厂家出厂的产品或经销商实际库存货存在着多种生产批次和炉批，这时必须根据实物的标记，依次索取多张质量证明书，不能自作主张地取一份代替其他应该索取的质量证明书，确保金属材料技术资料的完整。提供给使用方使用前对此批次号金属材料进行检验确认。以防由于技术资料不全和错位产生纠纷。

（2）基本数量的确认（件数、理论重量、实际过磅记量）

提货时根据提货单上的协议结果，提货时对件数、质量、出库时的结果都要核查。如果提货单上写明计重方式为理论计算，就必须取得出库时的完整理论计算码单。核实所提实物的件数与理论计算质量是否相符。

如果提货单上注明过磅交货，提货时，除了记录金属材料的大件数量和单件数量，还必须索取随货用到的过磅原始记录单。

三、金属材料的运输要求

金属材料由其生产地至消费地的空间位移，都是依靠运输来完成的，离开了运输，就不可能实现金属材料的"流通"。运输为金属材料创造空间效用，使其潜在的使用价值可以满足社会消费需要的使用价值，使"物流"具体化了。为了提高金属材料运输效益，降低其运输成本，在运输过程中应注意以下几点：

1. 不超载运输和超速运输

在运输金属材料的时候，包括提货和送货，都必须根据所接受的运输任务安排运输工具，严禁以小载重量的运输工具去承担超过本身运输能力的运输任务。

在运输过程中,除了不超载外,也不能因时间问题而超速行驶。金属材料单个本身自重很大,是一种笨重的无自治能力的物体,如果超速时遇特殊的道路交通情况,司机采取本能的人生自救时的急刹车,会导致金属材料的前飞、后滑、偏斜,这样在道路上一般会伤人、毁物或损坏运输工具。

2. 运输过程中安全第一

运输过程中除了对金属材料运输的有关要求外,还必须遵守交通规则,违规运输时易引发交通事故。事故发生后损失是多方面的。有时不可估量,直接损失是运输工具的损失、运载货物破坏、对发生事故的客观物资损坏,如果伤人,后果更不能想象,对司乘人员、行人都很不利。

3. 金属材料的物流配载、搬运、装卸

(1) 配载金属材料,是整个物流工作中总的设计工作。配载的科学、合理,直接关系到各项配套工具能否顺利进行,而且是物流企业盈亏的预算根本。

按运载工具的负载能力配载。运输工具的能力大小不同,工具本身的机械状况也不同,新工具与旧工具的能力也不同,运输距离的远近也不同。这就要求配载时考虑这些客观条件的因素,从物流过程可能的直接经营费用、机械工具的使用磨损费用、间接的预想可能发生的临时费用等,进行科学的、合理的、经济的物流配载,如果配载不合理,就可能出现以下情况:

①运输工具的机械状况不好。在长途运输中,可能发生机械故障,这时运输任务就不能按时完成,同时会增加运输工具的维修费用、司乘人员的辛苦度,有时会产生受理方与委托方的合同争议,从而会对交付该批金属材料在时间问题上引发纠纷。

②按金属材料的各项分类配载。金属材料的类别很多,配载时,应该按金属材料的客观外形,尽量的同品种、同规格、同外形的进行配载。充分考虑配载后在实际物流运输中,各类金属材料的外形不同会产生的机械性损坏,如压扁、压弯、压断等。

(2) 装卸、搬运

搬运、装卸是物流过程中的直接操作工作。搬运是金属材料的短距离的移动过程。装卸是对金属材料在物流过程中的升降、起落的过程,这两项工作通常有机械操作或人工操作。大重件用机械,小零件用人工操作时应该注意以下问题:

①安全性操作。作业时除了保证金属材料的安全外,最重要的是作业人员和作业工具的安全。一是不超重作业,如果超重会发生机械事故,直接威胁金属材料和人的生命财产的安全;二是作业时,机械下面、作业对象近距离周围

不准站人，保持安全有效距离。

②装卸保持轻装、轻放。装卸时对相关金属材料，对于不同的同方向客户，进行分品种、分规格的打捆包装，同时挂片单明示条项内容。装卸时在合理的起重重量单位之间，加垫枕木、草垫，或能起到间隔一次机械起吊重量的代用品，如木棒、钢桩等。两个起重重量加垫后的空间，必须能够让起重钢丝绳穿过，否则就是没有起到加垫的作用。再次装卸时就很不方便，增加装卸的工作量和时间。

四、金属材料的验收要求

（一）金属材料验收的依据和内容

为了保证材料的品种、规格和数量正确无误，质量符合要求，就必须对购进的金属材料进行检验，这是物流管理工作中的一个重要环节。金属材料验收，一般依据下列证件资料进行：

1. 入库单和订货合同：这是由货主提供的，入库单是货主在生产厂家发货以后，根据生产厂家的托收单据，与合同核对后填写的，是材料验收入库的主要凭证。合同是供需双方的订货凭证，它主要反映供需双方商定的条款，以及材料的名称、品种、规格、质量、数量、交货月份等。合同是必须共同遵守履行的具有法律效力的协议证件。货主在订货后，应将合同副本送交仓库，以便查对。

2. 金属材料标准：它规定了对材料的技术要求。供需双方如均无特殊要求，则均按国家标准规定的质量指标进行检验。

3. 质量证明书及发货单据（运单、发票、装箱单、提单等）：这些证件是由供货单位（生产厂家）提供的。质量证明书主要反映材料的质量；磅码单、发货明细表、装箱单主要反映材料的数量及装箱情况。

4. 到货通知、运单、普通记录或商务记录：这部分资料是由运输部门提供的，主要反映材料在运输过程中的一些问题。

5. 进口钢材应有国家检验检疫局提供的资料

在上述的验收依据中，以入库单、质量证明书、磅码单为主要依据，同时核对其他证件。

金属材料的检验，一般包括对材料的包装、标志、数量、外观质量及内部质量等几个方面的检验。检验的内容和程序大致是这样的：在核对订货合同、入库通知单、质量证明书、合格证、装箱单、磅码单、运单、提运通知单等证件齐备无误后，首先检查材料的包装、牌号、熔炼炉号、热处理炉次、规格、重量或数量，是否与供方提交的质量证明书中所载明的情况相符。经过检查，证明到货无误后，方可依次进行外观质量检验，光谱或火花检验（鉴别钢种）断口和硬度检验，以及切取试样进行化学成分和金相组织的检验，对于那些有特殊性能要求的材料，或有经供需双方商定在合同中注明的技术条件时，可按照规定的具体要求，进行相应的物理性能、化学性能、力学性能和工艺性能等方面的检验。

对检验中出现的问题，如包装残损、数量短缺、质量低劣等，要查明原因，并在规定的时间内通知供方，否则，即认为验收无误。供方在接到通知后，也应在规定的时间内答复或处理，需方有权拒付不符合规定的部分货款，或退货、拒收。

（二）金属材料的数量验收

金属材料的数量验收，是材料实物验收的重要环节。对于入库金属材料的数量检验，在于查清本批材料到货数量与供方提交单据中填写的数量是否相符。检验时，要按照有关标准的规定以及合同中注明的条件，并考虑材料的包装类型，采用指定的计量方法进行检量。数量验收包括点件和计重，即确定件数和重量。

金属材料的计量方法有"过磅检斤"和"理论换算"两种。过磅检斤的重量是通过过磅得到的实际重量；理论换算的重量是按材料的公称尺寸和密度进行计算得到的理论重量。需方在进行数量验收时，采用的计量方法应与供方一致。供方的计量方法一般都注明于供方发货单上。若未注明，则由需方根据实际情况判断决定。

按过磅检斤计量的金属材料，除具有完整包装的只进行抽检外，其他都必须全部过磅称重。对具有完整包装的金属材料则只进行抽检，抽检的数量一般不应少于该批包装数量的5%，抽检时，应分别称出毛重、皮重和净重三个重量，然后与原包装上的标记进行核对。未抽检到的包装，亦应逐个核对其毛重、皮重和净重标记。过磅称重时，应使用国家计量部门检定合格的磅秤，并注意读数要准确。

按理论换算时，首先要进行点件和检尺，然后按下列计算公式计算：

重量＝每米重（kg/m）×长度（m）

或　　重量＝按公称尺寸算出的截面积×密度×长度

其中：每米重量（kg/m）＝按公称尺寸算出的截面积（m^2）×密度（g/m^3）/1 000

各种金属材料每米理论重量在材料手册、产品目录和有关资料中均可查到，不需再具体计算，采用理论换算方法进行数量验收，实际上只要由检尺得到材料总长度后，就可直接算出材料的总重量。

黑色金属材料单位理论重量计算简式见表6-11。

表6-11　　　　　常用钢材理论重量计算简式

材料名称	理论重量 W（kg/m）	备注
扁材、钢板、钢带	W = 0.007 85 × 宽 × 厚	1. 角钢、工字钢和槽钢的准确计算公式很繁，表列简式用于计算近似值 2. f 值：一般型号及带 a 的为 3.34，带 b 的为 2.65，带 c 的为 2.26 3. e 值：一般型号及带 a 的为 3.26，带 b 的为 2.44，带 c 的为 2.24 4. 表内各种长度单位均以 mm 计算 5. 密度取 7.85g/cm³
方钢	W = 0.007 85 × 边长²	
圆钢、线材、钢丝	W = 0.007 85 × 直径²	
六角钢	W = 0.006 8 × 对边距离²	
八角钢	W = 0.006 5 × 对边距离²	
钢管	W = 0.024 66 × 壁厚 ×（外径 − 壁厚）	
等边角钢	W = 0.007 85 × 边厚（2 边厚 − 边厚）	
不等边角钢	W = 0.007 85 × 边厚（长边厚 + 短边厚 − 边厚）	
工字钢	W = 0.007 85 × 腰厚[高 + f（腿宽 − 腰厚）]	
槽钢	W = 0.007 85 × 腰厚[高 + e（腿宽 − 腰厚）]	

（三）金属材料的质量检验

1. 金属材料的保证条件：不同用途的材料，对其质量要求不同。按照现行标准的规定，要求生产厂家对材料进行检验，并保证检验结果符合标准规定的项目，叫做保证条件。为使材料的质量适应不同的要求，标准中规定有三种保证条件。

（1）基本保证条件：无论用户是否在合同中注明要求，生产厂家均需按标准进行检验，并保证检验结果符合标准规定的项目，这叫基本保证条件，亦叫必保条件。

（2）附加保证条件：订货时，用户必须在合同中注明要求，生产厂家才进行检验，并保证检验结果符合标准规定的项目，叫附加保证条件。附加保证条件，只要用户提出要求，生产厂家就必须予以保证。

（3）协议保证条件：某些指标在一般情况下难以达到，或在标准中没有具体规定（包括具体指标和检验方法等）需由供需双方在订货时协商，并在订货合同中注明的保证项目，叫协议保证条件。一旦达成协议，生产厂家就必须对协议项目进行检验并予以保证。

此外，还有些指标或要求，标准中有规定，但不属于保证项目，或标准中并无规定，经需方提出的由双方达成协议进行保证的项目，叫参考保证条件。参考保证条件生产厂家只做检验，所得检验结果仅供参考。

基本保证条件,是对材料质量的最低要求。附加保证条件和协议保证条件,只保证材料能满足某些特殊的或更高的要求。订货时,用户应根据需要确定恰当的保证条件。合理的保证条件既能满足生产需要,又不致要求过高而超过实际需要。

2. 金属材料的规格尺寸检验:规格尺寸检验就是判定材料的实际尺寸是否符合规定的规格、长度,是否超出允许偏差。

金属材料的规格,一般是指标准中规定的反映其主要特征部位所应具有的公称尺寸(又称名义尺寸)。在实际工作中,由于设备条件、工艺水平及操作技术等因素的影响,材料的实际尺寸往往与公称尺寸并不完全相符,存在一定的差值。这种实际尺寸与公称尺寸之间的偏差称为尺寸偏差。实际尺寸大于公称尺寸的偏差叫正偏差,实际尺寸小于公称尺寸的偏差叫负偏差。为控制生产中所得到的实际尺寸,在金属材料的生产中,对偏差大小都有一定的限制。这种对偏差大小所规定的范围叫尺寸的允许偏差,简称允差。如果实际的尺寸偏差超过了允许偏差,那么,就叫尺寸超差,简称超差。凡超差的产品均为不合格产品。

金属材料的交货长度,是指材料在交货时,应具有的长度规格,实际上应该称"交货尺寸",因为交货时,除了长度规格外,有时还有宽度规格,所以有的地方称"交货长(宽)度",并作如下几种规定:

(1) 通常长度:又叫不定尺长度。凡钢材长度在规定范围内而且无固定长度的,都称为通常长度。例如,不大于 25mm 的普通圆钢的通常长度规定为 4~10m,在这一范围内的圆钢都可交货。

(2) 定尺长度:按订货要求切成固定长度(钢材的定尺是指宽度和长度),叫定尺长度。例如,合同上规定定尺长度 5m 交货,则所交钢材长度必须都是 5m 的。

(3) 倍尺长度:是按需方要求,交货长度必须是某一长度(称为单倍尺)的整数倍。例如,单倍尺(需用长度)为 900mm,若以 5 倍长度交货,则交货长度应为 $900 \times 5 = 4\,500$ mm(标准规定有倍尺长度正偏差值和锯口切割余量)。

(4) 短尺:指长度小于标准中通常长度下限,但不小于最小允许长度的钢材。例如,不大于 25mm 的普通圆钢的最小允许长度规定为 2.5m,因而凡长度在 2.5~4m 的都属于短尺。按现行规定,普通圆钢在现行每批订货总量中,允许不大于通常长度 10% 的短尺材料。钢板的短尺则是指长度或宽度小于定尺的钢板。

(5) 窄尺:宽度小于标准规定的不定尺宽度下限,但不小于允许的最窄宽度的叫窄尺。

(6) 公称尺寸和实际尺寸：公称尺寸又叫名义尺寸，是希望得到的材料尺寸。但因客观所限，实际得到的尺寸总是稍大于或稍小于公称尺寸，故使用的金属材料尺寸都是实际尺寸。

(7) 规格：是指同一品种（或同一型号）的不同尺寸，一个尺寸即为一个规格。一般尺寸不同，其允许偏差也不同。

如果用料单位产品单一，定型、按定尺或倍尺长度交货，就更符合实际需要，可减少余料损耗，提高材料利用率。但定尺或倍尺材料需另加定尺费，价格高于通常长度材料。因此，用料单位订货时，应根据实际情况，根据自己的用料要求，并考虑价格要求，选择适当的交货长度。

规格尺寸检验的目的，在于判定材料的实际规格尺寸，是否符合订货合同及有关标准中的规定，超差的材料则视为不合格产品。为使检验得出正确和可靠的判断，规格尺寸检验时，必须掌握正确的测量部位（有关标准中均有规定），正确使用测量工具和准确地读数。

3. 金属材料的外观检验：金属材料的外观检验包括形状缺陷和表面质量两方面的检验。

金属材料在生产、运输、装卸和保管过程中，由于操作不当，均可能造成各种外观缺陷。所谓外观缺陷是形状缺陷和表面质量缺陷的总称。

形状缺陷是主要由于弯曲、扭转等引起的形状不正确的总称，如椭圆度、弯曲和扭转等。

表面质量缺陷则是指金属材料在锻造、锻轧或加热等过程中，由于处理不当，可能产生的各种表面缺陷。金属材料常见的外观缺陷如下：

(1) 圆度：指圆形截面的条材、棒材、线材和管材的不圆程度。以同一截面上最大直径与最小直径之差来衡量。

(2) 弯曲度：指条材、棒材、管材等的轴线不直程度。它又分为局部弯曲度和总弯曲度。局部弯曲度通常用1m长的直尺靠量，用直尺与材料最大弯曲处的波高（mm）来表示。总弯曲度则以材料全长范围内的最大波高换算成材料长度百分数来表示。

(3) 扭转：指条形材料、棒形材料和管材沿长度方向扭成螺旋状的程度。标准规定，条形材料不得有明显扭转，一般是以肉眼作定性检查。

(4) 镰刀弯（又叫侧面弯）：指扁材、板材、带材等矩形截面的材料，在窄面的一侧形成凹入曲线，而在相对的另一侧形成凸出的曲线。镰刀弯程度的测量和表示方法与弯曲程度相同，即以凹入高度（mm）表示。

(5) 波浪度：又叫波浪弯，指材板、带材沿长度或宽度方向出现的高低起伏的形如波浪的弯曲，其程度用一米直尺量得到的最大波高来表示。

(6) 瓢曲度：指板材、带材沿长度和宽度方向同时出现高低起伏波浪而呈瓢形或船形，称为瓢曲，瓢曲的测量和表示方法与波浪度相同。

（7）脱矩和脱方：指矩形和方形材料的截面内角不成90度或邻边互不垂直的缺陷。

（8）耳子（又叫凸耳或凸缘）：由于轧辊原因，在型钢表面出现顺着轧制方延伸的凸起部分。

（9）同板差：指板材厚度方向上的最大尺寸与最小尺寸之差。这是冷冲压用板材的重要检验参数。

（10）氧化铁皮：指钢材在加热、轧制、冷却或热处理过程中，在表面生成的金属氧化物。对一般热轧钢材而言，表面具有均匀薄层的氧化铁皮，有利于提高钢材的抗蚀能力，因此，不能算作缺陷。但对供冷压力加工用的钢材（如冲压钢板）和镀层钢板而言，氧化铁皮的存在，影响制品的表面质量，增加工具的磨损，增加底层和镀层金属的消耗，在这种情况下，氧化铁皮则成为缺陷，是不允许存在的。

（11）结疤和麻点：结疤是指钢锭表面被污溅的金属壳皮，凸块，轧制后在钢材表面上出现的呈舌状或鳞片状缺陷。生产使用部门一般用肉眼检查结疤。对于隐蔽的结疤，可先用酸侵蚀后再进行检验。

麻点是钢材表面凹凸不平的粗糙面，也应去除。板材存在麻点，不仅可能存在腐蚀源，还会在冲压时产生裂纹。弹簧上有麻点，在使用过程中容易造成应力集中，导致疲劳断裂。

（12）划痕：材料因机械损伤形成的呈直线或弧形的沟痕叫划伤，又叫划痕。型材和板、带板上的划伤通常叫划痕；管材和冷拉材上的划伤，叫划道；钢丝上的划伤则叫拉痕。划伤有连续的和不连续的，有条状和片状的（成片状的又叫擦伤），有规则的和无规则的。有规则的划伤一般是由轧拉设备的尖角、毛刺造成的；无规则的划伤则多是因移动、搬运不当造成的。常温下刮伤伤口有金属光泽或黄锈，高温下刮伤伤口有薄层氧化皮。

（13）表面裂纹：钢材表面出现网状龟裂或裂，是由于钢中硅高锰低引起热脆，或因铜含量过高，钢中非金属夹杂物过多所致。

（14）折叠：材料表面沿加工方向呈直线、曲线或锯齿状互相折合的双层金属，叫折叠。其外形与裂缝相似，在横截面上一般呈现锐角。折叠是由于坯料的棱角、飞翅、钢板的大波浪等被卷折叠压和因发生氧化未能焊合一体所造成的。

（15）皮下气泡：材料表面呈现无规则的圆形凸起，叫凸泡。凸泡的外缘较圆滑。凸泡破裂后呈鸡爪形裂口或舌形的结疤，叫气泡。

（16）分层：分层是一种因非金属夹杂，未焊合或多层的内裂、残余缩孔，气泡等导致的金属结构分离缺陷。它表现为材料剪切断面上出现两层未焊合的缝隙（呈黑线或黑带状）。分层处一般伴随有肉眼可见的夹杂物。这种缺陷破坏了整体的连续性。

（17）表面夹杂：嵌在材料表面的与基本金属不熔的金属或非金属夹杂物，叫做表面夹杂。其大小形状及分布无一定规律，有点状、块状、条状等。颜色有红棕、淡黄、灰白等，粘结于材料表面上，不易剥落。

金属材料外观质量检验，一般靠肉眼直接观察，也可借助于放大镜观察，必要时，还可利用刷子、锉子、刮刀等工具清理表面，以判明缺陷的严重程度，但在使用这些工具时，应不造成缺陷扩大和损坏缺陷以外的完整表面。根据外观缺陷对使用的影响，有关标准对金属材料不允许存在哪些外观缺陷，或虽允许存在，但不允许超过规定的限度，都有明确的规定。

五、金属材料的储存要求

金属材料在物流过程中，由于去向配载的原因，会有一个暂时储存的过程。这也是物流工作中的主要环节，储存不当会对金属材料产生损坏，如金属材料的外观变形、锈蚀等问题，所以储存过程中，必须遵循以下原则：

（一）按金属材料的品种、规格、外观形状分类存放

金属材料在物流过程中暂时存放时，应该按先板材、后型材、再管材，先重型、后轻型、再小型的原则，这样以免重型材料将轻型材料和小型材料压弯、压扁，如果发生了损坏，交货时就可能发生纠纷，甚至不收货。

金属材料分黑色金属材料和有色金属材料，存放时不能混放。有色金属材料都比较贵重，一般要求在库房内存放，一方面是防雨水浸泡破坏内包装和外包装；另一方面是防止盗窃和丢失。有些高质量的黑色金属材料也应存放库内。如高合金品质的黑色金属材料等。

材料的存放必须离地面一定距离。遇天气不好时，要加盖蓬布，以免雨水侵蚀后发生锈蚀现象，尤其是盒装材料（钢片、冷平板、冷卷板）等要保护好。

（二）堆码要求

金属材料在物流过程中的储存堆码，一般依据金属材料的品种、规格、类别来进行归堆和记码，这也是对金属材料的储存堆码的具体要求，绝对不能混堆，否则不便于记码和盘存、发货。应该按下列方法进行堆码。

1. 按金属材料的类别，分别堆码

金属材料的类别前面已经介绍过了，首先按金属材料的属性大类分，金属材料分黑色材料和有色材料。黑色材料有板、管、带、型。有色材料也一样。但是在物流过程中的储存、堆码和专业的物资储运有所不同。一个是长期的、专业的，一个是暂时的，不允许库存材料盘盈或盘亏的。所以在物流企业的储

存、堆码更为重要。物流企业面对许多客户，暂时的储存、堆码是因为运输方面的配载因素而产生的，而它的储存时间很短，要求很高，一般来讲，提货时所索取的重量证明及实际在物流交货时必须绝对相符，这样就对物流企业在储存、堆码时，提出了具体要求：

(1) 按大类堆码

必须按金属材料的大类堆码，有色金属材料、黑色金属材料除了按储存要求的有关规定办理外，还应在暂存库区内分别设库区号、堆垛号，分门别类的堆码记账。特殊情况可以采取特殊的堆码。

(2) 按物流过程中的特点堆码

专业的储存堆码和物流过程中的堆码不同，在于专业储存堆码是固定的，而物流的储存是临时的，库位有限，所以在储存中经常调整存放物资的库位分配。这就是两种储存业务的区别。

2. 按金属材料的外部形状分类堆码

金属材料中的有色金属材料和黑色金属材料，除了大类、小类外，还有外观的实际交货规定。金属材料的实际交货的形状不同，也有同外型的尺寸不同。所谓尺寸有长、宽、厚三种，一般是按大类、小类、规格尺寸进行堆码。这样便于清点和记账。规格、尺寸分为定尺、倍尺和混尺（标准交货）。国家对所有金属材料的长度规定是单个材料的长度底限为2.5m，以上为任意长度，都符合规定，否则为钢厂声明的短尺材。这样为物流储存、堆码、查件和重量的记录提供帮助。按金属材料计重规律是定尺、倍尺，为理论计重，混尺为过磅计重（特殊合同协议除外）。

3. 按物流企业实际情况进行堆码

物流过程中的储存、堆码的特殊性，决定了在整个过程中，既要按常规规定操作，又要根据物流企业的物流量、物流企业的场地许可、企业的业务经历而定。规模型物流企业，已经有了本企业根据金属材料储存、堆码规定制定的有关的企业规定。但是除了金属材料的有关规定，应该有一些实际的操作方法（不违规操作）。针对物流过程中储存的特殊性，对所有金属材料分委托用户进行分类、挂牌、记件、计重、堆码，保证金属材料的件数和重量，从入库到出库交货时完全相符。

4. 严禁超重堆码

所谓超重堆码，即按金属材料的大类、小类、规格（厚板、长度、宽度）分堆时，单个具体规格材料的起重，必须根据本物流企业的起重设备条件而定。搞清楚了自身起重设备能力后，依据起重设备的最大起重量之限，每一个限重单位量之间，在堆码时要加垫枕木、草捆及能够承受此重量的木块、木棍、废弃钢型材，便于第二次载卸。搬运时不因超重堆码而不能正常起重、装载，这样会浪费时间和增加载卸直接费用。同时也保证多次装卸后金属材料的外观完整性。

本章小结

金属材料的性能包括使用性能和工艺性能。所谓使用性能是指物理性能、化学性能和力学性能等。物流管理工作人员只有深入和全面了解金属材料的各种性能，才有可能做到正确、经济、合理、科学地检验、验收、运输、保管、养护金属材料。

金属材料品种繁多，可按不同的分类方法归类。工业上对金属材料的分类主要有两种方法：按金属成分的复杂性分类，可将金属材料分为纯金属和合金。按金属元素分类，可将金属材料分为黑色金属（生铁、熟铁、钢）和有色金属（铜及铜合金、铅及铅合金、锡、铅、锌）。钢材品种分为4大类（板材、管材、型材、钢丝），16个品种（见第二节内容）。

金属材料牌号表示方法，主要介绍了我国钢材的牌号表示方法。我国的钢号用汉语拼音字母、国际化学元素符号及数字综合起来表示，即用汉语拼音字母表示钢的名称、用途、冶炼方法、脱氧程度、冶炼质量等。用国际化学元素符号表示钢中除碳以外的主要元素（稀有元素用 X 表示），用阿拉伯数字表示钢的顺序号或元素的含量、产品名称、用途、特性和工艺方法。

金属材料在物流过程中，涉及许多实际操作方面的问题。不同品种、规格、尺寸、精度、性能特点的金属材料的包装要求不同，通常采用散装、捆装、箱装等三种形式。金属材料的提货作业要注意其出厂标记、提货单、产品质量证明书、出库码单等单据的确认。金属材料在运输中应注意三点，即不超载运输、超速运输；合理地进行配载、搬运、装卸；做到安全第一、高效准时、保质保量将货物送至目的地。金属材料的验收要从数量验收，质量验收着手，按照国家的钢材标准规格尺寸验收。金属材料在仓库里按品种、规格、外观形状分类存放与堆码。

一、名词解释

金属材料　热膨胀性　挂牌　通常长度　定尺长度

二、填空题

1. 金属材料按金属元素分类可以分为：_____ 和 _____ 两大类。
2. 金属材料的物理性能有 _____、_____、_____、_____

_____和_____六种。
3. 我国的钢号用_____、_____及_____综合起来表示。
4. 在金属材料的规定部位上标示其牌号颜色叫做_____。

三、选择题
1. 下列属于化学性能的有：（ ）
   A. 热膨胀性　　　　B. 抗腐蚀性　　　　C. 抗氧性
   D. 化学稳定性　　　E. 导电性
2. 碳素工具钢采用哪种符号表示？（ ）
   A. L　　　　B. F　　　　C. T　　　　D. S
3. 普通型钢按规格、型号不同又可分为：（ ）
   A. 优质型钢　　　　B. 普通大型型钢　　　C. 普通中型钢
   D. 普通小型型钢　　E. 冷弯型钢
4. 有色金属可分为：（ ）
   A. 铜及铜合金　　　B. 铝及铝合金　　　　C. 锡
   D. 铅　　　　　　　E. 锌
5. 精度和防腐要求高的材料可采用（ ）的包装方法。
   A. 散装　　　　B. 捆装　　　　C. 箱装　　　　D. 裸装

四、简答题
1. 简述金属材料的提货要点。
2. 金属材料在运输中要注意哪些事宜？
3. 请谈谈金属材料的检验与验收。
4. 简述金属材料的存放及堆码要求。

[附录一]　常用纯金属及非金属性能

表6-12　　　　　　常用纯金属及非金属性能

名称	元素符号	密度 g/cm²	熔点 ℃	导电率 %	线膨胀系数 1/℃	硬度 HB	强度 N/mm² (kgf/mm²)	延伸率 δ,%	收缩率 Ψ,%	色泽
铝	Al	2.70	660.2	60	0.000 023 1	20	78.4~107.8 (8~11)	32~40	70~90	银白
银	Ag	10.49	960.5	100	0.000 018 9	25	176.4(18)	50	90	银白
金	Au	19.32	1 063	71	0.000 014 2	20	137.2(14)	40	90	金黄
铍	Be	1.85	1 285	38	0.000 011 5	140	137.2~754.6 (14~77)	0	—	钢灰

续表

名称	元素符号	密度 g/cm²	熔点 ℃	导电率 %	线膨胀系数 1/℃	硬度 HB	强度 N/mm² (kgf/mm²)	延伸率 δ,%	收缩率 Ψ,%	色泽
铋	Bi	9.84	217.3	1	0.000 012 1	9	4.9~19.6 (0.5~2)	0	—	白
镉	Cd	8.65	320.9	22	0.000 029 8	20	6.37(6.5)	20	50	苍白
钴	Co	8.9	1 495	26	0.000 012 5	140	245(25)	5	—	钢灰
铬	Cr	7.19	1 855	12	0.000 006 2	110	196~274.4 (20~28)	9~17	9~23	灰白
铜	Cu	8.94	1 083	95	0.000 016 2	40	196~235 (20~24)	45~50	65~75	红
铁	Fe	7.86	1 539	16	0.000 011 7	65	245~323 (25~33)	25~55	70~85	灰白
镁	Mg	1.74	650	34	0.000 025 7	36	196(20)	11.5	12.5	银白
锰	Mn	7.43	1 245	2	0.000 023 0	210	脆	—	—	灰白
钼	Mo	10.2	2 622	23	0.000 004 9	160	686(70)	30	60	银白
镍	Ni	8.9	1 455	23	0.000 013 5	80	392~490 (40~50)	35~40	60~70	白
铅	Pb	11.34	327.4	7	0.000 029 1	4	17.64(1.8)	45	90	苍灰
锑	Sb	6.69	630.5	4	0.000 011 4	30	4.9~9.8 (0.5~1)	0	0	银白
锡	Sn	7.3	231.9	14	0.000 023 0	5	19.8(2)	40	90	银白
钛	Ti	4.51	1 660	3	0.000 009 0	100	245~294 (25~30)	50~70	76~88	暗灰
钒	V	6.1	1 919	6	0.000 008 3	264	215.6(22)	17	75	淡灰
钨	W	19.3	3 410	29	0.000 004 3	290	1 029(105)	0~4	0~20	钢灰
锌	Zn	7.14	419.4	25	0.000 033 0	30	147(15)	20	70	苍灰
硼	B	2.34	2 300	—	0.000 008 0	—	—	—	—	
碳	C	2.22	3 600	—	0.000 006 6	—	—	—	—	
磷	P	1.83	44.1	—	0.000 125 0	—	—	—	—	
硫	S	2.06	112.8	—	0.000 067 5	—	—	—	—	
硅	Si	2.33	1 440	—	0.000 004 2	—	—	—	—	

[附录二] 附主要单位换算

1. 长度单位换算

表 6-13　　　　　　　　　　长度单位换算表

单 位	厘米（cm）	米（m）	千米（km）	毫米（mm）
1 厘米（cm）	1	1×10^{-2}	1×10^{-5}	10
1 米（m）	1×10^{2}	1	1×10^{-3}	1×10^{3}
1 千米（km）	1×10^{5}	1×10^{3}	1	1×10^{6}
1 毫米（mm）	0.1	1×10^{-3}	1×10^{-6}	1
1 微米（μm）	1×10^{-4}	1×10^{-6}	1×10^{-9}	1×10^{-3}
1 英寸（in）	2.54	0.025 4	2.54×10^{-5}	25.4
1 英尺（ft）	30.48	0.304 8	3.048×10^{-4}	304.8
1 码（yd）	91.44	0.914 4	9.144×10^{-4}	914.4
1 英里（mile）	160 934.4	1 609.344	1.609 344	1.609 344

单 位	英寸（in）	英尺（ft）	码（yd）
1 厘米（cm）	0.393 701	0.032 803 4	0.010 936 1
1 米（m）	39.370 1	3.280 84	1.093 61
1 千米（km）	$3.937\,01\times10^{4}$	3 280.84	1 093.61
1 毫米（mm）	0.039 370 1	$3.280\,84\times10^{-3}$	$1.093\,61\times10^{-3}$
1 微米（μm）	$3.937\,01\times10^{-5}$	$3.280\,84\times10^{-6}$	$1.093\,61\times10^{-6}$
1 英寸（in）	1	0.083 333 3	0.027 777 8
1 英尺（ft）	12	1	0.333 333
1 码（yd）	36	3	1
1 英里（mile）	63 360	5 280	1 760

2. 面积单位换算

表 6-14   面积单位换算表

单位	厘米² (cm²)	米² (m²)	英寸² (in²)	英尺² (ft²)
1 厘米² (cm²)	1	1×10^{-4}	0.155 000	$1.076\ 39 \times 10^6$
1 毫米² (mm²)	1×10^{-2}	1×10^{-6}	$1.550\ 00 \times 10^{-3}$	$1.076\ 39 \times 10^6$
1 米² (m²)	1×10^1	1	1 550.00	10.763 9
1 英寸² (in²)	6.451 6	$6.451\ 6 \times 10^{-4}$	1	$6.944\ 44 \times 10^{-3}$
1 英尺² (ft²v)	929.030	0.092 903 0	144	1
1 码² (yd²)	$8.361\ 27 \times 10^3$	0.836 127	1 196	9
1 路得² (rood)	$1.011\ 71 \times 10^7$	1 011.71	$1.568\ 16 \times 10^6$	10 890
1 市亩	$6.666\ 67 \times 10^6$	$6.666\ 67 \times 10^2$	$1.033\ 33 \times 10^6$	$7.175\ 93 \times 10^3$
1 英亩 (acre)	$4.046\ 86 \times 10^7$	$4.046\ 86 \times 10^3$	6 272 640	43 560
1 英里² (mile²v)	$2.589\ 99 \times 10^1$	$2.589\ 99 \times 10^6$	$4.014\ 49 \times 10^9$	$2.787\ 84 \times 10^7$
1 千米² (dm²)	1×10^{10}	1×10^6	$1.550\ 00 \times 10^9$	$1.076\ 39 \times 10^7$
1 公亩 (a)	1×10^6	1×10^2	$1.550\ 00 \times 10^5$	$1.076\ 39 \times 10^3$
1 公顷 (ha)	1×10^8	1×10^4	$1.550\ 00 \times 10^7$	$1.076\ 39 \times 10^5$

单位	码² (yd²)	市亩	英亩 (acre)
1 厘米² (cm²)	$1.195\ 99 \times 10^{-4}$	0.15×10^{-6}	$2.471\ 05 \times 10^{-8}$
1 毫米² (mm²)	$1.195\ 99 \times 10^{-6}$	0.15×10^{-8}	$2.471\ 05 \times 10^{-10}$
1 米² (m²)	1.195 99	0.15×10^{-2}	$2.471\ 05 \times 10^{-4}$
1 英寸² (in²)	$7.716\ 05 \times 10^{-4}$	$9.677\ 42 \times 10^{-7}$	$10\ 594\ 23 \times 10^{-7}$
1 英尺² (ft²)	0.111 111	$1.393\ 55 \times 10^{-4}$	$2.295\ 68 \times 10^{-5}$
1 码² (yd²)	1	$1.254\ 19 \times 10^{-3}$	$2.066\ 12 \times 10^{-4}$
1 路得² (rood)	1 210	1.517 57	0.25
1 市亩	$7.973\ 27 \times 10^2$	1	0.164 666
1 英亩 (acre)	4 840	6.072 90	1
1 英里² (mile²)	$3.097\ 60 \times 10^6$	$3.844\ 99 \times 10^3$	640
1 千米² (dm²)	$1.195\ 99 \times 10^6$	1 500	247.105
1 公亩 (a)	$1.195\ 99 \times 10^2$	0.15	0.024 710 5
1 公顷 (ha)	$1.195\ 99 \times 10^4$	15	2.471 05

3. 体积（容积）单位换算

(一)

表 6-15　　　　　　　　体积（容积）单位换算表

单位	米³（m³）	升（l）	英寸³（ft³）	英尺³（ft³）
1 米³（m³）	1	1 000	61 023.7	35.314 7
1 升（l）	0.001	1	61.023 7	0.035 314 7
1 英寸³（in³）	$0.163\ 870\ 64 \times 10^{-4}$	$1.638\ 706\ 4 \times 10^{-2}$	1	$5.787\ 04 \times 10^{-4}$
1 英尺³（ft³）	0.028 316 8	28.316 8	1 728	1
1 码³（yd³）	0.764 555	764.555	46 656	27
1 英薄式耳（UK bu）	0.036 368 7	36.368 7	2 219.36	1.284 35
1 美品脱（干）（US dry pint）	$5.506\ 10 \times 10^{-4}$	0.550 610	33.600 3	0.019 444 6
1 美薄式耳（US bu）	0.035 239 1	35.239 1	2 150.42	1.244 46

单位	码³（yd³）	英薄式耳（UK bu）	美薄式耳（US bu）
1 米³（m³）	1.307 95	27.496 1	28.377 6
1 升（l）	$1.307\ 95 \times 10^{-3}$	0.027 496 1	0.028 377 6
1 英寸³（in³）	$2.143\ 35 \times 10^{-5}$	$4.505\ 81 \times 10^{-4}$	$4.650\ 25 \times 10^{-4}$
1 英尺³（ft³）	0.037 037 0	0.778 604	0.803 564
1 码³（yd³）	1	21.022 3	21.696 2
1 英薄式耳（UK bu）	0.047 568 5	1	1.032 06
1 美品脱（干）（US dry pint）	$7.201\ 71 \times 10^{-4}$	0.015 139 7	0.015 625
1 美薄式耳（US bu）	0.046 091 0	0.968 939	1

(二)

表6-16

单位	米³(m³)	升(l)	英寸(in³)	英尺(ft³)
1 米³(m³)	1	1 000	61 023.7	35.314 7
1 升(l)	0.001	1	61.023 7	0.035 314 7
1 升(1901)[litre(1901)]	1.000 028×10⁻³	1.000 028	61.025 5	0.035 315 7
1 英寸(in³)	0.163 870 64×10⁻⁴	0.016 387 064	1	5.787 04×10⁻⁴
1 英尺(ft³)	0.028 316 8	28.316 8	1 723	1
1 英品脱(UK pt)	0.568 261×10⁻³	0.568 262	34.677 4	0.020 058 0
1 英加仑(UK gal)	4.546 09×10⁻³	4.546 09	277.420	0.160 544
1 美品脱(液)(US liq pt)	4.731 76×10⁻⁴	0.473 176	28.875	0.160 710 1
1 美加仑(Us gal)	3.785 41×10⁻³	3.785 41	231	0.133 681

单位	英品脱(UK pt)	英加仑(UK gal)	美加仑(Us gal)
1 米³(m³)	1 759.75	219.969	264.172
1 升(l)	1.759 75	0.219 969	0.264 172
1 升(1901)[litre(1901)]	1.759 80	0.219 975	0.264 179
1 英寸(in³)	0.028 837 2	3.604 65×10⁻³	4.329 00×10⁻³
1 英尺(ft³)	49.830 7	6.228 83	7.480 52
1 英品脱(UK pt)	1	0.125	0.150 119
1 英加仑(UK gal)	8	1	1.200 95
1 美品脱(液)(US liq pt)	0.832 674	0.104 084	0.125
1 美加仑(Us gal)	6.661 39	0.832 674	1

4. 力的单位换算

表6-17　　　　力的单位换算表

单位	吨力（tf）	英吨力（tonf）	美吨力（Us tonf）
1 斯坦（sn）	0.101 972	0.100 361	0.112 405
1 吨力（tf）	1	0.984 207	1.102 31
1 英吨力（tonf）	1.016 05	1	1.12
1 美吨力（Us tonf）	0.907 188	0.892 857	1

第六章　金属材料

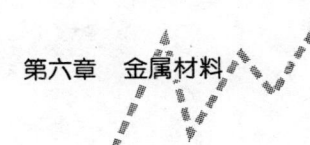

续表

单位	吨力（tf）	英吨力（tonf）	美吨力（Us tonf）
1 千克力（kgf）	1×10^{-3}	$0.984\ 207 \times 10^{-3}$	$0.110\ 231 \times 10^{-2}$
1 克力（gf）	1×10^{-6}	$0.984\ 207 \times 10^{-6}$	$0.110\ 231 \times 10^{-5}$
1 牛（N）	$0.101\ 972 \times 10^{-3}$	$0.100\ 361 \times 10^{-3}$	$0.112\ 405 \times 10^{-3}$
1 达因（dyn）	$0.101\ 972 \times 10^{-8}$	$0.100\ 361 \times 10^{-8}$	$0.112\ 405 \times 10^{-8}$
1 磅力（lbf）	$0.453\ 592 \times 10^{-3}$	$0.446\ 429 \times 10^{-3}$	0.5×10^{-3}
1 磅达（pdl）	$1.409\ 81 \times 10^{-5}$	$1.387\ 54 \times 10^{-5}$	$0.155\ 405 \times 10^{-4}$
1 盎司力（ozf）	$0.183\ 495 \times 10^{-4}$	$2.790\ 18 \times 10^{-5}$	$0.312\ 5 \times 10^{-4}$
1 开皮（kip）	$0.453\ 592$	$0.446\ 429$	0.5

5. 压力单位换算

表 6-18　　　　　　　　压力单位换算表

单位	千克力/米²（kgf/m²）	千克力/厘米²（kgf/cm²）	标准大气压（atm）
1 千克力/米²（kgf/m²）	1	1×10^{-4}	$9.678\ 41 \times 10^{-5}$
1 千克力/厘米²（kgf/cm²）	1×10^{4}	1	$0.967\ 841$
1 标准大气压（atm）	$1.033\ 23 \times 10^{4}$	$1.033\ 23$	1
1 达因/厘米²（dyn/cm²）	$0.010\ 197\ 2$	$1.019\ 72 \times 10^{-6}$	$0.986\ 923 \times 10^{-6}$
1 帕=1 牛/米²（Pa；Pascal；N/m²）	$0.101\ 972$	$1.019\ 72 \times 10^{-5}$	$9.869\ 23 \times 10^{-6}$
1 斯坦/米²（sn/m²）	101.972	$1.019\ 72 \times 10^{-2}$	$9.869\ 23 \times 10^{-3}$
1 牛/毫米²（N/mm²）	$1.019\ 72 \times 10^{5}$	$10.197\ 2$	$9.869\ 23$
1 百巴（hbar）	$1.019\ 72 \times 10^{6}$	101.972	$98.692\ 3$
1 磅达/英尺²（pdl/ft²）	$0.151\ 750$	$1.517\ 50 \times 10^{-5}$	$0.146\ 870 \times 10^{-4}$
1 磅力/英寸²（lbf/in²）	$0.703\ 070 \times 10^{3}$	$0.070\ 307\ 0$	$0.068\ 046\ 2$
1 磅力/英尺²（lbf/ft²）	$4.882\ 43$	$4.882\ 43 \times 10^{-4}$	$4.725\ 41 \times 10^{-4}$

单位	达因/厘米²（dyn/cm²）	帕；1 牛/米²（Pa；Pascal；N/m²）	磅力/英寸²（lbf/in²）	磅力/英尺²（lbf/ft²）
1 千克力/米²（kgf/m²）	$98.066\ 5$	$9.806\ 65$	$0.001\ 422\ 33$	$0.204\ 816$
1 千克力/厘米²（kgf/cm²）	$0.980\ 665 \times 10^{6}$	$9.806\ 65 \times 10^{4}$	$14.223\ 3$	$2\ 048.16$

续表

单位	达因/厘米² (dyn/cm²)	帕;1 牛/米² (Pa;Pascal;N/m²)	磅力/英寸² (lbf/in²)	磅力/英尺² (lbf/ft²)
1 标准大气压(atm)	1.01325×10^6	101 325.0	14.695 9	2 116.22
1 达因/厘米²(dyn/cm²)	1	0.1	1.45038×10^{-5}	0.208854×10^{-2}
1 帕=1 牛/米² (Pa;Pascal;N/m²)	10	1	1.4503810^{-4}	0.020 885 4
1 斯坦/米²(sn/m²)	1×10^4	1×10^3	0.145 038	20.885 4
1 牛/毫米²(N/mm²)	1×10^7	1×10^6	145.038	20 885.4
1 百巴(hbar)	1×10^8	1×10^7	1 450.38	208 354
1 磅达/英尺²(pdl/ft²)	14.881 6	1.488 16	2.1584010^{-4}	0.031 081 0
1 磅力/英寸²(lbf/in²)	6.98476×10^4	6.89476×10^3	1	144
1 磅力/英尺²(lbf/ft²)	478.803	47.880 3	6.9444410^{-3}	1

6. 功、能及热量单位换算

表 6-19　　　　　功、能及热量单位换算表

单位	焦(J)	尔格(erg)	千瓦·时(kW·h)
1 焦(J)	1	1×10^7	2.77778×10^{-7}
1 尔格(erg)	1×10^{-7}	1	2.77778×10^{-14}
1 千瓦·时(kW·h)	3.6×10^6	3.6×10^{13}	1
1 千克力·米(kgf·m)	9.806 65	9.80665×10^7	2.72407×10^{-6}
1 升·大气压(1·atm)	101.325	1.01325×10^9	2.81458×10^{-5}
1 英尺·磅力(ft·lbf)	1.355 82	1.35582×10^7	3.76616×10^{-7}
1 马力·时(Hp·h)	0.264780×10^7	0.264780×10^{14}	0.735 500
1 英马力·时(hp·h)	2.68452×10^6	2.68452×10^{13}	0.745 700
1 卡(cal)	4.186 8	4.1868×10^7	1.163×10^{-6}
1 卡(th)(cal$_{th}$)	4.184	4.186×10^7	1.16222×10^{-6}
1 卡(15)(cal$_{15}$)	4.185 5	4.1855×10^7	1.16264×10^{-6}
1 英热单位(Btu)	1 055.06	1.05506×10^{10}	2.93071×10^{-4}
1 百度热单位(CHU)	1 899.11	1.89911×10^{10}	0.527531×10^{-3}

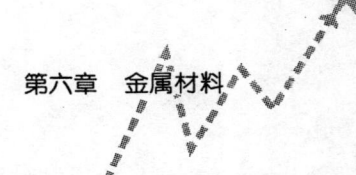

第六章　金属材料

续表

单位	千克力·米 (kgf·m)	升·大气压 (1·atm)	英尺·磅力 (ft·lbf)	英热单位 (Btu)
1 焦(J)	0.101 972	$0.986\ 923 \times 10^{-2}$	0.737 562	$9.476\ 17 \times 10^{-4}$
1 尔格(erg)	$0.101\ 972 \times 10^{-7}$	$0.986\ 923 \times 10^{-9}$	$0.737\ 562 \times 10^{-7}$	$9.476\ 17 \times 10^{-11}$
1 千瓦·时(kW·h)	$3.670\ 98 \times 10^{5}$	$3.552\ 92 \times 10^{4}$	$2.655\ 22 \times 10^{6}$	3 412.14
1 千克力·米(kgf·m)	1	0.096 784 1	7.233 01	$9.294\ 91 \times 10^{-3}$
1 升·大气压(1·atm)	10.332 3	1	74.733 5	0.096 037 6
1 英尺·磅力(ft·lbf)	0.138 255	$1.338\ 09 \times 10^{-2}$	1	$1.285\ 07 \times 10^{-3}$
1 马力·时(Hp·h)	2.7×10^{5}	$0.261\ 317 \times 10^{5}$	$0.195\ 292 \times 10^{7}$	$2.509\ 63 \times 10^{3}$
1 英马力·时(hp·h)	$2.737\ 45 \times 10^{5}$	$2.649\ 41 \times 10^{4}$	1.98×10^{6}	2 544.43
1 卡(cal)	0.426 936	0.041 320 5	3.088 03	$3.968\ 32 \times 10^{-3}$
1 卡(th)(cal_{th})	0.426 651	0.041 292 9	3.085 96	$3.965\ 67 \times 10^{-3}$
1 卡(15)(cal_{15})	0.426 804	0.041 307 7	3.087 07	$3.967\ 09 \times 10^{-3}$
1 英热单位(Btu)	107.587	10.412 6	778.169	1
1 百度热单位(CHU)	193.656	18.742 8	1 400.71	1.8

第七章 非金属材料

学习目标：通过本章的学习，能够了解木材、水泥、橡胶制品、塑料制品的概念及基本用途。熟悉它们各自的分类方法及其性能。掌握它们各自的物流要求。

第一节 木 材

木材是一种天然的高分子有机材料，它的主要组成成分是纤维素、半纤维和木素。木材有着许多优良的性能，如质量轻、强度大、导热性能低、电绝缘好、共振性优、易于加工，有一定的弹性和可塑性，具有天然的美丽纹理、光泽和颜色等。因此，在我国国民经济和城乡建设中具有重要的地位和作用，作为建筑行业的三大材料之一，是一种消耗量很大的工程材料。作为物流工作人员，应掌握常用木材的品种、性能、检验方法及管理方法等方面的知识。

一、木材的组成

从整体观察，树木的组成可分为树冠、树干及树根。树冠是树枝和树叶的统称。树叶的作用是进行光合作用，呼吸作用及蒸发作用。树枝是承受树叶并让树叶接受更多的阳光进行光合作用。树枝部分约占木材总材积的 5%~25%。

树干是树木的主要部分，它支撑树冠并将树根吸收的水分及无机盐等输送到树冠，还将树叶进行光合作用制造的有机养分向下输送到树根。树干是木材的主要部分，约占木材材积的 50%~90%。

树根在土壤之中吸收水分和养分，以满足树木生长的需要。树根的用途有限，一般用于制造人造板。

二、木材的分类

木材的分类通常是按树种和材种不同进行划分。

（一）按树种不同分类

1. 针叶树

针叶树的树种包括：红松：又称海松、红果松，产于东北长白山及小兴安岭。樟子松：又称蒙古赤松、海拉尔松，产于大兴安岭。马尾松：又名青松，主要产于长江流域，珠江流域及台湾等地。云杉：云杉通称白衫。云杉包括东北产的鱼鳞云杉，红皮云杉，紫果云杉及其他产区的罗汗松，粗云杉等诸多品种。它主要产于东北及天山一带。冷杉：冷杉包括臭冷杉（又称臭松），杉松冷杉，冷松等。臭冷杉和杉松冷杉主要产于东北，冷杉主要产于长江中、上游地区。铁杉：铁杉又名刺柏、仙柏等，主要产于四川。杉木：杉木又名杉树、广杉、建杉等，产于长江流域及以南地区。油松：油松又名短叶松、黑松、红皮松等，油松产于长江以北的广大地区。云南松：云南松又名果松、青松等，产于我国西南地区。华山松：华山松又名五叶松、白果松等，产于西北及西南地区。柏木：柏木又名香扁柏等，产于华中、华东及西南地区。

上面介绍的树种有一个共同的特征是树叶细长，如针，多为常绿树，其木质较软，有的还含有树脂，故一般称为软木。

2. 阔叶树

阔叶树的树种包括：毛白杨：又名大叶杨、响杨，产于华北、西北和华东地区。白桦：又名桦木，产区遍及全国，以东北地区产量最大。水曲柳：水曲柳产于东北、内蒙等地。香樟：又名樟木、油樟，产于长江流域以南地区。榨木：又名榨栎、蒙古栎，产于东北，内蒙及华北等地区。槐树：又名国槐、中国槐、槐花树等，产于黄河以南各省及山东，河北等地。刺槐：又名洋槐，全国各地均有生长。

以上树种的共同特征是树叶宽大，叶脉呈网状，大都为落叶树，其木质重而坚硬，故一般称为硬杂木。

（二）按材种不同分类

材种是根据不同机械加工程度、不同加工方法、不同形状和尺寸以及不同用途而做的木材品种分类。

1. 原条

是指已经除去皮、根、树梢的木料，但未按一定的尺寸加工成规定的材类。如杉原条和脚手杆。可用于作建筑用材和家具用材。

2. 原木

是指已经除去皮、根、树梢的木料，并按一定尺寸加工规定直径和长度的材类。根据使用情况可分为直接使用和加工使用的两种原木。直接使用原木可直接用作坑木、电杆、桩木及建设上的结构料（如屋架等），加工用原木用于造船、车辆、机械模型、胶合板以及其他的一般加工用材。

3. 锯材

是指已经加工锯解成材的木料，分为普通锯材和特种锯材两种。

普通锯材是指用于农业、建筑、包装、家具及其他一般用途的锯材，分为薄板、中板、厚板三种规格。针、阔叶树都可用来生产普通锯材。

特种锯材是指用作造船材、车辆材、胶合板材、枕木等要求较高的锯材。其中枕木有时单独列为一类，专供铺设铁轨用。

人造板是以木材为主要原料制成的各种板材，如胶合板、纤维板等。使用人造板既可改善木材性能，又节约木材资源。

三、木材的缺陷及特性

木材在运输保管期间极易受自然界温度、湿度变化的影响而发生变形、开裂，因为属有机物质，极易遭菌虫的蛀蚀而形成孔洞，腐朽变质。因此，必须了解木材的各种特性以便储运和维护以减少其损失。另外，木材还是易燃物，保管期间还应注意防火。

木材的特性是指木材在树木生长或木材加工流通等过程中造成的各种损伤或毛病。我国现行的针叶树材及阔叶树材的特性及基本检测标准分别为 GB155-84 及 GB4823-84，标准中规定的木材特性共为 6 种。

1. 节子

节子是包含于树干或主树枝木材中的枝条部分。它破坏了木材结构的均匀性和完整性，降低了木材的某些强度，并影响木材的加工性质及表面的美观等，故不利于木材的有效利用。承重结构所用木材，更需限制节子的尺寸、材质与密度等。节子降低了木材的顺纹抗拉强度与抗弯强度，特别是当节子处于构件边缘时，降低强度的作用更明显。

根据节子的断面形状不同，可分为三种：圆形节、条状节、掌状节。圆形节是断面长短径之比相近为 1 的节子；条状节是纵截面的长径与短径之比或长度与宽度之比大于或等于 3 的节子；掌状节是锯材径切面上，两相对称排列的长条状节子。

节子按材质分为健全节、腐朽节与漏节三种。健全节的节子材质良好，无腐朽迹象；腐朽节是本身已腐朽，但未透入树干内部，周围材质完好的节子。漏节是本身已经腐朽，而且深入树干内部，引起木材内部腐朽的节子。

锯材上的节子可根据节子所在表面的位置或贯通与否分为材面节、材边节、材棱节、贯通节等四种。

节子的检量包括对节子的材质、尺寸及密集程度的检量。检量时，健全节按活节计算；腐朽节按死节计算；漏节按检尺长范围内个数计算；节子密集程度按检尺长范围内节子总数或任意 1m 范围内节子数目来计算，小于 15mm 宽的节子不计。圆材与锯材的节子尺寸多按节径比率来计算。枕木材只计算铺轨范围内的节子，检量节子尺寸以最小直径计算。

2. 变色

变色是木材正常颜色发生改变的现象。根据变色的原因，变色分化学变色及真菌性变色两种。

化学变色是伐木时因化学反应而引起的不正常变色。化学变色后的木材颜色一般较均匀，而且仅分布于表层皮下 1~5mm 深度内，经干燥后褪色变淡，其颜色有棕红色、褐色或橙黄色等，也有经水运的针叶树材在快速干燥后产生黄斑。

真菌性变色是真菌侵入木材而引起的变色现象。它分为霉菌变色、变色菌变色及腐朽菌变色三种。

霉菌变色只发生于木材表面，为分散斑点状或密集的薄层状，颜色各异。变色菌变色中常见的有青变（或称青皮）也可称为其他边材色斑。腐朽菌变色是木腐菌侵入木材的初期，常见的是红斑，也有其他颜色的斑点。

变色多不影响木材的性能，只是损害了木材的外观，一般都不加限制，特殊用材和单板可检量其所占面积的百分比或不允许存在。腐朽菌变色使木材的抗冲击强度稍有降低，吸水性能略增加，在高级用材或承重结构及单板中应加以限制。

3. 腐朽

木材由于腐菌的侵入，逐渐改变其颜色和结构，使细胞壁受破坏，物理、力学性质随之发生变化，最后变成松软易碎的筛孔状或粉末状的状态称为腐朽。

根据木材类型和性质的不同，腐朽分为白腐与褐腐两大类。白腐由白腐菌破坏木质素，同时也破坏纤维素而造成，受害木材具有大量白色或浅色斑点，并露出纤维状结构，外观多似蜂窝，状如筛孔，所以又叫筛孔状腐朽或腐蚀性腐朽。白腐后期，材质松软，容易剥落。褐腐是褐腐菌破坏纤维素所形成的，所形成的外观为棕褐色或红褐色，中间有纵横交错的块状裂隙。褐腐后期，木材很易捻成粉末，所以又称粉末状腐朽或破坏性腐朽。

腐朽严重降低了木材的各种性能，尤其降低了木材的强度与硬度，因此必须对腐朽进行限制。

4. 虫害

因各种昆虫危害而造成的木材缺陷称为虫害。昆虫蛀蚀木材后，在木材内留下虫眼。

虫眼分三类。圆材中径向深度不足 10mm 的虫眼和虫孔称表面虫眼和虫沟；虫眼最小直径不足 3mm 的称小虫眼。虫眼最小直径在 3mm 以上的称大虫眼。

表面虫眼和虫沟常随树皮一起被锯掉而不影响木材的使用，分散的小虫眼影响不大。但深 10mm 以上的大虫眼和深而密集的小虫眼破坏了木材的完整性，降低了木材力学性能，常需要加以限制。检量虫眼时，表面虫眼和虫沟、小虫眼多不计，对深度 10mm 以上的大虫眼应计量其个数，对白蚁或寄生钻孔动物等密集蛀蚀形成的近似蜂窝，则按腐朽计算或不允许存在。

5. 裂纹

木材纤维之间分离形成的裂隙叫裂纹或开裂。裂纹降低了木材强度，尤其降低了木材的顺纹抗剪强度。

根据开裂原因，原木的开裂可分为四种类型。径裂是心材或熟材内部，从髓心沿半径方向开裂的裂纹。轮裂是沿年轮方向开裂的裂纹。冻裂是在严寒低温作用下，立木从边材到心材径向开裂的裂纹。干裂是因木材干燥不均匀而产生的径向裂纹。前三种产生于立木中，后一种是木材干燥过程中形成的。

成材上的裂纹可根据其位置分为侧面裂、端面裂及贯通裂。侧面裂又分为材面裂与边材裂。

6. 变形

木材在干燥，保管过程中产生的形状改变称为变形。它包括翘曲与扭曲两种。

（1）翘曲分为顺弯、横弯和翘弯等。

顺弯：也称上下弯。它是材面沿材长方向成弓形的弯曲。

横弯：也称左右弯。它是与材面平行的平面上，材边沿材长方向的横向弯曲。

翘弯：也称瓦形弯。它是锯材沿材宽方向成瓦形的弯曲。

（2）扭曲

锯材沿材长方向呈螺旋状的弯曲称扭曲。翘曲与扭曲改变了木材的形状，使其难以按要求使用及加工，必须进行限制。

四、木材材积的计算方法

计算木材材积的方法有数检法、形检法、重检法、浮检法、层积法等。我国目前应用较多的是形检法，东北、内蒙林区较广泛的地区应用的是重检法，而层积法适用于成堆或成捆的原木利用其外形体积而进行的材积计算。下面以形检法为主介绍材积计算法：

1. 原条材积计算法

（1）半产品原条材积计算法：半产品原条是东北林区木材生产企业的产品，其材积按中央断面面积公式展开进行。计算公式为：

$$V = (\pi/4 \times D^2) L \times (1/10\ 000)$$

或 $V = 0.785\ 4 D^2 L \times 0.000\ 1$

式中：V——原条材积（m^3）；
π——圆周率约为 3.141 6；
D——原条中央直径（cm）；
L——材长（m）
10 000 或 0.000 1——单位换算系数

（2）杉原条材积计算法，杉原条多产于南方林区，其材积按距大头斧口 2.5m 处的直径计算。其计算公式是采用回归分析法求出的。

检尺径在 10cm 以上的杉原条材积公式为：

$$V = 0.39 \times (3.50 + D)^2 \times (0.48 + L) / 10\,000$$

式中：V——杉原条材积（m^3）；
D——杉原条检尺径（cm）；
L——杉原条检尺长（m）

检尺径为 8cm 的杉原条材积公式为：

$$V = 0.4902 D^2 L / 10\,000$$

式中各符号的意义同上。

在实际工作中，原条（包括杉原条）的材积都是利用材积表查出的，表中数值是根据以上公式分别求出的，若原条直径超出表中的范围时，可利用以上公式求出材积。

2. 原木材积计算法

（1）形检法：此法又称实积法。它是利用原来的检尺长与检尺径（小头量得）代入经数理统计得到的材积计算公式，从而算出原木材积。所有树种的原木材积按下列两公式来计算。

检尺径在 14cm 以上的原木材积计算公式为：

$$V = 0.785\,4L[D + 0.5L + 0.005L + 0.000\,125L^2(14-L)^2(D-10)]^2 / 10\,000$$

式中：V——原木材积（m^3）；
D——原木检尺径（cm）；
L——原木检尺长（m）

检尺径在 4～12cm 的小径原木材积计算公式为：

$$V = 0.785 L (D + 0.45L + 0.2)^2 / 10\,000$$

式中各符号的意义及单位同上。

实际计算原木材积时，多是利用上述公式求出的原木材积表直接查材积。

（2）层积法：将堆成的木材体积求出，再乘一个换算系数，由此得到木材实际体积的材积计算法称层积法。层积法特别适用于成堆或成捆的原木材积的计算。木堆或捆的外形体积称为层积，木材的实际材积称为实积，实积与层积之比称为实积度。其公式为：

实积度＝楞堆原木材积（实积）/楞堆外形体积（层积）

或原木材积＝楞堆外形体积×实积度

层积法检验木材材积多用于伐木场、贮木场及对形状不规格、尺寸短小、零碎的木材。由于木材之间的空隙比率不同，用层积法检验木材时必须有比较准确的实积度。

3. 锯材材积计算法

（1）实积法：实积法包括整边板方材和毛边板方材的材积计算。整边板方材的材积公式：

$$V = BDL/1\,000\,000$$

式中：V——板方材材积（m^3）；

B、D——板方材宽度厚度（mm）；

L——板方材长度（m）

实际工作中均以查表进行材积的计算，表中数据由上述公式计算得出。

毛边板方材是两个材面着锯、另两个方面没着锯的锯材。其材积公式是：

$$V = LH(A+B)/2\,000\,000$$

式中：V——材积（m^3）；

L——材长（m）；

A、B——两着锯边边长（m）；

H——板厚（mm）

实际上毛边板方材的横断面可近似视为梯形，其横断面的两未着锯的边长为梯形的上下两底，A 和 B 的量取必须在材长的中间部位进行。

（2）层积法：成材干燥垛内木材实际材积（简称实际）可用层积法迅速而准确地求出。层积法的计算原理与原木基本相同，但因成材干燥垛内的板层是依次轮流堆放的，所以计算时必须考虑成材垛内各个部分的实积度不同这一因素。

4. 枕木材积计算法

枕木材积的计算方法与整边的普通锯材材积计算方法相同。可用公式计算，也可用枕木材积表来计算材积。由于枕木尺寸已规范化，只要知道了枕木类型，也就确定了每根枕木的材积，统计出每批枕木的根数，就能算出总材积。道岔枕木比较特殊，供应时必须根据使用要求将长短不同的枕木配套，检量长度时按 0.2m 进级，再查找枕木材积表来计算材积，并将每根枕木材积相加，以求得总材积。

5. 木材称重检量法

由于木材形检法的尺寸检量与材积计算耗用的人力大，检量速度慢，材积值误差较大等缺点，采用其他较先进的检量方法才是可取的。我国东北与内蒙林区已较广泛地应用了木材称重检量法。

木材称重检量法简称称重检法。它是利用称重衡器称出木材重量，再根据实测的木材容量重值，计算出木材材积的材积检量法。称重方法是采用整车木材通过衡器测定出重量的方法，因而材积检量与运输配合进行，克服了形检法的主要缺点。重检法的材积换算公式如下：

$$V = G - G_1 / (V_1 A + V_2 B + V_3 C + \cdots)$$

式中：V——木材总材积（m）；

G——木材与车总重（kg）

G_1——车辆重（kg）；

V_1、V_2、V_3——各种木材的密度（kg/m^3）；

A、B、C——各种木材数量的相对比例（%）

应用重检法检量材积时，必须正确地测出木材的密度。但因季节、树种、产地条件、取材部位、含水量等诸多因素的影响，木材的密度是个不稳定的值，必须考虑这些因素的作用，测出各种树种的较精确的平均密度，才能较精确的称量出木材总材积。

以上介绍了木材的分类，木材的特性及缺陷，木材的管理及计算方法，还应掌握木材的材质评定、木材的号印等。

6. 材质的评定

根据木材缺陷的类型及程度对木材的材质进行评定等级的工作称作材质评定。在材质评定中必须抓住对材质影响最严重的缺陷，按降等最严重的缺陷来评定木材等级。各种木材的各种等级材质要求可查阅有关国家标准。

7. 木材号印

木材号印是表示木材验收产品的等级、长级、径级等的标志。在对木材产品进行检尺，等级评定，材积计算等工作时，通常以号印为依据。

常见号印种类与符号如下：

（1）长级号印

长级号印以钢印为原则，也可用带色蜡笔写出。长级号印是木材的检尺长标志，当木材长度易于判定时，可不标志长级号印。

（2）径级号印

径级号印是原材尺径的标志，它以原材检尺径的末位数字表示，共有0、2、4、6、8五个阿拉伯数字。径级号印也以钢印为原则，也可用其他带色笔写出。

（3）等级号印

等级号印表示木材等级，用钢印标出。现有等级号印的符号如表7-1所示。

表 7-1　　　　　　　　　　　圆材的等级符号表

等级	一等	二等	三等	等外
符号	△(一)	◯(二)	◇(三)	◇(⊠)

（4）检验小组号印

检验小组号印由检验小组编号及木材产地代号两部分组成，样式如图 7-1 所示：

图 7-1　检验小组号印

检验小组的编号由各林业部门规定，产区（省）代号如表 7-2 所示。

表 7-2　　　　　　　　　　　木材产地——省区代号

省（区）	代号	省（区）	代号	省（区）	代号
内蒙古	M	浙江	Z	广东	KT
吉林	J	安徽	A	广西	KS
辽宁	L	湖南	HN	四川	S
黑龙江	H	湖北	HB	云南	Y
福建	F	江西	JS	贵州	G

第七章　非金属材料

五、木材的物流要求

木材在保管阶段因各种原因损坏而降低甚至失去使用价值,这种损坏常是由木材的变形、开裂、菌害、虫害等原因而造成的。为了防止木材储存过程中易产生的损坏现象,必须科学管理好木材。目前木材保管中必须遵守的主要原则为:使木材保持高的含水率或使木材含水率尽快降低到20%以下,并保持木材的干燥程度。

(一)木材的保存方法

1. 水存法

水存法是将木材沉入池塘或人工贮木池中的储存方法。由于木材侵入水中,木材内部总是保持着最高含水率,从而防止了开裂及虫害、腐朽等问题的产生,而使木材经久不腐不裂。

实际采用水存法存储木材时,多将木材在水下堆成垛或扎制成排,而且水存法多用于经水路运送的木材,主要是原木与原条等。

2. 湿存法

湿存法是使在陆地上储存的木材、边材保持较高的含水率,以防裂纹、菌害、虫害等的储木方法。湿存法的局限性较强,只能用于短期储存木材,可储期限为一个月至六个月。对已发生了腐朽及虫害的木材不宜用此法储存。易生白蚁的南方地区也不宜采用湿存法。

湿存法的要点是要使木材边材含水率相当于新采伐木材或潮湿水运木材的含水率。为此,应将湿存原木集中为一个大堆垛,并要求堆紧堆实。还需适当采取喷水、冻结、覆盖、截面涂油漆等措施,以保持原木的湿度。为了更好地保持木材湿度,应使原木树皮完整,有条件的地方还应在木垛四周密盖一层很厚的针叶树枝叶。

3. 干存法

干存法是将木材含水率尽快降低到20%以下的保管方法。它可用于原木原条等,也可用于各类锯材的保管,此种方法是目前较为普遍的木材储存方法。

干存法储存木材时,必须设法保证已干燥的木材能始终处于较干燥的环境中,以免木材过多地吸收水分而使其含水率升至20%以上。干存法的储木场地应选在地势较高,干燥,易于排水,通风良好的地方。被储存的木材多堆积成各种易于通风、干燥的垛堆。垛的下部用木材、石块或混凝土块等垫起一定高度,以保证通风良好。有些锯材垛的顶部还应盖有顶盖,以防阳光曝晒及雨水流入而引起木材含水量的变化而使木材变形、开裂或产生虫害、霉菌害等。为防止地表湿度过大,应除去储木场内的杂草及地下的杂物。

为了防止木材受压而弯曲变形,垛堆底部的垫块间距不可过大,垛堆当中的垫块及底部垫块应在同一垂线上。为防止原木开裂,可在原木端面上钉"S"形或"C"形防裂器,或用铁丝捆扎靠近端面处树干,也可在端面涂以沥青、石蜡、桐油等以减慢木材的干燥速度。

(二) 原条的堆垛方法

1. 散堆法

在垫木上顺放,压逢上垛,大头均在一个方向排齐。

2. 平放法

将原条顺放平堆在垫木上,每堆放数层(约高 50~70cm)加垫木隔开。堆垛时可以将大头均放在一端,也可以逐层将大小头颠倒放置垛的两侧加立柱,并用铁丝加固。

3. 立码法

适用交手杆。先搭好拦架,在拦架内排齐立放。此法占地面积小,能保持杆身挺直,受雨淋后易于干燥。

原木、原条保管期间,要采取必要的保管预防措施,如在春末、夏中、秋初各喷洒一次适量的杀虫剂。保管期间,一旦发生菌虫害应立即采取措施灭菌除害。

(三) 原木、原条的搬运

1. 原木、原条在装卸时不得随意抛掷。注意吊卸机具的安全可靠。可搭数根斜立楞木将原木或原条从车上沿楞木缓缓滑下。

2. 卸车时注意操作规范的安全性。

3. 卸车或拆垛时,应使用搬钩,要站在原木两端操作,不得立在正面。

4. 码垛时,跳板必须牢固,防止滚垛事故的发生。

5. 严禁烟火,不得携带易燃物品进场。

第二节 水 泥

水泥是一种无机非金属,水硬性胶凝材料,其特点是具有良好的粘结性与可塑性,可以和沙、石、钢筋等在水的作用下结成牢固的整体,在建筑工作中,水泥主要用来制备沙浆和制作混凝土。水泥遇水后发生化学反应,并能由可塑性浆体凝结硬化成石状的固体,结块后就不具备胶凝性了。因而,当水泥受潮后,也会硬化结块,使水泥的强度降低,延缓凝结时间,严重时还会失去其效用。因此,水泥在运输保管的过程中,要严禁与雨水、冰雪接触,在仓库保管时也要注意防潮。

水泥是当今世界的重要建筑材料之一,在现代工业、民用建筑、国防军事工程、海港码头、桥梁隧道、大坝、公路、铁路、机场跑道等所有这些重大工程和建设中都离不开水泥材料。为了满足不同工程的要求，需要相应地开发出品种繁多的水泥品种。目前世界上水泥品种已近百余种。但用量最大，产量最多的是硅酸盐水泥（约占世界水泥产量的80%以上，国外称为波特兰水泥）。

一、水泥的分类

水泥的分类方法很多，常见的分类法是：

（一）按水泥的用途和性能分类

1. 通用水泥：用于一般土木建筑工程的水泥。例如：硅酸盐水泥、普通硅酸盐水泥等。

2. 专业用水泥：专门用途的水泥。例如：油井水泥、道路水泥、型砂水泥等。

3. 特性水泥：某种性能突出的水泥。例如：白色硅酸盐水泥、块硬硅酸盐水泥、抗硫酸盐水泥等。

（二）按水泥的主要水硬性物质名称分类

1. 硅酸盐水泥（国外称波特兰水泥）。
2. 铝酸盐水泥。
3. 硫铝酸盐水泥。
4. 氟铝酸盐水泥。
5. 以火山灰性或潜在水硬性材料以及其他活性材料为主要成分的水泥。

二、水泥命名的一般原则

按不同类别分别以水泥的主要水硬性矿物混合材料、用途和主要特性进行命名。名称应力求简明准确，名称过长时可简称。

通用水泥以水泥的主要水硬性矿物名称冠以混合材料名称或其他适当名称命名。例：矿渣硅酸盐水泥、普通硅酸盐水泥。

专用水泥以其专门用途命名，并可冠以不同型号。例：砌筑水泥、75号油井水泥。

特种水泥以主要水硬性矿物名称冠以水泥主要特性命名，并可冠以不同型号或混合材料名称。例：低热矿渣硅酸盐水泥、膨胀硫铝酸盐水泥、块硬硅酸盐水泥。

火山灰性或潜在水硬性材料以及以其他活性材料为主要成分的水泥是以主要成分的名称冠以活化材料的名称进行命名，也可冠以特性名称。例：石膏矿渣水泥，石灰火山灰水泥。

三、水泥的主要质量指标

1. 细度

细度是指水泥颗粒的粗细程度，用筛余量或比表面积两种方法表示。筛余量是用国家规定的标准筛对水泥进行筛分，以筛余物占总重量的百分数表示。比表面积则用一克水泥所具有的表面积表示，单位是"厘米^2/克"（cm^2/g）。

细度是确定水泥品质的主要指标之一。水泥颗粒愈细，则凝结硬化速度愈快，早期强度愈大。但太细，成本较高，同时使水泥有较大的收缩变形，在贮运过程中也易受潮和降低强度。

2. 凝结时间

凝结时间是指水泥从加水开始到水泥浆失去可塑性所需的时间。凝结实际分为初凝时间和终凝时间。初凝时间是从水泥加水到水泥浆开始失去塑性时间；终凝时间是从水泥加水到水泥浆开始完全失去塑性的时间。规定初凝时间是为了保证混凝土有足够的施工处理时间；规定终凝时间是为了保证及时开始下一步的施工，以免影响工程进度。

3. 体积安定性

体积安定性是指水泥在硬化过程中，不发生不均匀的体积变化及由此产生的裂缝、弯曲等现象的性质。因此，为了保证工程质量，不能允许体积有超出限度的变化。

4. 强度

水泥的强度是指水泥硬化一定时间后，其胶结力的大小，也指标准试件水泥块（4cm×4cm×16cm）单位面积上所承受的最大压力，以MPa表示。水泥强度一般包括抗压强度和抗折强度两项指标，一般水泥用3天、28天的抗压强度值和抗折强度值表示，其他水泥则视性能要求不同。

5. 化学成分

水泥中某些化学成分超过了一定限度，就会对水泥的性能产生不利影响。因此，要对这些成分加以限制，主要是对氧化镁和三氧化硫的含量进行限制。因为它们会影响水泥安全性的成分。

四、主要水泥品种的性能及用途

（一）硅酸盐水泥和普通硅酸盐水泥

1. 硅酸盐水泥

凡由硅酸盐水泥熟料掺加0%~5%石灰石或粒化高炉矿渣及适量石膏磨细制成的水硬性胶凝材料即称硅酸盐水泥（即外国的波特兰水泥）。分为两类：不掺混合材料的称为Ⅰ类硅酸盐，代号P.Ⅰ。若掺加不超过水泥质量5%

的石灰石或粒化高炉矿渣混合材料的称为Ⅱ型硅酸盐水泥，代号 P.Ⅱ。

其性能特点：密度为 3 100kg/m³，早期强度及总强度高，凝结硬化快，抗冻性好，抗腐蚀能力差，水化热高。

可应用于重要结构的高强度混凝土工程，早期强度要求高的工程，预应力混凝土工程，冬季施工工程，混凝土制品。不适用于大体积和受侵蚀的工程。

2. 普通硅酸盐水泥

凡由硅酸盐水泥熟料掺加 6%～15% 混合材料及适量石膏磨细制成的水硬性胶凝材料，称为普通硅酸盐水泥，简称普通水泥，代号 P.O。

性能特点：密度为 3 100kg/m³，强度较高，硬化较快，抗冻性好，抗水性差。

可应用于一般地上工程，不受侵蚀的地下工程。水泥强度等级按规定龄期的抗压强度和抗折强度来划分，各强度等级水泥的各龄期强度不得低于表 7-3 中的数值。

表 7-3　　　　　　　　　　（GB 175－1999）

品种	强度等级	抗压强度（MPa）		抗折强度（MPa）	
		3 天	28 天	3 天	28 天
硅酸盐水泥	42.5	17.0	42.5	3.5	6.5
	42.5R	22.0	42.5	4.0	6.5
	52.5	23.0	52.5	4.0	7.0
	52.5R	27.0	52.4	5.0	7.0
	62.5	28.0	62.5	5.0	8.0
	62.5R	32.0	62.5	5.5	8.0
普通水泥	32.5	11.0	32.5	2.5	5.5
	32.5R	16.0	32.5	3.5	5.5
	42.5	16.0	42.5	3.5	6.5
	42.5R	21.0	42.5	4.0	6.5
	52.5	22.0	52.5	4.0	7.0
	52.5R	26.0	52.5	5.0	7.0

（二）矿渣硅酸盐水泥、火山灰质硅酸盐水泥及粉煤灰硅酸盐水泥

1. 矿渣硅酸盐水泥（简称矿渣水泥）

凡由硅酸盐水泥熟料和粒化高炉矿渣及适量石膏磨细制成的水硬性胶凝材

料称为矿渣硅酸盐水泥，代号 P.S。

性能特点：密度为 2.8~3.1g/cm³，堆积密度为 1 000~1 200kg/m³。水硬性、水化放热量小，安定性好，耐冻性好，但在干湿条件下抗冻性差，抗腐蚀性好，早期强度低，硬化后干缩大。强度等级见表 7-4 中的数值。

可应用于地下、水中及海水工程，有较高水压的工程，受热工程，配制耐热混凝土，大体积混凝土工程。不适用于冬季施工和早期强度要求高的工程。

2. 火山灰质硅酸盐水泥

凡由硅酸盐水泥熟料和火山灰质混合料及适量石膏磨细制成的水硬性胶凝材料称为火山灰质硅酸盐水泥（简称火山灰水泥），代号 P.P。

性能特点：密度为 2.8~3.1g/cm³，堆积密度为 900~1 000kg/m³。水硬性、需水量大，放热量低，硬化干缩小，耐热性差，早期强度低，干燥条件下养护会"起粉"，抗硫酸侵蚀性好。强度等级按规定龄期的抗压强度及抗折强度来划分。各强度等级水泥的各龄期强度不得低于表 7-4 中的数值。

可应用于地下、水中及经常受较高水压的工程，受海水及硫酸盐溶液侵蚀的工程，远距离输送的沙浆和混凝土。不适用气候干热地区，不适用于早期强度要求高的工程和受冻工程。

3. 粉煤灰硅酸盐水泥

凡由硅酸盐水泥熟料和粉煤灰及适量石膏磨细制成的水硬性胶凝材料称为粉煤灰硅酸盐水泥（简称粉煤灰水泥），代号 P.F。

性能特点与应用同火山灰质水泥。强度等级如表 7-4 所示。

表 7-4 （GB 1344-1999）

强度等级	抗压强度（MPa）		抗折强度（MPa）	
	3 天	28 天	3 天	28 天
32.5	10.0	32.5	2.5	5.5
32.5R	15.0	32.5	3.5	5.5
42.5	15.0	42.5	3.5	6.5
42.5R	19.0	42.5	4.0	6.5
52.5	21.0	52.5	4.0	7.0
52.5R	23.0	52.5	4.5	7.0

（三）复合硅酸盐水泥

凡由硅酸盐水泥熟料，两种以上规定的混合材料及适量石膏磨细制成的水硬性胶凝材料称为复合硅酸盐水泥（简称复合水泥），代号 P.C。

性能特点：水硬性和易性好，早期强度低，耐蚀性差。水泥强度等级对应的各龄期强度不得低于表 7-5 中的数值。

表 7-5　　　　　　　　　　　（GB 12958-1999）

强度等级	抗压强度（MPa）		抗折强度（MPa）	
	3 天	28 天	3 天	28 天
32.5	11.0	32.5	2.5	5.5
32.5R	16.0	32.5	3.5	5.5
42.5	16.0	42.5	3.5	6.5
42.5R	21.0	42.5	4.0	6.5
52.5	26.0	52.5	4.0	7.0
52.5R	26.0	52.5	5.0	7.0

（四）其他特性水泥

1. 白色及彩色硅酸盐水泥

白色硅酸盐水泥按色度分为一、二、三、四级，色泽洁白，28d 抗压强度等级为 32.5Mpa、42.5MPa；彩色硅酸盐水泥有较好的水硬性，并呈现各种色彩，28d 抗压强值等级有 42.5MPa、52.5MPa 两种。

可应用于配制彩色沙浆、彩色涂料、彩色混凝土、制仿大理石、建筑装饰等。

2. 普通硅酸盐大坝水泥

水硬性、抗腐蚀性强，水化放热量少，抗冻性好，耐磨性好。适用于大坝溢流面面层和水位变动较频繁的地区，高耐磨性工程，高抗冻性水工工程和耐腐蚀性工程。强度等级以 28d 的抗压强度值表示，有 42.5MPa、52.5MPa 两种。

3. 硅酸盐大坝水泥

水硬性、水化放热量小，早期强度及总强度高，抗冻融性好，耐磨耐冲击，耐久性较好，强度的等级以 28d 的抗压强度表示，有 42.5MPa、52.5MPa 两种。适用于大坝溢流面，大体积工程，水位变动区域的覆盖层，要求具有较低水化热和较高抗冻性，耐磨性部位。

4. 矿渣硅酸盐大坝水泥

水硬性、水化放热量小，抗硫酸腐蚀能力强，早期强度低。强度等级以 28d 的抗压强度值表示，有 42.5MPa、52.5MPa 两种。适用于大坝工程，大体积水工工程内部及有较低水化热的部位。

5. 快硬高强水泥

快硬高强水泥包括：高级水泥、快硬硅酸盐水泥、特快硬硅酸盐水泥、矾土水泥。它们的共同特征是早期强度增长快而且强度数值高，水化时水化热高而且集中，但容易吸潮变质。矾土水泥的安定性较好，其强度在低温环境中也会有较快的发展，还有较好的化学稳定性，能抵抗硫酸盐溶液的侵蚀。

从应用看：快硬硅酸盐水泥主要用于早期强度高的工程，紧急抢修工程，冬季施工工程。特快硬硅酸盐水泥主要用于需要早期强度高的紧急抢修工程，国防工程及制造钢筋混凝土制品。高级水泥用于配制高强度混凝土及制造钢筋混凝土薄壳结构，也用于抢修工程，该水泥很细，易风化变质，故应随到随用，保存期不宜超过一个月。矾土水泥适用于抢修，抢建工程，早期强度要求高的特殊工程，冬季施工工程，抵抗硫酸盐侵蚀的工程及冻融交替工程。

6. 膨胀水泥和自应力水泥

膨胀水泥主要有硅酸盐膨胀水泥、石膏矾土膨胀水泥、浇注水泥，低热膨胀水泥。自应力水泥主要有硅酸盐自应力水泥、铝酸盐自应力水泥。

硅酸盐膨胀水泥在水中硬化体积增大，在湿气中硬化的最初3天内体积不收缩或有微膨胀。主要用于防水层，防水混凝，加固结构及修补工程。

石膏矾土膨胀水泥凝结硬化快，早期强度高，抗渗性能好。主要用于做砂浆防水层，防水混凝土和钢筋混凝土，贮油罐，也用于混凝土结构的紧急补修。

浇注水泥快硬高强，粘结性好，无收缩，微膨胀，抗冻性及抗渗性较好。主要用于装配式钢筋混凝土框架结构拼装时钢筋之间的锚固、连接和各种钢筋混凝土预制构件之间的连接，也可用于抢修工程，可代替快硬水泥或高级水泥。

低热膨胀水泥水化热低、微膨胀、抗渗、抗硫酸盐性能也较好。适用于要求较低水化热和要求补偿收缩的混凝土，大体积混凝土工程，也适用于要求抗渗及抗硫酸盐侵蚀的工程。

硅酸盐自应力水泥和铝酸盐自应力水泥具有同样强烈的膨胀性能。它们主要用于制造（预）应力钢筋混凝土，自应力钢丝网混凝土的压力管道，也可用于防渗工程，堵漏填缝工程。

7. 耐蚀水泥

耐蚀水泥有抗硫酸盐硅酸盐水泥和赤泥硫酸盐水泥。

抗硫酸盐硅酸盐水泥能抗硫酸盐侵蚀，早期强度高，抗冻性较好，适用于海港工程、水利工程、地下工程。

赤泥硫酸盐比重轻，强度较低，耐水性较好。适用于水中和潮湿环境中混凝土工程、基础工程、下水道等。

五、水泥的物流要求

（一）水泥的运输

我国目前采用的水泥包装主要有袋装与散装两种方法，其中袋装约占60%，散装占40%。

袋装水泥是用纸制作的纸袋来包装。每袋水泥的重量一般为50kg。我国目前主要采用的是每袋50kg包装。

袋装水泥的包装耗费大，装卸的效率低，劳动强度大，流通中的损失达10%，因此在可能情况下应采用散装运输方式。但袋装水泥也有灵活机动，便于零星用户的优点。

散装水泥是不用包装而以特殊的装卸、运输、储存方式进行流通与存储的水泥。其装卸方式分为风力与重力装卸两种。水泥从储罐中卸货时多采用风力卸料方法。重力装卸是利用重力进行的。散装汽车的卸料多采用此方法。

散装水泥的运输采用专用运输车。铁路运输用K15型和U60型两种专用车皮，公路运输用散装水泥车。

散装水泥的储存仓库分永久式与活动式两种。永久式仓库多做成圆柱形，仓库不但能储存水泥，而且能衔接公路与铁路运输。活动式仓库为立筒式或卧式钢板库等。

由于散装水泥具有装卸效率高，水泥损失小，成本低，节省造纸等优点，世界各国都在努力采用。日本平均散装率为92%，美国达80%，我国水泥散装率仅为40%左右。

水泥在装卸运输过程中还应注意如下问题：

（1）火车运输袋装水泥应以棚车为宜并注意雨水渗漏。车底应打扫干净，以免水泥受潮湿物浸湿和受污损。

（2）运输散装水泥一律使用专用的密封车船。

（3）使用敞车运输袋装水泥，应注意苫盖，防雨雪、防潮。

（4）装卸装袋水泥时，应有专人起肩、接肩、轻搬轻放、防止破损。集装袋包装水泥用机械装卸时，要注意防护，以免破损。使用叉车装卸托盘装载袋装水泥，进叉要小心，防止刺破纸袋。

（5）水泥搬运装卸工作人员，应戴口罩、风镜、垫肩，以免不必要的危害。

（二）水泥的验收

水泥到货后，应根据入库通知单，发货明细表，火车到站通知书分别核对水泥的包装、标志。

1. 包装检验：水泥可以袋装或散装，袋装水泥每袋净含量50kg，且不得少于标志质量的98%，随机抽取20袋总质量不得少于1 000kg。其他包装形式由供需双方协商确定，但有关袋装质量要求，必须符合上述原则规定。

2. 标志检验：水泥袋上应清楚标明，产品名称代号、净含量、强度等级、生产许可证编号、生产者名称和地址、出厂编号、执行标准号、包装年、月、日，主要混合材料名称。包装袋两侧应根据不同的水泥品种使用不同的颜色印刷水泥名称和强度等级。硅酸盐水泥和普通水泥用红色；矿渣水泥采用绿色；火山灰和粉煤灰水泥采用黑色。

散装水泥运输时应提交与袋装标志相同内容的卡片。

3. 棚车运输水泥，到货后首先仔细打开车门，勿刮破水泥袋，然后检查车内有无漏雨现象，敞车运输的水泥，应注意检查有无漏雨及受潮现象。如有应将受潮水泥分别堆放，并做好记录，以便交涉。

4. 验收中发现水泥破损，除按规定作出记录外，应立即进行串袋处理，以防继续漏灰或混入杂质，对散失在车内的水泥，应打扫干净，装入袋内，分别保管，但不得混入受潮水泥。

5. 在验收过程中，不管是质量上还是数量上出现的问题，都要做好记录，将责任落到实处，以便问题的解决。

（三）水泥的保管

1. 袋装水泥应存放在干燥的仓库内，仓库的屋顶、墙壁、门窗，不得漏雨，且不应有缝隙，以防湿气侵入。临时存放的水泥，可置入室外或棚内，必须选择地势较高、干燥的场地，做好上盖下垫。下垫要求在水泥或石块条墩上铺设木板，不得使用木垫来代替水泥条墩，以免水分顺着垫木升至垛底，引起底部水泥受潮。散装水泥应储存在密封良好的仓内或罐体中，并有严格的防潮措施。托盘集装的袋装水泥，可直接存放在不铺设木板的仓库。

2. 不同生产厂家，不同品种、强度、等级、批号的水泥应分垛堆放，严禁混杂，并在垛上设置标志牌，注明生产者名称和地址品种，强度等级、出厂编号、生产日期、进库日期等项目。

3. 袋装水泥堆垛不宜过高，一般以10~12袋为宜，矿渣水泥以8~10袋为宜。堆宽以5~10袋为限，每堆最好不超过1 000袋。堆垛方式可采用交叉压码或反码，但为了便于装卸和点数，也可采用正码堆放，但应注意稳定。堆与堆之间应留出1m宽以上的走道，堆垛离墙壁至少50cm，不得紧贴墙壁堆放。

4. 水泥储存期不宜过长，以免受潮而降低水泥的活性。要严格掌握先进先出的原则，尽量缩短储存期。保管期因水泥不同而异，储存期按出厂日期起，一般水泥不宜超过 3 个月，快硬水泥、高级水泥不宜超过 1 个月，矾土水泥不宜超过 2 个月，在干燥无雨季节，储存期可适当延长。

5. 水泥勿与石灰、石膏、白垩、粘土、农药、化肥等粉状物料混存同一库内，以免互相混淆，影响质量。包装如有损坏，应及时更换，以免散失。

6. 水泥受潮后，不能简单地报废，也不能按水泥的原强度等级使用，可区别受潮的轻重降低强度等级使用。

第三节 橡胶制品

橡胶制品是由生胶、配合剂、纤维材料、金属材料等经过一定的生产工艺加工而成的，它有着非常优良的弹性和良好的扯断强度、定伸强度、撕裂强度、耐疲劳强度、不透水、不透气，并且具有较好的耐酸碱性和电绝缘性等。其种类繁多，规格复杂，目前世界上生产的品种已达五万之多。橡胶制品如果保管不当，就容易老化变质，从而影响其使用价值，本章就一些常用的橡胶制品的质量指标与保管方法等加以介绍。

生产橡胶制品的主要原材料是生胶（包括天然橡胶和合成橡胶），辅料是各种配合剂，并采用纤维织物或金属材料作为增强材料。若是制造胶浆还需大量的溶剂。

橡胶制品生产的基本工艺过程包括塑炼、混炼、压出、压延、成型、硫化、修整、成品检查等工序。

橡胶制品中加入各种配合剂，是为使橡胶制品获得必要的使用性能，根据配合剂所起的作用分为硫化剂、硫化促进剂、增塑剂、补强剂、着色剂、增容剂和其他配合剂。

一、橡胶制品的质量指标

质量指标是评定橡胶制品的质量以及使用性能的主要依据。质量指标主要有如下几个方面：

1. 拉伸强度

拉伸强度是表示橡胶制品质量的一项重要质量指标。它的大小主要取决于橡胶的种类，生胶的质量和配合剂的质量、数量以及橡胶制品的硫化条件和加工工艺等。

拉伸强度是橡胶试片（硫化后）扯断时所需要的最小拉伸强度，亦称扯断强力（即抗拉强度极限）。通常以试片原横断面单位面积所受的力来表示，单位为 MPq。

2. 扯断伸长率

橡胶和橡胶制品在扯断时所增加的长度与原来长度的比值称为扯断伸长率，简称伸长率，其计算公式是：

$$\varepsilon = (L - L_0)/L_0 \times 100\%$$

式中：ε——扯断伸长率（%）；

L——试件扯断时的最大长度（mm）；

L_0——试件的原始长度（mm）。

伸长率越大，即表示橡胶及制品的柔软性越好。

3. 定伸强度

定伸强度是测验橡胶强韧性能的一个质量标志。它是指硫化胶伸到一定的长度，即伸长达到100%、200%、300%和500%时单位面积所需要的强度，以MPq表示。定伸强度越大，说明该橡胶的强韧性越好。

4. 硬度

橡胶制品硬度表示橡胶抵抗外力压入的能力。硬度数值的大小反映橡胶及制品的软硬程度。橡胶制品的硬度与其力学性能（如磨耗、拉伸强度）有一定的关系，故据橡胶的硬度可间接地了解橡胶的力学性能。

测定橡胶硬度的方法较多，我国以邵氏硬度计测量橡胶的硬度。即用0.1MPq的压力将直径为5mm的圆钢球压入橡胶试件30s后，测量钢球陷入的深度。由下式计算：

$$H = P/\pi dh$$

式中：H——邵氏硬度值（MPq）；

P——作用于试样0.1MPq的负荷；

h——钢球压入试样的深度（cm）；

d——钢球的直径（cm）。

测量时每一试样通常测量三点，取其平均值。

5. 磨耗量

磨耗量是由橡胶摩擦引起的一种破坏现象。对于许多橡胶制品，磨耗性能直接关系到橡胶制品的使用寿命，实用价值很大，是很重要的技术指标。

橡胶制品的磨耗量通常用阿克隆磨耗机进行试验。其试验的方法是将环形试样在规定的负荷作用下，以一定的倾斜角（滑动角）与砂轮接触进行滚动摩擦，测定试样在规定的行程内的磨耗体积。试样的磨耗体积按下列公式计算：

$$V = (g_1 - g_2)/\rho$$

式中：V——磨耗体积（cm³）；

g_1——试样试验前重量（g）；
g_2——试样试验后重量（g）；
ρ——试样的密度（g/cm³）。

代表每种试验品性能的试样不少于2个，取其算术平均值为试验结果。

6. 老化和老化系数

橡胶制品在加工、储存和使用过程中，由于受到内外因素的综合影响，而引起橡胶物理化学性能和力学性能的逐渐变化，以至最终失去使用价值，这种变化称为橡胶的老化。如橡胶制品外观上的龟裂、发粘、硬化、软化、粉化、变色或长霉等。

橡胶的老化性能以老化系数表示。试验时取10个哑铃状的试样，取5个做老化前的拉伸试验，其余放入烘箱内。根据试验标准规定，可选取的温度为：50℃、70℃、100℃、120℃、150℃等，老化的时间可选择为24h、48h、72h、144h等，到规定时间，取出试样在室温下冷却4~9h，再进行拉伸试验。老化系数即是试样老化前后性能测定值之比。

橡胶抗拉伸老化系数的计算公式是：

$$K = Z_2/Z_1$$

式中：K——老化系数；
Z_1——老化前抗拉性（MPq）；
Z_2——老化后抗拉性（MPq）。

7. 脆性温度

橡胶试片在冲击机上被冲断时的最高温度称为脆性温度，以℃表示。脆性温度是标志橡胶失去弹性的温度，该温度越低，表示橡胶的低温性越好。

二、橡胶制品的各种类型

（一）轮胎

1. 轮胎的类型

（1）按轮胎的内部状态及充气压力分类，可分为空体轮胎和实体轮胎两类。空体轮胎又可分为充气轮胎、海绵轮胎；实体轮胎包括标准实芯轮胎、半实芯轮胎（缓冲实芯轮胎）。

（2）按胎面花纹分类，可分为普通花纹轮胎、混合花纹轮胎、越野花纹轮胎三大类。

（3）按胎体结构分类，可分为普通结构轮胎、子午线结构轮胎。

（4）按用途分类可分为机动车轮胎，非机动车轮胎和特种用途轮胎3大类11小类，如图7-2所示。

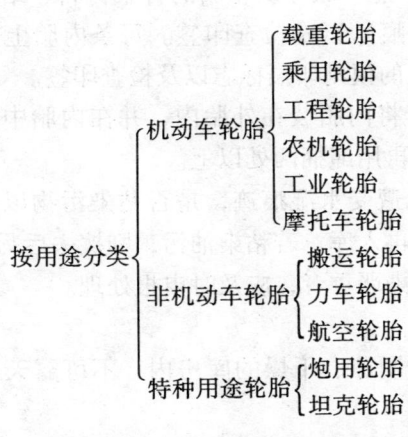

图 7-2　轮胎按用途分类

2. 轮胎的构成

轮胎由外胎、内胎及垫带三部分构成。对轿车轮胎而言，只有外胎和内胎。内胎由一个环形的橡胶圆筒及气门嘴组成。垫带是具有一定断面形状的环形胶带。外胎由胎面、胎侧、缓冲层、帘布层、胎圈等部分组成。

3. 轮胎的规格

轮胎的规格是以外胎的外直径 D，轮辋直径（或胎圈内径）d，断面宽 B 以及高 H 等尺寸来表示。常用的国产轮胎的规格表示方法如表 7-6 所示。

表 7-6　　　　常用的国产轮胎的规格表示方法

轮胎类型	代号	举例（单位：英寸）	轮胎类型	代号	举例（单位：英寸）
载重车轮胎	B – d	9.00～20	自行车轮胎	D×B	28×1.5
乘用车轮胎	B – d	8.90～15	畜力车轮胎	D×B	32×6
拖拉机轮胎	B – d	11～38	飞机轮胎	D×B	660×160
摩托车轮胎	B – d	3.50～19	实芯轮胎	D×B×d	20×8×17

4. 轮胎的验收要求

（1）根据入库通知单或发货单与实物核对牌号、规格、并点数验收。

（2）入库前根据下列有关轮胎的国家标准对轮胎的外观进行质量检验。该轮胎的外观质量标准（GB520 – 82）适用于各型载重汽车、轿车、工程机械、工业车辆、农业、摩托车和马车等的充气轮胎。

（3）每条外胎两侧必须有以下标志：规格、制造厂商标和厂名（或地名)、层级、标准轮辋、生产编号及轮胎的骨架材料、结构、速度的代号（这些标志均需使用模刻印痕）以及检查印签。每条内胎上必须有规格和制造厂商标及厂名（或地名）的模刻印痕标志以及检查印签。

（4）配套的轮胎应将内胎装在外胎内，并在内胎中充上适量的空气，使其与外胎内缘相接触，再用绳捆两处以上。

（5）检查轮胎有无遭受水湿痕迹，是否粘染污物以及油污。若水湿，污物粘染应及时擦干净后再入库。若粘染油污，则擦去后另外堆放。粘染不严重的可及早投入使用，粘染严重者，应及时申报处理。

5. 轮胎的保管

（1）轮胎应存放在阴凉、干燥的库房内，不可露天存放，防止阳光曝晒和雨淋。

（2）适宜储存轮胎的相对湿度为 50% ~ 80%。梅雨季节或相对湿度超过 80% 时，应采取适当措施，降低库内湿度。

（3）库存轮胎的库温以 0℃ 到 25℃ 之间最为适宜，最高不超过 32℃，最低不低于 -10℃。夏季库温如超过 32℃ 时，应在午夜开启门窗通风，以降低库温。

（4）库存轮胎的库房不宜经常通风。平日除酌情开启部分门窗短时间通风或调换库内空气外，应关闭门窗。

（5）为防止日光直接照晒，库房窗玻璃应漆白，并应隔绝火源，远离热源，距离库内采暖设备至少在 1m 以上。

（6）轮胎要避免接触油类物质（如汽油、煤油、柴油），有机溶剂及某些金属的盐类（如铜、锰、铁等的盐类），还应和氧化剂隔开。

（7）轮胎入库后，外胎应放于木架上，不得平放堆码，也不准穿心悬挂。在保管中至少每两月转动一次，以变更支点，转动 90 度较为适宜。内胎应稍许充气后放入外胎内保管，若需单独存放，应在充气状态下挂在半圆形木架上，定期转动，不得折叠，平放或压。内胎若放入纸盒内折叠上架（装入木箱内）保管时，必须在表面涂上滑石粉，以免发生粘结。

（8）若发现轮胎发霉，应进行揩霉处理，用布将霉点、霉斑揩去，并采取紧急降温措施。外胎被污染粘染时，只能用清水冲洗并擦干或阴干，不得在阳光下晒干，不能用肥皂水、碱水、汽油等洗涤。内胎发粘时可充气后揉捏并涂擦滑石粉。

6. 轮胎的搬运

（1）轮胎出入库或下垛时，严禁从高处抛掷。

（2）降雨天应尽量避免出入装卸。搬运中不得在潮湿、粗糙、脏污的地面上推滚搬运，以免粘染泥污水湿。

(二) 胶带

胶带按用途可分为两大类，传动带和运输带，传动带用于传递动力；运输带用于输送物料。胶带的详细分类如图7-3所示：

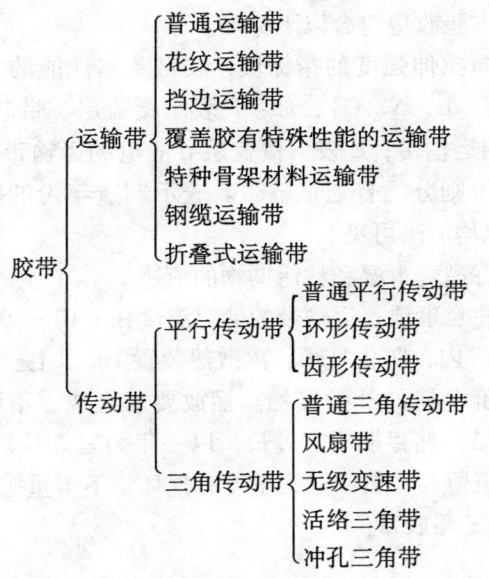

图 7-3　胶带按用途分类

1. 运输带

（1）运输带的规格表示方法

普通运输带的规格以带宽（mm）×胶布层数×［上胶厚度（mm）+下胶厚度（mm）］来表示

为了对不同结构的运输带有一个统一的表示方法，往往采用平方米为计算单位，计算公式如下：

m² = 宽度（m）× ｛胶布层数 ×［上胶厚度（mm）
　　　+ 下胶厚度（mm）］/1.5（mm）｝×长度（m）

（2）运输带的验收保管

运输带的验收主要注意以下事项：

①运输带实物的品种，规格应与入库通知单或发货单相符。规格的验收主要查验胶布层数，覆盖胶度。长度也应符合要求。

②运输带的外观质量检验应符合有关橡胶制品的质量要求。如对缺陷而

言：一级品中明疤缺陷每 100m² 表面积上允许不大于 900cm²，面积在 4cm 而深度在 1mm 以上，经一次修理完善（1mm 和 1mm 以下者不修理），二级品超过一级品范围，经一次修理完善。

布层起泡缺陷一级品不允许有，二级品中每 100m² 表面积中（单面计算），起泡总面积允许不大于 1 200cm²，经一次修理完善。

③运输带的标志验收应符合以下标准。

胶带全厚度纵向拉伸强度的指标值；胶带基本性能的字母代号表示（F、J、E、S、K、H、T、L、A、C）；如：F 表示覆盖层、带芯均难燃的运输带；J 表示覆盖层难燃的运输带；E 表示覆盖层导静电的运输带。若无其他基本性能字母代号的运输带则分为普通运输带。表示制造年份的数字（字母后两位数表示）。要求标志均清晰可见。

④运输带不得有遭受水湿和粘污染物的痕迹。

运输带的保管注意事项：运输带的储存温度在 -10～30℃ 之间，相对湿度在 50%～80% 的库房内，防止日晒，离散热装置 1m 以上。避免同油类、有机溶剂、酸、碱、变价金属的盐类接触。摆放要求立放，不可横放，下垫楞木 15～30cm，以防粘结。储存期不宜过长，以一年为宜。长期储存应定期翻动，防止有污染物及霉斑留存。装卸搬运不得有损坏，不得重抛，雨天不宜搬运。

2. 传动胶带与三角胶带

（1）传动胶带

传动胶带是由多层胶布平行结合粘结在一起而制成的平行胶带，是各种机器用以传递动力的工具。与齿轮传动相比，这种传动胶带有震动小，缓冲，装置简便等优点，因而在工业上得到广泛应用。

传动胶带按结构可分为两类：一类是叠层式传动胶带，是由多层胶帆布平行贴合在一起，硫化后切成所需的宽度，两侧切边涂有防水、防潮胶浆作为保护层。另一类是包层式传动胶带，包层式中有的是先贴合 1～2 层中心胶布（有的不加中心层胶布），然后再用两倍于带宽的胶布包至所需的层数。最外层的胶布的接口处，先贴对口胶条，上面再贴封口胶条封闭。这种结构胶带在柔软性、屈挠性等方面不如叠层式，但两侧比叠层式牢固，不易损坏，使用效果好，应用广泛。

传动胶带的规格是以胶带的宽度和胶布层数表示：

胶带宽度（mm）×胶布层数

如果布层数不一样，可采用 m² 作为计量单位。

m² = 宽度（m）×胶布层数×长度（m）

常用的传动胶带规格如表 7-7 所示。

表 7-7　　　　　　　　　常用的传动胶带规格

胶带宽度（mm）		胶布层数
名义尺寸	公差（mm）	
20、25、30、35、40、45、50、55、60	±2	3～4
65、70、75、80、90	±3	3～6
100、125、150、175	±4	4～6
200、225、250、275、300	±5	4～10
350、400、450、500、550、600	±6	6～12

（2）三角胶带

三角胶带是用来作为传动的一种工具，是一种断面为梯形的无接头的环形胶带。配装在有槽沟的皮轮上，依靠三角胶带梯形两侧的摩擦力而带动从动轮转动。适宜于中心距小，传动比大的动力传递，同时具有震动小、噪音小、传递功率大等优点，是各种机械设备中使用广泛的一种传动胶带。

①三角胶带的结构由伸张层、中心层、压缩层和包布层组成。

②三角胶带按断面尺寸可分为 O、A、B、C、D、E、F 七种型号。分别以断面宽度、高度和角度来确定。三角胶带的断面尺寸规格如表 7-8 所示。

表 7-8　　　　　　　三角胶带的断面尺寸规格

型号	断面尺寸及允许公差		
	宽（mm）	高（mm）	角度
O	$10^{+0.5}_{-0.4}$	$6^{+1.0}_{-0.5}$	40±1
A	$13^{+0.7}_{-0.5}$	$8^{+1.0}_{-0.5}$	40±1
B	$17^{+0.9}_{-0.6}$	$10.5^{+1.0}_{-0.5}$	40±1
C	$22^{+0.9}_{-0.7}$	$13.5^{+1.0}_{-0.5}$	40±1
D	$32^{+1.0}_{-0.8}$	$19^{+1.5}_{-0.7}$	40±1
E	$38^{+1.1}_{-0.9}$	$23.5^{+1.5}_{-0.8}$	40±1
F	$50^{+1.2}_{-1.0}$	$30^{+1.5}_{-0.9}$	40±1

③三角胶带的规格以型号的内周长（mm）来表示。如 A737 表示 A 型三角胶带内周长 737mm。三角胶带内周长可查表。

④三角胶带的计量单位和计算公式。

由于三角胶带型号较多,它们的宽度和高度都不相同,故选取 A 型三角胶带 1m 为计量标准,称为 Am,其各种型号三角胶带,较 A 型有宽有窄,用料有多有少,因此,在统一计算数量时,除 A 型按原长度计算外,其余各种型号三角胶带均须乘以换算率换算成 Am。各型号换算率如表 7-9 所示。

表 7-9　　　　　　　　　　各型号三角胶带换算率

型号	O	A	B	C	D	E	F
折合成 Am 换算率	0.58	1	1.70	2.84	5.88	8.54	15.55

计算公式:型(m)=内周长度(m)×条数 A(m)=型(m)×换算率

传动胶带与三角胶带的验收和保管

①据入库通知单或发货单与各自的实物品种,规格核实相符,并点数验收。

②外观查验:传动胶带表面是否均匀,有无气泡、起胶、开裂、划痕等缺陷。胶合应紧密无空隙,不稀松,不起层。传动胶带边缘应平直,不得有凸凹缺陷。布层与胶层不应脱开。三角胶带的外层(包皮层)应包裹紧密,软硬合适,整圈无缝,无褶皱。二者都不得有受潮,水湿痕迹,也不得粘染油腻泥污。

③传动胶带与三角胶带在保管期间,温度一般在 -10~32℃ 之间为宜。每季度翻动一次最好,储存期以一年为宜,库房相对湿度 50%~80%。

④传动胶带需成卷平放,不得折叠堆放,防止变形。下垫楞木 15~30cm。可堆放 1m 高,宽度尺寸小的可上架摆放。

⑤三角胶带不应堆叠过高或捆扎过紧。短三角胶带易折曲变形,不宜交叉对叠。长三角胶带可交叉使其自然拧成"8"字形,再经过叠后上架,不得曲折、扭绞。

⑥防日晒,距离散热装置 1m 以上,并隔离火源。避免与油类、有机溶剂、酸、碱、变价金属盐类接触。

⑦搬运中不得重抛,且不得遭受雨淋、水湿和泥污等的污染。

(三)胶管

胶管是用橡胶和纤维或金属材料制造的可挠曲的软管,用以输送气体、液体、粘流体、粉粒及块状物等可流动性物质。

1. 胶管的结构

除全胶管外,胶管一般由三部分组成:

内胶层是直接接触输送物料的部分，是胶管的主要工作面。内胶层要求具有良好的密封性、耐侵蚀和耐磨损等性能。其厚度根据使用条件和胶料性能确定。

强力层也叫骨架层，是胶管的骨架，承受压力的部位。由各种纤维材料或金属材料所组成。压力较低的胶管采用纤维材料。纤维材料有棉、麻、人造涤纶、玻璃纤维、合成纤维等。要求强度和耐压性较高的胶管采用金属材料。金属材料有钢丝、钢丝绳等。

外胶层在胶管的外部，是胶管的外保护层，用以保护强力层和内胶层免受外界损伤和侵蚀。外胶层因在使用过程中往往要受阳光、温度、氧和臭氧等作用，因此用耐老化性和耐磨性能较好的橡胶制造，以免胶管早期破坏。

2. 胶管的分类

胶管的分类方法很多。通常用的胶管有：普通夹布输水胶管、铠装夹布输水胶管、普通夹布风压胶管、铠装夹布风压胶管（供在高压下输送常温的压缩空气用，适合用于风动工具及压缩装置）、夹布耐酸碱油胶管（用来输送稀酸、碱管、硝酸除外）、喷砂胶管（供装置在风压喷砂机上喷砂用）、氧气胶管（供输送氧气，适用于焊接器械熔焊或切割金属用）、乙炔胶管（适用于输送乙炔气体）。

胶管的规格是以内径（单位为mm）、增强层数（夹布以P表示，棉丝编织以C/B表示，钢丝编织以W/B表示，缠绕以S表示）、长度（单位是公尺）、耐压程度表示。

例如：夹布输水管：$\Phi 425 \times 3P \times 20M - 15$

式中：$\Phi 425$——内径为425mm；

   3P——3层夹布层；

   20M——长度为20m；

   -15——工作压力为$15kg/cm^2$。

3. 胶管的储运保管

胶管的验收入库应有入库通知单或发货单，且应与实物的品种、规格核对相符，数量正确。胶管的外观应光滑整洁，不得有海绵起层、裂口、气泡等缺陷。夹布层紧密均匀，质地软硬合适，有弹性。在管径扩大5%及胶管弯曲90度时表面不应有裂纹。不得沾染泥污、油脂，也不许出现发粘现象。

胶管应保存在-10~32℃，相对湿度在50%~80%的库房内，防晒、离散热装置需在1m以上，并隔离火源。避免与油类、有机溶剂、酸、碱、盐、变价金属的盐类接触。储存期以一年为宜。长期储存应翻动。铠装胶管要注意防潮及锈蚀，但不得涂抹防锈油，以免影响胶质。

胶管的堆码有具体规定。短管和铠管应平放，也可以纵横交错码堆，下垫楞木，堆高不超过1m，避免下层胶管受重压变形。有些长度胶管可以盘卷存放，小口径管可上架平放。

装卸搬运时要防雨淋、防水湿、防油污、防油脂、防破损。

（四）橡胶板

工业用橡胶板通常按用途分为两类即普通橡胶板和特殊橡胶板。普通橡胶板主要用作冲制各种密封垫固、门窗密封条、垫板和用于铺设地板。特殊橡胶板主要包括耐酸碱橡胶板，主要用于冲制各种形状的垫圈和铺盖各种机械设备；耐油橡胶板用于冲制在各种油类介质中工作的各种型状的垫圈；耐热橡胶板，用于冲制在较高温度条件下工作的各种隔热垫圈和隔热板、绝缘橡胶板等。

1. 橡胶板的规格与型号

橡胶板的规格用宽度×厚度（mm）表示。

橡胶板可用相应的数字代号表示。如1704、1613，代号中左起第一位数字表示胶板类别，第二位数字表示胶板硬度的最高值，第三、四位数字表示胶板的强力。

2. 橡胶板的验收

①实物应与入库通知单或发货单相符。

②外观质量：橡胶板表面应光滑、无气孔、气泡、裂纹、皱皮等缺陷，边缘整齐，两对应边平行。有色板颜色应均匀一致。含胶量较多的橡胶板质地应柔软有弹性。硬质橡胶板不能弯曲。

③橡胶板不得受潮、水湿，也不得粘染泥污，油脂等。

3. 橡胶板的维护与保管

（1）橡胶板储存的适宜温度为-15~35℃，相对湿度为50%~80%，储存期以一年为宜。为防板间粘结，可在橡胶板上撒些干滑石粉，并防止日晒与雨淋，离散热装置应在1m以上，与火源隔离，避免与油类、有机溶剂、酸、碱、变价金属的盐类接触。

（2）橡胶板既可成卷立放，也可平放堆码，平堆不宜过高，以免受热受压粘结。

（3）装卸搬运时要防弯曲折（对硬质板而言），防雨雪侵蚀，不得粘染泥污和油脂。

对于橡胶制品而言，因其主要是由橡胶冲制而成，因此其验收保管要求与橡胶板类似。

第四节 塑料制品

塑料是以树脂为主要成分的有机高分子固体材料。在一定的温度及压力条件下塑制成的具有一定形状的制品即为塑料制品。

一、常用塑料制品及性能

塑料制品的种类繁多，下面只介绍几种常用的制品。

1. 塑料薄膜

塑料薄膜可用吹塑、压延或流延等方法来制造。根据树脂不同分为聚氯乙烯薄膜、聚乙烯薄膜、聚酯薄膜、聚四氟乙烯薄膜等。

塑料薄膜主要用于包装材料，防潮及防水材料，生产雨衣等日常生活用品，还大量用于农业上作苫盖保温材料。其中，聚氯乙烯是有毒的，不能用作食品的包装，聚乙烯塑料无毒，可用于食品包装，聚酯薄膜及聚四氟乙烯薄膜则多用于电机、电器、电容等的绝缘及线圈匝间的包扎。

2. 人造革

人造革是麻布或棉布用软聚氯乙烯浸泡后经干燥和滚压而制成的，也有些是在织物表面覆盖聚氯乙烯薄膜而制成的。

聚氯乙烯人造革有良好的防水性能，不透水、不透气，能耐酸碱，光亮而不掉色，容易洗涤，但因不透气使人穿着时不舒服，易老化、不耐寒。此革多用于生产提包、皮箱、椅子座垫、手套等。

聚氯乙烯泡沫人造革是在生产过程中加入发泡剂而制成的，因塑料内有许多的微小气孔，故像海绵一样松软。它的弹性好，耐摩擦，耐曲挠。目前，泡沫人造革有两种规格：一种是薄型的，其厚度不超过1mm，它以针织布作底布，柔软而延伸率大，很适于生产衣服、手套、帽子等；另一种是厚型的，厚度超过1mm，它以棉布做底布，质地坚硬而延伸率小，适于制造皮鞋、皮箱及提包等。

3. 塑料棒材

塑料棒材主要有聚氯乙烯棒、酚醛纸棒和环氧酚醛玻璃布棒等。

聚氯乙烯棒直径多为20～45mm，具有优良的电绝缘性和化学稳定性，良好的机械加工性能等。多用于制作有耐腐蚀或电绝缘要求的零件。

酚醛纸棒是用绝缘浸渍纸浸以酚醛树脂，经热加压而制成的电工塑料。它的电性能和机械强度好，可进行机械加工。多用于制造电气绝缘体。其规格多为直径8～60mm，长度不小于200mm。

环氧酚醛玻璃布棒多用于制作在湿热地区及变压器油中使用的电气绝缘

体，它不但有良好的力学性能，电气性能，耐热耐潮性，还有良好的耐霉性。

4. 塑料板材

（1）聚氯乙烯硬板

它是由聚氯乙烯树脂，填充材料，占树脂总重5%左右的增塑剂等经热压而成的。它具有很好的耐腐蚀性和良好的机械性能，但耐高温性能较差，主要用于耐腐蚀的，在50℃以下工作的各种化工结构中，如电镀槽、密器等。聚氯乙烯硬板的厚度多为2~20mm。

（2）酚醛层压纸板

它又称为胶木纸板是经硫酸盐浸渍纸浸以酚醛树脂后多层重叠热压而成的。胶木纸板的电性能很好，吸水性小，对大气的稳定性好，力学性能也较好，多用于绝缘材料。由其电性能的差异分为电工用（50Hz）与高频用（无线电技术用）两类。电工用酚醛层压纸板多用作接触器、变压器及其低频电气设备中的绝缘底板等构件，高频用酚醛层压纸板则主要用于无线电技术及由电话等频率较高的场合使用的绝缘材料，如电路底板等。

（3）酚醛玻璃布板

它是用无碱玻璃布浸以酚醛树脂经热压而成的。它具有高的力学性能，优良的电绝缘性能及高的介电性能，较小的吸湿性，可耐185~200℃的温度。酚醛玻璃布板广泛地用于各类一般绝缘材料中。

（4）塑料贴面

塑料贴面是用特制的纸张浸以酚醛树脂或三聚氰胺甲醛树脂，经高温高压而制成的塑料纸板。塑料贴面用来粘贴在各种木制板面上，以代替涂料。塑料贴面是一种很好的装饰材料，与涂料相比，它具有图案色调丰富美观，耐湿、耐磨、耐燃、耐一般的酸碱以及酒精等溶剂浸蚀，耐油、耐烫、清洁方便、耐久性强等许多优点。

（5）塑料管材

塑料管材主要包括胶纸管、玻璃布管、聚氯乙烯管等。

胶纸管是以酚醛树脂浸渍绝缘纸，经卷绕及烘烤而制成的。它的机械强度高，电性能良好等，故常用于变压器，开关等电气绝缘件的制作。

玻璃布管以玻璃纤维布浸以树脂并固化后制成，分为环氧酚醛层压玻璃布管与硅有机层压玻璃布管。它们都用作电器绝缘体，并有耐潮、耐热、耐油等性质，尤其是硅有机层压玻璃布管的耐热更好，可用于200℃以下环境中。

聚氯乙烯管有软硬两种，它们都有良好的绝缘性、耐蚀性等。硬管强度高，主要用于输送水及腐蚀性流体等，也能作为电线保护管。软管强度较低，用于输送压力小于 2.5×10^6 Pa 的流体。

（6）泡沫塑料

泡沫塑料是一种充满气孔的塑料，它有开孔型和闭孔型两类。根据塑料品种的不同又分为许多种。它广泛地用于防震包装、隔音绝热、电气绝缘等多种场合。

（7）玻璃钢

玻璃钢是一种用玻璃纤维布强化了的塑料制品的统称。它有接近于金属的强度，类似塑料的耐腐蚀性，还有质轻，绝缘性良好等许多优点，被广泛地用于各工业部门，如建筑、造船等工业部门。

目前常用的玻璃钢粘结用树脂有酚醛树脂、环氧树脂和聚酯树脂等，其中聚酯树脂玻璃钢的韧性良好，而环氧树脂玻璃钢强度较高。

二、塑料制品的物流要求

塑料制品是有机高分子材料，在储存使用过程中，大多是由于老化而引起质量下降或变质损坏，以至完全丧失其使用价值。有的塑料制品表面容易划伤，有的容易燃烧，有的在溶剂作用下容易溶解，有的怕冻，有的不耐酸碱侵蚀。因此，塑料制品在管理过程中要进行合理的维护和保管。

1．塑料制品的储存条件

（1）塑料制品应根据入库通知单及发货票单对照实物进行点数验收，外观质量应符合塑料制品有关质量标准要求。

（2）塑料制品应存入干燥、通风、阴凉、清洁的库房内，室温最好保持在15~20℃之间，最高不得高于40℃，最低不要低于0℃。空气的相对湿度应在80%以下。

（3）库房内应避免日光对制品的直接晒射，制品的储存位置距离热源不得少于1m。以防其受热软化、老化、变硬、变脆、发生龟裂。

（4）不得与酸碱、盐类、溶剂、油类和其他易燃物等混存，以防相互接触，引起化学变化而变质损坏或发生火灾，并要防止油类和尘土污染。

（5）塑料制品应存放在货架上，不得就地堆放，以防受潮而降低品质。

2．塑料制品存放技术及其他要求

（1）塑料制品如需就地堆放，必须下垫楞木或木板20~30cm，堆垛高度不得大于1.5m，以防重压变形。

（2）塑料软管一般应以盘卷包装，盘卷直径不宜过小，盘卷时应注意不要有死弯，以免产生永久变形或伸直时产生裂纹。

（3）塑料硬管和棒材要捆扎整齐，平直存放，不得互相交叉堆码。

（4）塑料板材堆垛时要衬垫平整，以防变形。

（5）塑料薄膜和人造革要成卷包装，外包牛皮纸，人造革的涂层向内，发泡人造革应加卷芯，带卷芯的可纵横平码存放，其他应采取立放，以防受压褶皱。

（6）泡沫塑料必须用塑料薄膜严密封存，以防尘土、灰沙、油污及其他飞扬物品污染影响使用。

（7）有机玻璃以及其他表面质量要求较高的硬质塑料制品，每个或每片之间不可直接接触，应用特殊胶纸双面裱糊或用纸板夹衬，装箱存放，以免摩擦、碰撞、划伤表面而影响制品的美观和质量要求。同时装卸搬运时要轻拿轻放，不许拖拉、抛掷。

（8）塑料制品入库后应按件悬挂或贴上标签，写明名称、规格、数量、制造厂方及入库日期，以便检查。

（9）对于某些有一定保管期限的塑料制品，要注意坚持"先进先出"的原则，不能存放过久。超过有效期限的，应重新进行检查，合格者方可继续发放使用。

（10）塑料制品在装卸搬运时，应注意轻拿轻放，防止摔裂、划伤等，不许拖拉、抛掷，也不得用有尖角和带钩的工具进行作业，以防划破刮伤制品。运输中还应注意苫盖，以防日光曝晒及雨水淋湿。

本章小结

木材在我国国民经济和城乡建设中具有重要的地位和作用。木材可按树种和材种不同进行分类。木材的缺陷和特性有节子、变色、腐朽、虫害、裂纹和变形。木材的保存方法有水存法、湿存法、干存法。木材的堆垛、搬运、材质评定、材积计算都有具体的措施和方法。

水泥是当今世界的重要建筑材料之一，在现代工业、民用建筑、国防军事工程、海港码头、桥梁隧道、大坝、公路、铁路、机场跑道等所有这些重大工程和建设中都离不开水泥材料。水泥可按用途和性能分类，还可按水泥的主要水硬性物质名称分类。水泥的主要质量指标有细度、凝结时间、体积安定性、强度、化学成分等。水泥的品种不同，其性能及用途也不同。水泥的物流要求包括运输、验收及储存要求。

橡胶制品的质量指标包括拉伸强度、扯断伸长率、定伸强度、硬度、磨耗量、老化和老化系数、脆性温度等。橡胶制品的种类有轮胎、胶带、胶管、胶板等。橡胶制品的品种不同，其物流管理要求也不同。

塑料制品可分为塑料薄膜、人造革、塑料棒材、塑料板材等。塑料制品的储存条件要求控制温度、湿度；采取光照与防潮的措施；注意橡胶制品的堆码与搬运、装卸、运输的作业要求及方法。

练习题

一、名词解释

原条　原木　节子　木材号印　水泥　凝结时间　扯断伸长率　老化　塑料制品

二、填空

1. 原木的材积计算方法有_____和_____。

2. 原条的堆垛方法有_____、_____和_____。

3. 木材的缺陷有 6 个方面，即_____、_____、_____、_____、_____和_____。

4. 水泥的主要质量指标有_____、_____、_____、_____和_____。

5. 目前我国生产的水泥有_____和_____两种形式。

6. 水泥勿与_____、_____、_____、_____等粉状物料混存同一库内，以免互相混淆，影响质量。

7. 橡胶制品的主要质量指标有：_____、_____、_____、_____和_____。

8. 橡胶制品的种类有：_____、_____、_____和_____。

9. 胶管由_____、_____和_____组成。

10. 常用的塑料制品有：_____、_____、_____和_____。

三、选择题（单选或多选）

1. 按材种不同，木材可分为：(　　)。

   A. 原条　　B. 原木　　C. 木材　　D. 锯材　　E. 针叶树

2. 节子密集程度按检尺长范围内节子总数或任意 1m 范围内节子数目来计算，小于 (　　) 宽的节子不计。

   A. 10mm　　B. 12mm　　C. 14mm　　D. 15mm

3. 木材的翘曲分为 (　　) 等。

   A. 顺弯　　B. 横弯　　C. 翘弯　　D. 扭弯　　E. 弯曲

4. 木材的保存方法有：(　　)。

   A. 水存法　　B. 湿存法　　C. 干存法

   D. 平放法　　E. 立码法

5. 木材验收等级标志表示称为木材号印。常见号印种类与符号有：(　　)。

   A. 长级号印　　B. 各级号印　　C. 等级号印

   D. 检验小组号印　　E. 产区（省）代号

6. 专用水泥以其专门用途命名。并可冠以不同型号，例如：（   ）。
   A. 砌筑水泥　　　　B. 75号油井水泥　　C. 矿渣硅酸盐水泥
   D. 石膏矿渣水泥　　E. 石灰火山水泥
7. 普通硅酸盐水泥的代号是（   ）。
   A. P.O　　　　　B. P.S　　　　　C. P.P　　　　　D. P.F
8. 水泥包装，每袋重量一般为（   ）。
   A. 50kg　　　　B. 100kg　　　　C. 60kg　　　　D. 80kg
9. 水泥保管期按出厂日期起，快硬水泥、高级水泥不宜超过（   ）。
   A. 1个月　　　B. 2个月　　　C. 3个月　　　D. 半年
10. 表示覆盖层难燃的运输带的字母代号是（   ）。
    A. F　　　　　B. J　　　　　C. E　　　　　D. S

四、判断题

1. 储存塑料制品的库存温度最好在 −5℃~35℃ 之间。（   ）
2. 橡胶的规格用长度×宽度×厚度（mm）表示。（   ）
3. 轮胎由外胎和内胎构成。（   ）
4. 橡胶制品的扯断伸长率的公式是：$H = P/\pi dh$。（   ）
5. 我国水泥散装率仅为40%左右。（   ）
6. 木材产地湖南的代号为"HN"。（   ）

五、问答题

1. 简述木材的保存、堆码及运输要求。
2. 水泥装卸运输途中，应注意哪些问题？入库阶段有哪些手续，应注意的重点是什么？保管水泥有哪些严格要求？
3. 橡胶制品的物流要求有哪些？
4. 简述塑料制品的储存要求。

第八章　危险商品

背景知识： 物流企业在经营和储运中，有一部分是危险货物。这些货物的品种繁多，性质各异：有的有毒；有的易爆；有的易燃；有的具有毒害腐蚀和放射性等。在物流活动中这些危险货物若受到摩擦、震动、撞击、日光曝晒、温度、湿度变化和性能抵触等外界因素的影响，会引起中毒、烧伤、死亡、燃烧、爆炸等事故，造成灾害性的损失。因此，对于这类货物，物流从业人员在运输、装卸搬运、堆码、包装及储存中应切实做好防范措施，避免恶性事故发生，消除人身伤亡事故，减少财产损失。

学习目标： 通过本章学习，你应该了解危险商品的品种及分类；认识危险商品在物流工作中的危险性影响；掌握各种危险商品的分类、基本特性及物流要求；能够运用所学知识对危险商品的储存、运输及消防等方面的工作进行管理。

凡具有易燃、易爆、腐蚀、毒害以及放射性的物质都称为危险商品。在物流企业储运的商品中，有一部分是危险商品，这些商品的品种很多，它们都有不同程度的危险性。例如爆炸品、氧化剂、压缩气体和液化气体、易燃性商品、腐蚀品、毒害品和放射性物品等。若受到摩擦、震动、撞击、日光曝晒、温度、湿度变化和性能抵触等外界因素的影响，会引起中毒、烧伤、死亡、燃烧、爆炸等事故，造成灾害性的损失。

各种危险商品，虽然具有各种不同的危险性能。但是，它们是工农业生产、国防、科学、文化、教育、卫生等事业不可缺少的物质。由于它们具有特殊的物理、化学性质，物流企业在运输与储存中必须加强防护，一般由专门的运输工具进行运输，由专门的仓库进行保管养护。

第一节　爆炸品

凡是受到高热、摩擦、撞击或受一定物质的激发，能发生剧烈的化学反应，产生大量的气体和热量，气体体积急剧膨胀而引起爆炸的物质，称为爆炸品。爆炸有三种形式：物理爆炸：物质不发生性质的变化引起的爆炸。化学爆炸：物质由于化学反应发生了性质上的变化引起的爆炸。核爆炸：由热核反应引起的爆炸。

一、爆炸品的分类

爆炸品按照在爆炸中所起的作用不同可分为三类。

（一）点火器材

包括导火索、点火绳、点火棒等。在明火作用下，敏感性很强，是极易燃烧的引燃材料。它含有爆炸性药品，在受热等外界因素作用下，也能发生爆炸。点火器材，对燃烧速度有严格要求，过快或过慢都影响安全。

（二）起爆器材

包括导爆索、雷管等。极易燃烧和爆炸。与明火接触或在震动、摩擦、撞击等外力作用下均易爆炸。

（三）炸药及爆炸性药品

1. 烈性炸药。爆炸反应非常迅速，发生时有强烈破坏作用。如三硝基以上的化合物，爆速每秒 2 000 ~ 8 000 米。

2. 缓性炸药类。爆炸反应比较迟缓，不发生爆轰，只发生爆炸。爆速每秒 300 ~ 400 米，最高为 1 200 米。

二、爆炸品的特性

爆炸品的特性主要有以下几种。

（一）爆炸性

爆炸是因物质非常迅速的物理或化学变化而形成压力急剧上升的一种现象。爆炸品发生爆炸的原因主要有五个。一是受热分解，炸药经缓慢受热，其分解反应逐渐加快，当达到一定程度时，就会发生爆炸。如日光曝晒、接近热源、库内或车船内通风不良等。二是机械作用，冲击、摩擦、震动、摔落等机械作用，均能引起爆炸。尤其是炸药，在温度较高的情况下，对机械作用的影响更敏感。例如装卸操作不慎、堆码不稳、捆扎不牢、使用铁质工具、穿铁掌鞋等。三是接触火花、明火能引起燃烧爆炸。例如使用明火灯具、吸烟、烧焊、使用燃煤运输工具、雷电的感应而发生放电作用、使用绝缘、封闭不良的电气设备等。四是与氧化剂作用，会立即发生不同程度的化学反应，反应强烈的会产生爆炸。五是水、强碱、酸的作用，有些爆炸品在水、碱、酸的作用下会剧烈反应，发生爆炸。

衡量爆炸性的重要指标是爆速和敏感度。爆速是指爆炸品在进行爆炸反应时的传播速度，它是决定爆炸品威力大小的重要因素，传播速度越快，其威力越大，反之，则越小。如一公斤苦味酸爆炸后，温度会突然升高至 2 000℃，热量达到 1 000 多升卡，爆炸威力每秒钟达 8 000 多米。又如，1 公斤硝化甘油爆炸生成物体积717公斤，爆炸分解热量1 470千卡。爆炸速度8 000米/秒。敏感度是指爆炸品能进行反应所需要的最小起爆能。所需能量越小，其敏感度越高，反之，则越小。如四硝基甲烷，敏感度为2kg·m，硝化甘油炸药为0.02kg·m，则后者敏感度高于前者。敏感度对运输装卸安全影响极大。《国际危规》规定，极其敏感或会引起自发反应的爆炸性物质禁止运输。

（二）活泼性

爆炸品性质非常活泼，当受到外界热震动、摩擦等作用时，即发生爆炸。爆炸危险程度，因品种的不同而有差别。如雷汞遇浓硫酸会发生猛烈分解而爆炸。三硝基甲烷遇碱生成不安全的爆炸物，受日光照射会增高敏感度，更易引起爆炸。胶质硝化甘油（爆胶）炸药低温冻结后敏感度会大增，当再熔化时危险性极大，易引起爆炸。

（三）吸湿性

多数爆炸品，都具有较强的吸湿性，其爆炸的危险性能，随着吸水量的增加而降低，甚至失去爆炸性。水分蒸发后，一般能恢复原来的爆炸性能。如黑火药在含水量为2%，就不易引爆。有些爆炸物质在受潮后会引起反应使它更加危险，在运输中应确保其干燥。

三、爆炸品的物流要求

由于爆炸品具有上述多个特性，因此，物流企业在储存和运输中应该特别注意安全与防护。

（一）储存爆炸品的注意事项

1. 仓库及其内外环境

（1）爆炸品库房，不得设在人口聚集的地区。库内要设置必要的安全设备。如装避雷针、消防水源、消防及救护设备、通讯报警设备，以及库内通风设备等。

（2）危险品库房与库房之间，库房与其他建筑物之间应保持一定的安全间距。

（3）遇水燃烧的爆炸品，不能设在潮湿或低洼易积水的地方。

（4）库区面积过大时，应设防火墙加以分隔，库房的门要向外开，以免发生火灾，不易开门影响扑救。

2. 入库验收

（1）除核对数量外，还要仔细核对品名、唛头等是否与入库凭证相符。对无入库凭证或品种不明者，要向有关部门了解清楚，方能入库。否则，应另行堆放，不准入库，以免处理不当而发生危险。

（2）验收时要逐件检查包装，发现残损、受潮、未经整修，不准入库。

（3）敏感度很高的起爆器材，均不宜开箱检查。如发现包装残损，必须开箱检查时，也应远离库房，并不可使用铁质工具，操作要小心。

（4）检查有毒性的爆炸品，应佩戴防护用品，以防中毒。

3. 堆码苫垫

（1）堆码平稳、牢固、整齐，堆垛不宜过高。

（2）库房地面最好铺垫一层厚 5 厘米的干砂，既能隔潮，又可防止物品与地面摩擦产生火花。

（3）包装箱箭头向上，危险标志朝外，动作小心，轻拿轻放。

4. 出库操作

（1）出库时应详细检查品名、数量及包装情况。包装破损，必须加固修整完善后才能发出，以免在运输途中或使用中发生危险。

（2）拆箱发零应在远离库房的适当地点进行。要用竹、木、藤的容器盛放零散的爆炸物品，不能使用铁器，以防摩擦引起危险。

（3）提取或倒换包装时，如不慎撒落在地上，要立即打扫干净，防止脚踏、碰撞起火。

5. 仓库安全与消防

（1）仓库范围内绝对禁止吸烟和使用明火。禁止携带火柴、打火机、点火用具和武器等入库房。禁止穿铁钉的鞋进入库房。

（2）仓库门窗在夜间或无人工作时，一定要关闭上锁。潮、霉、炎热季节进行通风降湿时，必须有专人值班看管。

（3）做好日常的安全工作，勤检查，勤防护，排除一切不安全隐患。

（4）万一发生火警时，可用水和各式灭火器扑救。扑救人员应佩戴防毒面具，并站在上风处，以防中毒。

（二）运输爆炸品的注意事项

1. 应专车或专船运输，不宜混运。
2. 应在远离人口集中处进行装卸。
3. 装卸工具金属部分应包扎麻袋布或橡胶皮。
4. 现场应备有消防灭火设备，划定警戒区，严禁吸烟和一切火种带入。
5. 轻装轻卸，堆放稳固，放落要轻。不摔、不拖、不滚、不撞。
6. 闪电、雷击、下雨、下雪或附近发生火警时，应立即停止装卸搬运作业。
7. 最剧烈的爆炸品，应最后装、最先卸。
8. 高温季节，宜在早晚温度较低时装卸搬运。

第二节 氧 化 剂

氧化剂是指易于放出氧气促使其他物质发生氧化作用，从而引起燃烧或爆炸的商品。

一、氧化剂的分类

根据其危险程度和化学结构性质，将氧化剂分为以下四类：

（一）一级无机氧化剂

大部分是碱金属和碱土金属的盐类，均含大量氧原子，因而本身很不稳定。

（二）一级有机氧化剂

主要有过氧化氢有机衍生物，硝酸、有机化合物、过氧有机酸类，都含有极不稳定的氧原子，当受热或遇火时即分解，发生高热和燃烧，而且很容易与各种还原剂、酸类等发生剧烈的化学反应。

（三）二级无机氧化剂

这类氧化剂主要包括铬酸及重铬酸的盐。常见的有十几种，它们都是带有红色或黄色的结晶体。遇酸、受热会放出氧；与有机物混合，能发生燃烧爆炸。这类物品都带有毒性，同时还有很强的吸湿性能，易发生潮解现象。

（四）二级有机氧化剂

性质比较稳定，但遇热、遇还原剂或酸、碱等能分解产生高热，遇其他氧化剂也能分解发生燃烧。因此，应与无机氧化剂分别储运。

二、氧化剂的特性

（一）强氧化性

在氧化还原反应中，狭义地讲，给出氧的物质就叫氧化剂；广义地讲，凡在化学反应中得到电子的物质，就称为氧化剂。一种物质如果在反应中很容易给氧或得到电子，就叫强氧化剂。《国际危规》中所列的氧化剂绝大多数是强氧化剂或较强氧化剂。

氧化剂最突出的特性就是具有强氧化性。当氧化剂遇到还原剂、易燃物或有机物时会引起激烈的化学反应，产生燃烧或爆炸。工作上稍有疏忽，就可能发生事故。

（二）遇热分解

氧化剂都有遇热分解产生氧或高热的特性。如硝酸铵、硝酸钾等遇热能放出氧化氮气体和氧气。当分解激烈时会引起燃烧或爆炸。

（三）爆炸性

氧化剂的爆炸性也较突出，如氯酸盐类、硝酸盐类当其中混有可燃杂质或经摩擦、震动、受热等作用后这种爆炸性更加明显。如硝酸铵在吸湿结块后，用铁质或硬质工具猛烈敲击会迅速分解而发生爆炸；氯酸钾在堆码时铁桶之间发生撞击、摩擦也能引起爆炸。

（四）遇酸、遇水分解

大多数氧化剂遇强酸类液体、温水时会发生剧烈反应，放出剧毒气体，引起燃烧或爆炸。在运输中硝酸盐类与发烟硝酸可以配装，而与硫酸、发烟硫酸不可以配装，否则相互接触会产生化学反应，而引起危险事故。

某些氧化剂具有不同程度的吸水性，若遇有机物、可燃物时立即引起燃烧。次亚氯酸钙（即漂粉精）遇水后不仅放出大量热及原子氧，容易引起可燃物着火，而且还会产生剧毒和腐蚀性的氯气。因此，氧化剂包装要求严密，需防潮和防水。

（五）有毒性和腐蚀性

氧化剂一般都有不同程度的毒性，有的还有腐蚀性，或分解时散发毒性气体或腐蚀性气体。人体吸入、误食或接触皮肤可中毒，某些物质对眼睛、角膜会造成严重灼伤。如硝酸盐类、氯酸盐类都有不同程度的毒性。三氧化铬、过氧化钠都有腐蚀性等。

三、氧化剂的物流要求

（一）氧化剂储存的注意事项

1. 入库验收

（1）应在专设的验收室内或库外安全地点进行验收，不应在车站或库内进行。验收室要求通风良好，地面铺设干砂土，以防破包撒落在地面，因摩擦而着火。

（2）开闭包装，一般不得使用铁质工具。

（3）验收人员应佩戴必要的防护用具，一般只作感官测定。

2. 储存养护

（1）认真做好分区分类，严禁与易燃固体类、易燃液体类、腐蚀物品类、爆炸品类混存。无机与有机氧化剂严禁混存。

（2）应当避免高温和日光曝晒。有的氧化剂受热分解可能产生燃烧和爆炸。

（3）夜间照明不能用明火，宜用防爆灯或电池灯等。

（4）氧化剂必须防潮。库温最高不要超过35℃，相对湿度应保持在80%以下。

（二）氧化剂运输的注意事项

1. 装卸搬运前，应了解物品的基本性质，操作注意事项，消防和扑救方法，并根据不同商品的性质，配备不同的防护工具。

2. 轻拿轻放，避免摔震和在地面滚动拖拉。使用电动搬运工具，应用封闭式电动机，机械齿轮应有防护罩。

3. 装运前要认真查看包装，有破漏的，必须修补或改装，才能发运。装运时，要按类分别装载。

4. 运输途中应防日晒雨淋。船舶装运要远离锅炉房，木船装运不能在船上生火做饭。

（三）氧化剂消防方法

1. 平时需要经常地把这类物品的不同特性、消防、防毒和救护方法，以及安全操作规定，向职工进行宣传，并形成仓库管理制度。

2. 发生火灾时，除过氧化物、保险粉和不溶于水的有机液体氧化剂等，不能用水和泡沫，而只能用干砂及二氧化碳灭火器扑救外，大部分都可以用水来扑救。扑救时，应戴防毒面具，以防中毒，没有防毒面具时，也可用一般口罩在含5%的小苏打水中浸湿后使用，但其有效时间很短。因此，储存这类商品的仓库，必须配备足量的防毒用具，以备急用，以避免人身伤亡事故。

第三节 易燃性商品

易燃性商品是指燃点低、易于点燃、易于燃烧、有些燃烧后易于爆炸的商品。

一、易燃液体

凡闭杯试验闪点在61℃以下，易散发出易燃蒸气，遇火易燃烧的液体，均属易燃液体，如乙醚、汽油、油漆、清漆等。

（一）易燃液体的分类

1. 一级易燃液体

此类液体极易燃烧和挥发，燃点低于28℃，如乙醚、汽油、二硫化碳等。

2. 二级易燃液体

此类液体较容易燃烧和挥发，燃点在45℃至61℃之间，如酒精、油漆、清漆等。

（二）易燃液体的特性

1. 极易燃烧性

液体燃爆前必须先蒸发而后燃烧。易燃液体几乎都是有机化合物，其分子组成含有碳原子和氢原子，极易与空气中的氧化合，只要极小的火星即可点燃，有的甚至与火相隔一定距离，也会引起燃烧。如苯的液面接近火种，就立即猛烈地燃烧。

易燃液体的易液程度以闪点（flash point）表示，闪点是指该液体的蒸气与空气形成的混合物，遇明火出现瞬间闪光时的最低温度。闪点越低，表示该液体越易燃烧。当易燃液体温度高于闪点时，则随时都有被点燃的危险。闪点是衡量易燃液体危险性的主要数据。闪点数据一般通过标准仪器测定，有开杯式和闭杯式（使用关闭的容器测定，用 C.C. 符号表示）。易燃液体一般采用闭杯式测得闪点数据。

2. 爆炸性

易燃液体挥发出来的蒸气，与空气混合后，其容积比例达到它的爆炸极限时，遇火星即能发生爆炸。爆炸极限越大，爆炸下限越低，危险性就越大。如二硫化碳的爆炸极限是 1.0% ~ 50%，乙醇的爆炸极限是 3.3% ~ 19%，二硫化碳比乙醇发生爆炸的机会更多、更危险。

3. 流动扩散性

易燃液体是粘度很小的液体，极易流淌，还因渗透、浸润等作用渗出有破损的容器壁外，扩大其面积并不断地挥发蒸气，若接触火星，即引起燃烧爆炸。由于易燃液体大多数比水轻且不溶于水，故发生燃烧时不宜用水扑救，否则，浮在水面上的易燃液体会顺水流向低洼处继续燃烧，扩大火灾区域。

4. 挥发性

易燃液体在任何气温下，都具有不同程度的挥发性。这是因为它们的蒸气压，一般都低于空气中的水蒸气压力的缘故。其中有些蒸气，还具有毒气。在装卸有破损或渗漏的容器时接触皮肤或误被吞咽或吸入易引起中毒，如二乙胺、丙烯腈、二硫化铵等。尤其是它们会沉积在货舱底部或库房低洼处，引起潜在的危险。

5. 受热膨胀性

易燃液体的容器一旦受热，部分挥发成蒸气，同时本身体积膨胀，其蒸气压力也随着增加，增大包装内部压力，使容器爆破。因此，易燃液体应在阴凉场所存放，铁桶灌装时一般应留有 50% 的膨胀余位，低沸点液体的蒸气压力通常较高，容器的强度应有足够的抗压力安全系数，以确保安全。

（三）易燃液体的物流要求

1. 储存易燃液体的注意事项

易燃液体入库时，发现有受热现象，应先作降温处理，待温度下降后，才能入库；发现破损、渗漏或有特别浓厚气味，应倒换包装或修补加固包装；包装容器内不宜装得过满，以防受热后蒸气压力增大，撑破包装，发现装得过满时，可酌量抽出一部分。

2. 运输易燃液体的注意事项

易燃液体由于易挥发，闪点低，故不能与性能相抵物品混装混运；易燃液体的有毒蒸气比空气重，会沉积在车箱角落、货舱底部，引起潜在的危险，因此在装运之前应检查、清洁运输工具、防患于未然。

3. 易燃液体的消防与扑救

易燃液体的消防方法主要是根据物品的比重大小、能否溶于水的性质，来确定能否用水来扑救。比水轻的，不溶于水的，须用化学泡沫和空气机械泡沫灭火器；溶于水或稍溶于水的可用化学泡沫、皂化泡沫；不溶于水、比水重的可用水扑救。在扑救时，如遇火势太大，可采取隔离火源的方法，保护周围的其他物资或建筑，以防火势蔓延扩大。

二、易燃固体

易燃固体是指在常温下，以固体形态存在，燃点较低，遇火、受热、撞击、摩擦或接触氧化剂及其他物质，能引起燃烧或爆炸的一类物品。

（一）易燃固体的分类

1. 一级易燃固体

这类物品极易燃烧爆炸，燃烧速度快，同时，可能放出大量剧毒气体，如苦味酸铵、红磷等。

2. 二级易燃固体

这类物品易燃烧，可能放出有毒气体，如五硫化磷、红磷、苯等。

（二）易燃固体的特性

1. 易燃性

易燃固定燃点低，燃烧速度快。在遇火、受热、撞击、摩擦以及与氧化剂接触后，会引起强烈连续的燃烧，如五硫化磷、红磷等。

2. 被氧化性

易燃固体具有极易吸取氧而被氧化的特性。氧化时，能产生大量热量，热量又促进加速氧化。由于氧化而使温度急剧增高，达到燃烧点时，很快燃烧。

3. 爆炸性

易燃固体中的有些物品，当其处于干燥状态时，被列为爆炸品，这些物品在运输时处于水或其他液体浸湿状态下才较为稳定，称为减敏爆炸品。如苦味酸铵以不少于10%的水湿润，苦味酸以不少于10%～30%的水湿润等。

4. 有毒性

易燃固体本身有不同程度的毒性，在装卸有破损或渗漏的容器时接触皮肤或误吞咽、吸入粉尘易引起中毒，如硫磺、三硫化四磷等。苯在遇热或燃烧时产生有毒和易燃气体。

（三）易燃固体的物流要求

1. 储存易燃固体的注意事项

易燃固体验收时，应先查看包装标志是否清楚。包装有无破漏和雨淋、水湿现象，如不符合要求，应进行整理或更换包装，对性质不明的，另行堆放，待查明情况后才能入库，分类储存；易燃固体宜以感官测定为主，观察其有无溶解、风化、变色等现象。

2. 运输易燃固体的注意事项

易燃固体不可与氧化剂、强酸等性质相抵触物品混装同运，并严格与火种热源隔离；多人同时操作要按次序，以防碰撞；装卸搬运有毒害、刺激性物品时应戴防护面具，以免中毒。

3. 易燃固体的消防与扑救

储存易燃固体物品的仓库，常用消防用具，有二氧化碳、泡沫灭火器、干砂、雾状水等，对不同性质的物品，应采用不同的消防器材与方法；硫磺、松香、赤磷、樟脑丸、萘等着火时，往往放出刺激性、毒害性气体，扑救时，应穿戴适宜的防护用具，并站在上风处扑救，以防中毒。如中毒，应立即离开现场，转至空气新鲜处，严重者，应迅速送往医院诊治。

三、自燃物品

凡是不与明火接触，而通过本身缓慢氧化发热，着火燃烧的物品，叫自燃物品。

（一）自燃物品的分类

根据自燃物品发生自燃时，反应速度和危害性的不同分为一、二两级。

1. 一级自燃物品

在空气中剧烈氧化，以至引起自燃或受热分解达到燃烧点，即能迅速自燃或爆炸。这类物品氧化反应快，自燃时燃烧猛烈、灾害性大，如黄磷、重氮苯等。

2. 二级自燃物品

在空气中能缓慢氧化而引起自燃。这些物品的氧化虽然较慢，但如果包装条件较差，或加工不够干燥，氧化发热的可能性也较大，如鱼粉、豆饼以及含油、焦的、湿的动植物纤维等。

（二）自燃物品的特性

1. 自燃性

自燃物品的化学性质比较活泼、容易被氧化，燃点都比较低，所以容易自燃。自燃事故的发生是由于物品的自行发热与散热速度处于不平衡状态下而使热量积蓄温度升高的结果。如黄磷、重氮苯、苯磺酰肼等，这类物品即使数量很少，与空气接触不到5分钟便燃烧。

2. 潮湿自燃性

潮湿空气或水对某些自燃物品会起催化作用，加快反应速度，促使自燃。如棉花、动植物纤维潮湿后更易自燃。

3. 有毒性

某些自燃物品本身具有毒性。如黄磷，误吞服0.15kg时，即可致人死亡。浸泡过黄磷的水和铁桶也会沾染毒性。三氯化钛对皮肤、眼睛有刺激性。

（三）自燃物品的物流要求

1. 储存自燃物品的注意事项

自燃物品入库验收时，检查包装及内部物品的安全情况，如途中受到日晒、雨淋、水湿等应及时处理；对危险性较大的自燃物品应逐件打开包装检查。

2. 运输自燃物品的注意事项

装运前对运输工具和自燃物品的安全情况进行检查；装运时应根据物品性能，正确进行装载；装卸要轻拿轻放，不能重摔撞击，桶装不能滚动，以免损坏包装或摩擦发热引起自燃；夏季，宜早晚装运，避开高温时段，确保安全。

3. 自燃物品的消防扑救

自燃物品起火时，可用大量水、砂、湿土扑救，也可用泡沫、二氧化碳等灭火器进行扑救；扑救人员应佩戴防毒面具，并在上风扑救，防止中毒；发现自燃物品发热冒烟，而未见明火时，切勿慌张和乱开包装察看，以免使其接触大量空气反而促成或扩大火势。应立即先用水、砂等进行扑救，设法移出库外后，才能开箱观看。

四、遇水燃烧物品

凡是具有与水或潮湿的空气相互作用，能分解产生可燃气体、并放出热量，易于变成自燃物品或产生危险的易燃气体的物品，称为遇水燃烧物品。

（一）遇水燃烧物品的分类

根据该类物品受潮或遇水后，发生反应的剧烈程度和危害性的大小，将其划分为一、二两级。

1. 一级遇水燃烧物品

遇水后发生剧烈反应，产生氢气或其他易燃、易爆气体，同时产生高热，遇到电花、火星，引起燃烧或爆炸，如金属钠、金属钾等。

2. 二级遇水燃烧物品

遇水后，反应较慢但也能产生易燃性气体，遇到火花、火星，能引起燃烧或爆炸，如氰铵化钙、镁粉等。

（二）遇水燃烧物品的特性

1. 遇水燃烧性

遇水燃烧物品遇水引起化学反应，会出现两种现象：一是遇水会起猛烈反应，产生大量的易燃气体和热量，易燃气体可被反应所产生的热量点燃。如金属钠、金属钾、氢化钠等，故这类物品宜浸泡于煤油中存放，用石蜡封容器口。二是遇水会起剧烈反应，产生大量的易燃气体和少量热量，反应所产生的热量不足以点燃易燃气体，需要接触外部火源才会发生燃烧，如氰氨化钙、镁粉、锌粉、硅钙等。

2. 爆炸性

金属钠、金属钾等物品，若遇水或潮湿时化学反应异常迅速，放出的易燃气体和热量太多与空气混合形成爆炸性混合物引起燃烧爆炸。碳化钙铁粉引起"胖桶"，经撞击也会引起铁桶炸裂。

3. 有毒性

硅铁、磷化钾、磷化钙等本身具有不同程度的毒性，若与水、潮湿空气、酸类、氧化剂接触，会散发出毒性的蒸气，对人和环境造成危害。

（三）遇水燃烧物品的物流要求

1. 遇水燃烧的原因

（1）车厢或船舱内潮湿、滴汗水。

（2）雨雪天装卸。

（3）仓库潮湿、漏雨、进水。

（4）接触潮湿货物。

（5）车船覆盖不严，途中遇雨渗漏。

2. 储存遇水燃烧物品的注意事项

物品入库前，应了解入库物品的发运地点及在途运输情况，如在途中遭雨淋等影响，验收工作要特别细致；验收时特别要严格检查包装是否严密或破损，因包装破漏散落地上的碎块，应随时清扫干净；不要使用易产生火星的铁质工具。

3. 运输遇水燃烧物品的注意事项

（1）必须轻拿轻放，禁止撞击、滚动或重摔。

（2）不宜使用铁质工具，不能用肩扛搬运装卸，装卸时应佩戴风镜、口罩、手套、工作服等防护用品。

（3）装运至运输工具内前，应对装载部位进行检查，并打扫干净。漏雨、漏水的车船及喷出火星的车辆，均不宜装运本品。

（4）绝不能与性能互抵的物品混装同运，以往装过性能互抵物品的车船，不冲刷洁净并干燥不能使用。

4. 遇水燃烧物品的消防与救护

(1) 遇水燃烧物品灭火扑救,唯一的方法是使用干砂或干土压灭。因此,库房附近应多备干燥的消防用砂,以防万一。燃烧时,消防人员应佩戴防毒面具,并站在上风处。

(2) 在储运过程中,如发现中毒的现象,轻者应立即退出工作场所,到空气新鲜处休息,重者应立即送往医院检查治疗。

第四节 压缩气体和液化气体

凡是在常温下以气态存在的物质经压缩后,使它的体积缩小或变成液体,而装入容器中的物品,都称为压缩气体和液化气体。

一、压缩气体和液化气体的分类

(一) 剧毒气体

毒性极强、吸入体内能致死,如液氯、氢化氰等。

(二) 易燃性气体

此类气体遇火星极易燃烧,且放出毒气,如氢气、乙炔、磷化氢等。

(三) 助燃性气体

此类气体本身虽然不会燃烧,但遇着火就有扩大火灾的危险,如压缩氧气、一氧化二氮、压缩空气等。而且一氧化二氮还具有麻醉性。

(四) 不燃性气体

此类气体性质很稳定,不易与其他物品起化学反应,不能燃烧,但受外力作用能使钢瓶爆炸,能使人窒息,如氦、氖等一些惰性气体。

二、压缩气体和液化气体的特性

(一) 爆炸性

压缩气体是在常温环境下经加压不能液化的气体。如氢气、氧气、氮气等。液化气体是在常温环境下经加压能成为液体的气体,如氨气、氯气、乙烷气等。经加压能使气体液化的最高温度称为临界温度。在临界温度时使气体液化所需要的最低压力称为临界压力。这是了解液化气体的两个重要数据。

通常临界温度低的气体处于压缩状态,而临界温度比常温高的气体,则处于液化状态。压缩或液化气体因受热、撞击、震动等影响,会引起钢瓶内气体增大,产生容器炸裂或爆炸的危险。在运输方面,液化气体比压缩气体更危险。如乙炔,它单纯地在高压下压缩时,有发生分解或聚合性爆炸的危险,因此以丙酮为溶剂,使乙炔呈溶解状态装入容器中。压缩气体在充气时,应注意不超过钢瓶容器内部压力的最大允许充气压力。据测，一个普通氧气钢瓶爆炸相当于5tTNT炸药爆炸的威力。

（二）泄漏性

高压气体不得泄漏。氯化氢、磷化氢泄漏，人体吸入会引起中毒死亡；氢气、石油气泄漏遇火星极易引起燃烧；氮气、氢气泄漏，在空气中浓度很高时，对人、畜有窒息性。

（三）易燃性

高压纯氧与油脂类可燃物品接触，极易引起燃烧或爆炸。氧气钢瓶上沾有油脂时，应立即用四氯化碳揩去。

三、压缩气体和液化气体的物流要求

（一）储存压缩气体和液化气体的注意事项

验收时，用感官察看有无漏气和异味，有毒气体不能用鼻嗅，可以用软胶管一端套在气瓶出气嘴上，另一端连接气球，如果气球充胀起来，即证明有漏气现象；液氯气瓶，可用棉花团沾氨水，接近出气嘴，如果产生白雾，即证明有氯化铵，表示漏气；也可用压力表测量气压，如果气压不足，即有漏气可能，应及时处理。

（二）运输压缩气体和液化气体的注意事项

压缩气体和液化气体在装运前，应对运输工具的安全情况进行检查；装运时，应根据物品性能，正确进行装载；运输中氧气空钢瓶也不得与油脂类货物配装，防止残存氧气外泄引起燃烧事故。

（三）压缩气体和液化气体的消防与扑救

1. 遇到火警时，应迅速扑灭，主要采用雾状水枪。如来不及扑灭，对未着火地区的气瓶，应迅速移到安全地带。如来不及移开，可用雾状水，密集地浇在气瓶上，能使其冷却，以防爆炸。

2. 消防人员在灭火时，应佩戴防护用具，以防中毒，而且，不要面向气瓶的头部和尾部站立，防止爆炸，发生危险。如发现中毒，应移至新鲜空气处，重者应立即送医院诊治。

第五节 腐蚀品、毒害品与放射性物品

一、腐蚀品

腐蚀性商品是指人体接触能发生腐蚀性灼伤或接触其他物质能发生破坏，甚至会引起燃烧和爆炸的一类物品。

(一) 腐蚀品的通性

1. 腐蚀性

腐蚀是物质表面与周围某些介质或接触物之间发生化学反应，并引起物质破坏的现象。所进行的反应称腐蚀反应。造成腐蚀的基本原因是由于腐蚀物质的酸性、碱性、氧化性和吸水性所致。主要是强酸、强碱，或和水作用后能形成强酸、强碱的物质。腐蚀性物质对无机物、有机物或人体都能产生不同程度的腐蚀作用。

（1）对人体的伤害。酸类液体或其蒸气，接触人体的皮肤、粘膜等部位，能产生破坏性创伤。

（2）对有机物的破坏。对木材、衣服、皮革、纸张以及一般有机物品，都有破坏作用。能吸收水分子，使其碳化。

（3）对金属的腐蚀。酸、碱对金属物均能产生不同程度的腐蚀，因此，一般强酸只能用陶瓷坛或玻璃瓶装。酸与金属同放一处，在短期内使金属生锈，产生麻点脱壳。

按腐蚀性物质引起人类皮肤明显坏死所需的接触时间长短，判定伤害作用的强弱，划分等级的标准如表8-1所示。

表8-1 联合国制定的腐蚀品等级标准

包装类别	等级标准	标 准
Ⅰ	大	在动物试验中，与皮肤接触在3min以内出现可见的坏死现象的腐蚀品。
Ⅱ	中	在动物试验中，与皮肤接触在3~6min以内出现可见的坏死现象的腐蚀品。
Ⅲ	小	在动物试验中，与皮肤接触在1~6h以内出现坏死，腐蚀品试验温度为55℃，对P3型钢或类似的钢或铝表面年腐蚀率超过6.25mm的腐蚀品。

2. 毒害性

多数腐蚀性物质都有不同程度的毒性，误吞咽或吸入其蒸气可能中毒，其中有些物质甚至可渗入皮肤引起中毒，如铜乙二胺、肼、发烟硝酸等。有少数腐蚀性物质遇高温会分解产生易燃、有毒、腐蚀性气体，如氢氟酸、三聚氰酰氯、四氯化硅等。

3. 易燃性

有的腐蚀性物品，具有极强的氧化作用，虽不自燃，但接触可燃物，能氧化发生燃烧。如硝酸、硫酸、高氯酸等，接触木材、木屑、纸张、稻草等物，能氧化发热，发生燃烧。

有些腐蚀性液体其闪点低于61℃，从定义上说也是易燃液体，当接触火源时具有易燃性，如丙酰氯闪点12℃（C.C.）、三甲基乙酰氯闪点19℃（C.C.）等。

（二）腐蚀品的物流要求

1. 腐蚀品的储存要求

腐蚀品验收入库时要看包装是否完整，封口是否严密，坛子有无沙眼，玻璃瓶是否破裂，铁桶锈蚀程度，桶盖是否脱落等。注意检查商品质量，检查物品的外形、色泽、气味、异杂物、沉淀、溶化、潮解和变质等。

2. 腐蚀品装卸、搬运的要求

（1）对液体腐蚀品的装卸搬运，应穿耐酸胶制工作服。在库内搬运耐酸坛装的酸类物品时，可用铁制专用小车，既安全、又省力。但要注意不要离地太高，以免打破伤人。

（2）装卸搬运玻璃瓶装的酸性物品，应注意先托住底部，以防脱底溢出。

（3）要小心操作，轻拿轻放，防止工伤或漏损事故。夜间操作，要求灯光明亮，但不可用明火灯具照明。

3. 腐蚀品消防灭火要求

（1）腐蚀性物品引起火灾，可用雾状水和黄沙扑救，但不可用加压力的水流，以防着火时，酸液四溅，扩大灾情。

（2）消防人员应戴防毒面具，站在上风处施救。

二、毒害品

有毒的（毒性的）物质是指如被误吞咽、吸入或皮肤接触易于造成人或动物死亡或严重损害人体健康的物质。

（一）毒害品的特性

1. 毒害性

有毒物质少量进入人、畜体内或接触皮肤，即可引起中毒和死亡事故。不同的有毒物质其毒性各不相同，它们的物理性质对毒性的大小有较大影响。

（1）可溶性。有毒物质可溶性愈大，其毒性也愈大。因为易溶于水的有毒物质，易被人吸收。

如氯化钡易溶于水，毒性较大，而硫酸钡在水中不溶，则毒性较小。如不溶于水而溶于脂肪的类脂质中，毒性也大，称为脂溶性毒性。它虽不与血液结合，但可与中枢神经系统之类脂质结合，表现出明显的麻醉作用。如苯、甲苯等。

（2）挥发度。有毒物质在空气中的浓度，与其挥发度有着直接关系。在一定时间内，有毒物质挥发度越大，其毒性也愈大。挥发度的大小，常与物质的熔点、沸点、蒸气压等有关。如溴甲烷的沸点为46℃，极易引起挥发中毒事故。

（3）颗粒度。有毒物质可分为粉尘、烟尘、雾、蒸气和气体五种颗粒度状态，颗粒度愈小，其毒性也愈大。如散发于空气中的气态有毒物质（如一氧化碳、氰化氢等），要比液化蒸气或固体升华蒸气（如苯蒸气、萘升华气等）的毒性大。

2. 腐蚀性

有些有毒物质遇水能发生分解反应，产生易燃、剧毒、腐蚀性的气体，引起燃烧或中毒事故。如磷化铝、氰化钾、氯化砷、溴化氰等。

3. 易燃性

有毒物质除了具有强烈的毒害性外，还有一些物质遇酸会发生剧烈反应产生剧毒、易燃的气体，如氰化钠、氰化钾、磷化铝、磷化锌、乙基苯胺等。有些物质与氧化剂会发生剧烈反应，如乙基苯胺、磷化铝、磷化锌等。

（二）毒害品的物流要求

1. 储存毒害品的要求

（1）入库前，要了解运输途中的情况。如运输工具，是否混运以及日晒、雨淋、水湿等，检查包装是否符合规格要求，有无残损、破漏和雨淋水湿现象。

（2）验收前，要根据商品毒性，适当使用各种防护用具。验收完毕，必须更换工作服，洗净手脸，漱口后，才能进食、吸烟，以防中毒。

（3）验收时观察其形态、颜色、气味、异杂物、沉淀、潮解、风化等现象。如有不符合质量要求的毒害品，拒绝入库，单独存放，另行处理。

2. 装卸搬运毒害品的要求

（1）不论在什么季节操作，都要穿工作服。尤其夏季，不要赤背搬运麻袋、布袋、纸袋装的毒品，还应根据毒品性质，分别佩戴口罩、防尘面罩、防毒面具及防护镜、手套等。对外露皮肤，还要涂抹保护药膏，对破漏包装，必须修整倒装后，才能出入库。

（2）装运时，不能与一般商品，尤其是不能与食品使用同一运输工具。要与性质相抵触物品隔离。运输工具应清洗后，才能运输其他物品。

（3）装卸、搬运袋装或有挥发蒸气、烟雾、粉尘的毒物时，中途要适当休息，夏季还可适当缩短工时。工作完毕，脱去工作服，用肥皂洗净手、脸、外露皮肤，漱口后，才能进食。

3. 毒害品的包装整理要求

（1）毒害品包装应保持完整密闭，有破漏处，必须修整或倒装，改装后，才能出入库。

(2) 废旧包装，不能随便乱扔乱放或作其他用。如重复使用时，也应装原来装用的物品。对不能再用或过于破旧的包装，要集中焚毁。

4. 毒害品消防的要求

(1) 大部分有毒品都能燃烧，在燃烧时能产生有害气体，为了防止扑救时中毒，应根据毒品性质，采取不同的消防方法。

(2) 一般毒品发生火灾时，除一些不溶于水的液体毒品，不宜用水扑救外，其余都可用水扑救。

(3) 在救火时，必须穿戴防毒面具，站在上风处。

三、放射性物品

物质能够自发地、不断地放出人眼看不见的射线的性质，叫做放射性，具有放射性的元素称为放射性元素，含有放射性元素的物品称为放射性物品。

（一）放射性物品的特性

放射性物品放射线剂量过大对人体组织会有或大或小的伤害性。放射性物质放出的射线有 α、β、γ 和快中子射线等，同一种放射性物质能放射出一种或多种射线。

1. α 射线（α rays）。是一种带有正电的粒子流，具有很强的电离作用，一旦进入人体，能造成较大的伤害，并引起放射性疾病，其射程短，穿透能力较弱，通常用一张纸、薄金属片、木板或普通的衣服即可挡住。故应对其特别注意防止侵入人体内造成内辐射。

2. β 射线（β rays）。是一种带负电的电子流，电离作用约为 α 射线的 1/100。但 β 射线质量小，运动速度快，穿透能力比 α 射线强得多，故应防止其外辐射的危险性，但用 9mm 厚的铝板、塑料板、木板或多层纸，也足以挡住。

3. γ 射线（γ rays）。是一种波长很短的电磁波，即光子流。γ 射线不带电，能以每秒 30 万公里的速度运动，穿透能力极强，比 β 射线大 50~100 倍，比 α 射线大 1 000 倍，任何物质或材料均难以将 γ 射线完全吸收，较好的是铝、铁材料。

4. 快中子射线（fast neutron rays）。即中子流，不带电，不能产生电离作用，但其穿透能力也很强。中子射线最容易被氢原子或碳氢化合物吸收，所以有机纤维材料、水、石蜡、水泥等都是很好的中子吸收剂或遮蔽材料。

（二）放射性物品危害人体的途径

放射性物品危害人体的途径有两方面：

1. 内辐射

指放射性物质侵入人体（吞食或吸入体内）在体内形成照射。这种内辐射时间长，不易消除，比外辐射具有更大的危险性。内辐射在运输装卸过程中极少见。

2. 外辐射

指由放射性物质放出的射线，在一定的距离之内照射人体而引起对细胞、组织的杀伤和破坏。外辐射在运输装卸过程中如不注意防护，有可能造成对人体的伤害。人体受放射性物质的照射，因接受的照射剂量不同，引起的反应也不同，如短时间受到50伦琴以上大剂量外幅射时，会产生急性放射病。在实际工作中，如不注意对放射线防护也可能产生慢性放射病。但是，只要按对放射性物质规定的方法操作，使人体照射的剂量每天不超过人的最大允许剂量，就不会产生有害影响。所谓人的最大允许剂量就是为了确保人身安全，使每人每天（或每周）受射线辐射对人体健康没有危害的最大允许剂量标准。有时在不超过每周最大允许剂量时是可以超过每日最大允许剂量的（每周为每日的6倍）。国际上和我国都先后提出和规定了人的最大允许剂量标准。外辐射最大允许剂量如表8-2所示。

表8-2　　　　　　　主要射线的最大允许剂量表

射线种类	每日最大允许剂量（/kg）
α、β、γ射线	14.25
快中子	1.425
热中子	2.85

（三）放射性物品的物流要求

1. 放射性物品的储存保管要求

（1）操作放射性物品的工作人员，应预先进行一项体检，体检后，由医生决定是否可作此项工作，以后，每三个月定期体检一次。

（2）储存放射性商品，应建特型仓库。这种建筑，应有特殊规定。应按当地公安、卫生部门或有关领导部门的规定建库。如无特型仓库，可根据现有建筑条件，做合适的改进来储存。

（3）放射性商品，在入库时应注意检查包装是否合适，是否完整、有无破损、瓶口是否密封，如有破损，应及时修整。

2. 放射性物品装卸搬运与堆码的要求

（1）应采用专车（船），不可与别种物品并车混运，更不允许与食品并车混运。运输完毕，须用大量清水冲洗干净，污水应倒入泥坑中，不使其沉入河道。车船应有明显标志，不在人多稠密地区行驶。不能人货混装。

（2）装卸时，每人工作时间不宜过长，也不宜过累。

（3）装运液体商品，应轻拿轻放，不可重摔碰撞，要注意瓶口倒顺。如发现包装破损，应进行修整加固，防止物质散落或粉沫飞扬。

3. 放射物品的消防与救护要求

（1）放射性物品沾染人体，速用肥皂、软毛刷及温水洗刷三次。

（2）放射性物品，虽一般不会燃烧，但平时，应注意火种，防止发生火灾。失火时，宜用雾状水，隔绝火灾地区。

（3）消防人员应穿戴防护工具，站在上风处施救，并注意不要使消防用水流散面积过大。

第六节 危险商品的积载与隔离

一、积载

除爆炸品外，为了做出适当的备载建议，将船舶分为两类。

（一）货船

载客不超过25人或按长度每3米不超过一人的货船（以数目大者为准）。

（二）载客超过限制数目的其他客船

由于涉及危险货物的严重事故可能会影响到全船，因此"其他客船"原则上不能运载危险品。

为了便于防护，原则上危险品应尽量装在舱内。特别是纤维板箱包装的危险品，最好积载在舱内，以防止受到气候及海水的影响。只有在下列情况下才可积载在舱面：

1. 需要经常检查的物质；
2. 特别接受检查的物质；
3. 有形成爆炸性气体危险的、产生剧毒蒸气的或对船舶有无形腐蚀作用的物质。

有些物质可能会发生压力增大、分解或聚合等情况，因此如在舱内积载，应远离热源，包括火花、火焰、蒸气管道、加热盘等热源。如在舱面积载应采取措施遮蔽使之不受热辐射，其中也包括阳光辐射的影响。

当危险品在舱面积载时，这些甲板货物应与消防栓通常保持一定的距离。并确保船舶安全操作设施的一切过道和通道的畅通。

某些危险货物要求远离热源时，应包括A级机舱舱壁，否则这种舱壁绝热应达到A—60标准或相应的标准。但对于爆炸品，除舱壁应符合A—60标准外，还应"远离"积载。

根据所运危险货物的性质和数量，应配备足够的呼吸器和保护全身皮肤、防止化学作用的防护衣。这些设备应视为消防设备的补充必备品。当发生危险货物外溢或渗漏时，严禁用机舱污水管系和泵任意排出溢出的液体。

船长应确保船上装运的危险货物的标志清楚和包装良好。

二、隔离

危险货物与可能跟它发生反应的物品之间，必须采取隔离措施。易燃物品与遇火可能发生爆炸的物品也要加以隔离。具有可能放出数量足以影响健康的毒性气体性质的货物应与船员、生活区、工作处或空调系统隔离。为了避免污染，应将标明有毒的物品远离一切食品。除对各物质类别一般隔离外，还需要将某种特殊物质与助长其危险性的物质加以隔离。

就隔离不相容的危险货物而言，"货舱"及"舱室"两词是指由钢质舱壁和（或）船壳板及钢质甲板所围蔽的舱容。该处的周壁应能防火和防液。只有遮蔽中间甲板的舱壁符合上述要求时，才可用来隔离危险货物。

1. 隔离术语

隔离 1——远离；

隔离 2——隔离；

隔离 3——隔一整个舱室或货舱；

隔离 4——按纵向隔一介于中间的整个舱室或货舱。

2. 定义

（1）隔离 1——"远离"。是指有效地隔离，即万一发生意外时，使互不相容的物质，不能相互起危险作用的隔离。但是，这种隔离并不排除积载于同一个货舱或舱室之内，也不能排除积载于舱面上，其限度只是要有至少 3 米的水平距离间隔，（不包括上下垂直空间）。

（2）隔离 2——"隔离"。是指在舱内积载时，要装在不同的货舱中。垂向的分隔，即在不同的舱室中积载，只要中间的甲板是防火、防液的，可被认为与这种隔离等效。就舱面积载而言，这种隔离意谓"远离"。

（3）隔离 3——"隔一整个舱室或货舱"。意为垂向的水平的分隔。如甲板不是防火、防液的，只有按纵向隔一介于中间的整个舱室即可认为合格。就舱面积载而言，这种隔离意味着有相应距离的隔离。

（4）隔离 4——"按纵向隔一个介于中间的整个舱室或货舱"。单是垂向的分隔是不符合这一要求的。就舱面积载而言，这种隔离意味着有相应距离的隔离。

本章小结

爆炸品具有三种爆炸形式：即物理爆炸、化学爆炸和核爆炸。爆炸品的特性主要有三种，即爆炸性、活泼性、吸湿性。爆炸品的物流要求应该注重抓好入库、验收、出库操作、日常管理和运输安全。

氧化剂易放出氧气促使其他物质发生氧化作用，从而引起燃烧或爆炸。氧化剂具有强氧化性，遇热、酸、水分解，爆炸性、有毒性和腐蚀性等特性。氧化剂的物流要求是：入库验收、储存养护、运输安全、消防得法。

易燃性商品一般都燃点低、易于燃烧与爆炸。易燃性商品又分为易燃液体、易燃固体、自燃物品、遇水燃烧物品等。不同的易燃性商品应根据其各自的基本特性采取不同的物流措施。

压缩气体和液化气体分为剧毒气体、易燃性气体、助燃性气体和不燃性气体等。压缩气体和液化气体的基本特性有爆炸性、泄漏性、易燃性等。压缩气体与液化气体在物流过程中，应注意加强入库验收、储存管理；装运时，正确配载；加强消防措施。

腐蚀品、毒害品和放射性物品的危险性极大。掌握其各自的基本特性，加强物流安全意义重大。

危险商品的积载与隔离是运输危险商品的要求。危险商品的积载应根据货船与客船装配危险商品的不同要求采取不同的积载技术。危险商品的隔离，是将性质相抵、不相容的危险商品隔开。隔离有远离、隔离、隔开一个货舱、隔开二个货舱等隔离措施。只有按照隔离要求措施处理，才能避免人身危险及财产损失。

练习题

1. 什么是化学危险品？危险商品有哪几类？
2. 什么是爆炸品，其特性、分类及储运工作的注意事项有哪些？
3. 什么是氧化剂，其特性、分类及储运工作的注意事项有哪些？
4. 什么是压缩气体和液化气体，其特性及储运工作的注意事项有哪些？
5. 什么是易燃商品，其特性、分类及储运工作的注意事项有哪些？
6. 什么是遇水燃烧物品，其特性、分类及储运工作的注意事项有哪些？
7. 什么是易燃液化气体，其特性、分类及储运工作的注意事项有哪些？

附录一：部分危险品标志

表示分类	分类	标志	主要品名
1	火药类		放烟筒、花炮、导火线、爆发钉等（爆发性非常弱的物品可以装载）（只有区分1.4S的物品可装入客机）
2	引火性瓦斯		小型燃料瓦斯气瓶、抽烟用气体打火机、引火性烟雾气
	非引火性、非毒性瓦斯		消化器、压缩酸素、液体窒素、液体氦、非引火性烟雾气、冷冻用瓦斯类等 深冷液化瓦斯(RCL)
	毒性瓦斯		一氧化碳、氧化乙稀、液体氨等（只有货机可以装载）
3	引火性液体		汽油、油漆、印刷墨、香料、灯油、酒精、粘合剂等
4	可燃性物质		安全火柴、硝纤象牙、金属粉末、磷、硫黄等
	自燃性物质		活性炭、硫化钠、金属催化剂等
	与水反应的可燃性物质		钙、碳化物、镁、钡、碱土金属合金等

第八章 危险商品

续表

表示分类	分类	标志	主要品名
5	氧化性物质		化学氧气发生器、氧化水素水、盐素酸盐类、硫酸氨肥料等
	有机过氧化物		甲醇、己基酮、醛氧化物（树脂或封印催化剂）等
6	毒物		杀虫杀菌剂、消毒剂、染料、水银化合物、医药品等
	易染病毒物质		细菌、病毒、医药用废弃物等
7	腐蚀性物质		酸类、碱类、电池（内含电池液物质）、腐蚀物质等
	不可颠倒		装液体使用的组合容器。（相对两面）

参考文献

[1] 凌乐进. 物资保管简明实用手册. 北京：中国物资出版社，2002.
[2] 万融. 商品学概论. 北京：中国财经经济出版社，2004.
[3] 朱强. 货物学. 北京：机械工业出版社，2005.
[4] 尹章伟等. 包装概论. 北京：化学工业出版社，2003.
[5] 张志强. 商品养护与保管. 北京：中国商业出版社，1996.
[6] 邓顺华. 物资仓库管理. 北京：人民交通出版社，1992.
[7] 刘爱珍. 现代商品学教程. 上海：立信会计出版社，2001.
[8] 金乐文. 国际货运代理实务. 北京：对外经济贸易大学出版社，2000.
[9] 祝燮权. 实用金属材料手册. 上海：上海科学技术出版社，2005.

图书在版编目(CIP)数据

货物学/孙守成,陶红英主编. —武汉:武汉大学出版社,2008.2
(2014.1 重印)
高职高专"十一五"规划教材
　ISBN 978-7-307-06104-0

　Ⅰ.货…　Ⅱ.①孙…　②陶…　Ⅲ.物流—货物运输—高等学校:技术学校—教材　Ⅳ.F252

中国版本图书馆 CIP 数据核字(2008)第 006703 号

责任编辑:陈　红　　　责任校对:黄添生　　　版式设计:詹锦玲

出版发行：**武汉大学出版社**　（430072　武昌　珞珈山）
（电子邮件：cbs22@whu.edu.cn　网址：www.wdp.com.cn）
印刷：湖北民政印刷厂
开本：720×1000　1/16　印张：15.875　字数：300 千字　插页:2
版次：2008 年 2 月第 1 版　　2014 年 1 月第 7 次印刷
ISBN 978-7-307-06104-0/F·1124　　　　定价:29.00 元

版权所有，不得翻印；凡购我社的图书，如有质量问题，请与当地图书销售部门联系调换。

高职高专"十一五"规划教材

公共课书目

安全警示录——大学生安全教育读本
应用写作实训教程

经济类书目

财会系列:

☆财务管理教程
☆财务管理全程系统训练
☆税法教程
☆税法全程系统训练
☆企业涉税会计教程
☆企业涉税会计全程系统训练
☆成本会计教程
☆成本会计全程系统训练
☆中级会计教程
☆中级会计全程系统训练
☆初级会计教程
☆初级会计全程系统训练
☆电算化会计教程
☆电算化会计全程系统训练
☆会计职业技能仿真训练
  会计职业技能综合实训
  行业特殊业会计教程

物流系列:

☆货物学
  物流基础

市场营销系列:

☆市场营销
☆市场营销实训教程
☆电子商务物流管理
  管理学
  现代企业管理
  电子商务概论
  市场营销策划
  网络营销
  国际贸易单证实务

旅游系列:

☆旅游服务礼仪
  旅游概论
  旅游服务心理
  旅游市场营销
  旅游英语
  导游业务
  旅游景区管理
  旅游政策与法规
  旅行社管理与实务
  餐厅服务与管理
  前厅与客房服务管理

☆已出书